मंच मंथन

(नाटकीय उपन्यास)

मंच मंथन

(नाटकीय उपन्यास)

जोधा सिंह रावत

दिव्यम् प्रकाशन
दिल्ली-110009

मंच मंथन (नाटकीय उपन्यास)

©	:	जोधा सिंह रावत
प्रथम संस्करण	:	2016
ISBN	:	978-93-82658-32-0
मूल्य	:	₹ 495/-
प्रकाशक	:	**दिव्यम प्रकाशन, दिल्ली**
एकमात्र वितरक	:	**के. के. पब्लिकेशन्स** 4806/24, भरत राम रोड़, दरियागंज, नई दिल्ली - 110 002 फोन : 011-23285167, 65185557, 64527574 टेलीफैक्स : 011-47340207 ई-मेल : kkpdevinder@vsnl.net वेबसाइट : www.kkpublications.com
आवरण	:	ग्रेशैल्स ग्राफिक्स, नई दिल्ली
लेज़र टाईपसैटिंग	:	पंकज कम्प्यूटर्स, नई दिल्ली
मुद्रक	:	बालाजी ऑफसेट, दिल्ली-32

Manch Manthan
Jodha Singh Rawat **₹ 495/-**

प्रस्तावना के दो शब्द

'मंच मंथन' साहित्य की कई विधाओं को एक साथ धारण किए हुए, एक नाटकीय उपन्यास है। मंच के माध्यम से विचारों का मंथन, दर्शकों की सुप्त चेतना में हलचल पैदा करते हुए नई दिशाओं की ओर इंगित करना और फिर धीरे-धीरे उन दिशाओं के द्वारों को खोलना जिनकी ओर दर्शक से बढ़ने की अपेक्षा की जाती है; 'मंच मंथन' का उद्देश्य है। 'मंच मंथन', अपने मकसद को कामयाब बनाने के लिए पहले प्रश्नों के माध्यम से जन-मानस में हलचल पैदा करता है और बिना कोई हल सुझाए सोचने पर मजबूर करता है। यह ठीक उसी तरह है जैसे खाना खाने से पहले भूख पैदा होना जरूरी है, अन्यथा न तो खाना खाने का मन करेगा और यदि बेमन से खा भी लिया, तो अपच हो जाएगा। जब लोगों के भीतर प्रश्नों के माध्यम से हलचल पैदा हो जाती है, तब धीरे-धीरे प्रश्नों के हल सुझाए जाते हैं। यह तब और भी दिलचस्प हो जाता है, जब दर्शकों को हल ढूँढ़ने में खुद बड़ी मशक़्क़त करनी पड़ती है।

यह नाटकीय उपन्यास मुख्य रूप से दो भागों में बँटा है। पहला भाग, जिसमें प्रश्न उठाकर हलचल पैदा करने का प्रयास किया गया है। दूसरा भाग, जिसमें उन प्रश्नों का जवाब देने का प्रयास किया गया है। 'मंच मंथन' अपने आप में कविता, गीत, ग़ज़ल, कव्वाली, प्रहसन, नाटक, भक्ति संगीत जैसी कई विधाओं को धारण किये हुए है। 'मंच मंथन' द्वारा दर्शकों की सुप्त चेतना को झकझोर कर जागृत करना, फिर उनके हल सुझाकर चेतना को तृप्त करना; इस रचना

की विकास-यात्रा है। रचना की प्रत्येक घटना का सजीव चित्रण इस तरह करने की कोशिश की गयी है कि पाठक स्वयं घटना-स्थल पर अपनी मौजूदगी और घटना, आँखों के सामने घटित होने का अहसास कर सकें।

रचना, अपने आप में एक अलग जीवन-दर्शन लिए हुए है। इसमें हर वर्ग, हर आयु व पूरे समाज के लिए संदेश मौजूद है। परन्तु यह अपनी सांद्रित (कॉन्सन्ट्रेटिड) अवस्था में है। इसके संदेश को जानने और समझने के लिए इसे मथना जरूरी है। इसे जितना मथा जाएगा, इसमें से उतने ही अधिक रत्न निकलेंगे।

इस रचना में आम शब्दों का प्रयोग कर, इसे आम लोगों तक पहुँचाने का पूरा प्रयास किया गया है। रचनाकार ने एक धर्म की तरह, लोगों को यह अहसास कराने का यत्न किया है कि उनके द्वारा स्वयं अपने ही समाज को किस तरह विकृत किया जा रहा है और फिर खुशहाली खोकर वे किस तरह विनाश की तरफ बढ़ते चले जा रहे हैं।

'मंच मंथन' की रंगभूमि उत्तराखंड प्रदेश की है, अतएव प्रस्तुत रचना में उत्तराखंड की भाषा व लोकगीत का रसास्वादन स्वाभाविक रूप से शामिल हो गया है।

प्रस्तुत कृति में साहित्य का समाज के प्रति उत्तरदायित्व और उसके अपने उद्देश्य को सार्थक बनाने का पूरा प्रयास किया गया है। इसके पहले भाग में समाज की सुप्त चेतना को जागृत कर मौजूदा समाज में उत्पन्न उन भटकावों व विकारों से आगाह किया गया है, जिनके परिणाम भयंकर व विनाशकारी हो सकते हैं। साथ ही इसके दूसरे भाग में हल भी सुझाए गए हैं कि किस प्रकार मानव जीवन सुखमय, मधुमय व आनन्दमय बन सकता है। इस नाटकीय उपन्यास में एक गाँव से उपजा प्यार; मात्र गाँव, ब्लॉक, जिला या प्रदेश तक ही सीमित न रहकर; देश-विदेश तक फैल जाता है। इसमें इतना प्यार

भरा है कि उसमें सारा संसार समा जाए। इसमें बहुत सारे रहस्यों को गीतों के माध्यम से बड़ी सहजता से बयाँ कर दिया गया है।

रचना को सभी पहलुओं से पूर्ण करने का प्रयास किया गया है, तथापि अपने प्रिय पाठकों के परामर्श व सुझावों का स्वागत है।

'धन्यवाद'

जोधा सिंह रावत

समर्पण

अनन्य, अपार, अछेद, अभेद, सगुण, निर्गुण, लौकिक, अलौकिक, साकार, निराकार आदि अनगिनत नामों से जिस महाशक्ति को हर धर्म अपनी मान्यता अनुसार परिभाषित करता है; जिस परम शक्ति से चर-अचर, जीव-निर्जीव, धरती, चाँद, सितारे व समस्त ब्रह्मांड संचालित हैं; वह शक्ति अपने अनेक रूप धारण कर, सर्वत्र विद्यमान है।

*निराकार व अपार होकर भी ऐसी महाशक्ति, जब अपना सूक्ष्म रूप धारण करती है; तो **'इष्ट स्वरूपा शक्ति'** बनकर घर-घर और व्यक्ति-व्यक्ति तक पहुँच जाती है और जाति-धर्म के बन्धनों से मुक्त रहकर विविध रूपों में सभी इंसानों के करीब रहती है।*

*प्राणी मात्र का भला करने वाली, अपनी इस **'इष्ट स्वरूपा शक्ति'** को मैं अपना प्रथम प्रयास, **'मंच मंथन'** समर्पित करता हूँ।*

आभार

'मंच मंथन' की रचना-यात्रा एक यज्ञ की तरह रही है और इस यज्ञ में प्रत्यक्ष एवं परोक्ष रूप से जिन्होंने आहूति दी हैं, रचना की पूर्णता पर उनके प्रति आभार व्यक्त करना मैं अपना पुनीत कर्तव्य समझता हूँ।

मैं सर्वप्रथम माननीय डॉ. ईश्वर सिंह जी, वरिष्ठ राजभाषा अधिकारी मैसर्स हिन्दुस्तान पेट्रोलियम, के विशेष सहयोग हेतु सहृदय आभार प्रकट करता हूँ, जिन्होंने मुझे रचना की शुरूआत से लेकर आखिर तक अपना अमूल्य सहयोग एवं मार्गदर्शन दिया। नाटकीय उपन्यास के विचारों ने जो मौजूदा स्वरूप लिया है, उसे तरासने में उनकी अहम भूमिका है।

मैं आभार प्रकट करता हूँ आदरणीय श्री संजय खाती जी, वरिष्ठ पत्रकार नवभारत टाइम्स, जिन्होंने रचना के संशोधन में मेरी मदद की।

अपनी जन्म-भूमि 'बहेड़ा' की माटी व उससे जुड़े उन समस्त महानुभावों का मैं सहृदय शुक्रगुजार हूँ, जहाँ मेरे बचपन को मिले वातावरण की बदौलत 'मंच-मंथन' ने जन्म लिया।

अपने जीवन-पथ में, अपनी पूज्यनीय माँ श्रीमती बलुली देवी एवं पूज्यनीय ताईजी स्व. श्रीमती गोपुली देवी से निरंन्तर आत्मीय बल व आर्शीवाद की प्राप्ति; मेरे लिए विशेष महत्वपूर्ण है।

मेरी अर्धांगिनी तुलसी रावत ने अपने पारिवारिक जीवन के अमूल्य समय का सहयोग देकर, रचना-साधना को सार्थक बनाने में मेरी जो मदद की उसे आभार से व्यक्त करना संभव नहीं, सिर्फ महसूस किया जा सकता है। मेरी बेटियाँ-प्रार्थना और स्वप्निल;

रचना-यात्रा के दर्मियान रचना की स्थिति व सफलता के जिज्ञासा भरे प्रश्नों से ईंधन देकर, मुझे मेरे लक्ष्य की ओर बढ़ने को प्रेरित और प्रोत्साहित करती रही हैं। रचना-यात्रा में उनके योगदान की अहमियत का विशेष उल्लेख जरूरी समझता हूँ।

अपनी जीवन-यात्रा इतिहास के दौरान; अपने भाई-बन्धुओं, मित्रगणों, परिजनों, शुभचिंतकों, गुरु-शिक्षक जनों, समाज सेवी जनों, हिन्दुस्तान के लगभग सभी प्रदेशों के परिचित महानुभावों आदि को याद करना चाहूँगा; जिनसे मेरी रचना की सार्थकता, प्रत्यक्ष या परोक्ष रूप से जुड़ी हुई है।

***

पुस्तक समीक्षा

डॉ. ईश्वर सिंह

उभरते हुए लेखक और मौलिक सोच के धनी श्री जोधा सिंह रावत का 'मंच मंथन' मानव जीवन के उन पहलुओं को स्पर्श करता है जो भारतीय समाज के लिए बेहद महत्वपूर्ण किन्तु उतने ही उपेक्षित हैं। इस पुस्तक में नाटिकाओं के माध्यम से अत्यंत सारगर्भित प्रश्न जनता की सोच को जगाने के लिए उठाए गए हैं। पहला ही प्रश्न आत्म-साक्षात्कार कराता है 'कौन हूं मैं?' आगे चलकर 'मंच मंथन' का लेखक 'आखिर वह है कौन?' के माध्यम से स्वयं ईश्वर का साक्षात्कार करना चाहता है। वह उन विसंगितयों को सामने लाना चाहता है जो भगवान के नाम पर समाज में व्याप्त हो गई हैं। 'क्या सचमुच आज़ाद हैं हम' स्वतंत्र भारत में व्यक्ति की पराधीनता जैसी स्थिति को रेखांकित करता है। प्रदूषण की बात करते-करते लेखक की कलम मानसिक प्रदूषण तक चली जाती है और वह गीतों के माध्यम से मानव मस्तिष्क में व्याप्त तनाव, मनमुटाव, औरों के प्रति घृणा, द्वेष और असम्मान के भावों से कुंठित जीवन शैली के कारण पूछ बैठती है। 'मंच मंथन' जीवन की निस्सारता का स्मरण कराता है और भौतिक उपलब्धियों के लिए आत्मा की इच्छा के साथ समझौतों पर प्रश्न उठाता है। 'मंच मंथन' व्यक्ति से उसके जीवन का उद्देश्य पूछता है, यह जानना चाहता है कि भौतिकता की भागमभाग में उसका लक्ष्य क्या है? वह हासिल क्या करना चाहता है? वह

किस मंजिल को पाने की दौड़ में है? 'मंच मंथन' ऐसी कृति है जो एक अनूठे ढंग से व्यक्ति की सोच को दार्शनिक मोड़ देती है, उसे आध्यात्म और परमार्थ की राह दिखाती है। 'भूमंडल से भूला रिश्ता' के माध्यम से प्रकृति के अत्यधिक दोहन पर लेखक की चिंता सामने आती है जिसमे प्राकृतिक विनाश के लिए मनुष्य द्वारा प्रकृति की अनदेखी को जिम्मेदार ठहराया गया है।

'मंच मंथन' के दूसरे भाग में पुस्तक के पहले हिस्से में उठाए गए सभी प्रश्नों के उत्तर दिए गए हैं। लेखक ने भौतिक संसार और सूक्ष्म संसार के सिद्धांत के माध्यम से सभी समस्याओं के निदान का मार्ग दिखाया है। सूक्ष्म संसार हमारे भौतिक संसार को नियंत्रित करता है इसलिए हमें इसे सुंदर बनाने की आवश्यकता है। लेखक के मुताबिक जो कुछ संसार में दिखाई देता है पहले वह मानव मस्तिष्क में जन्म लेता है। इस प्रकार सारी अच्छाइयों और बुराइयों का जन्म व्यक्ति के मन में होता है जिसे वह भौतिक रूप में पृथ्वी पर लाता है। इसलिए बेहतर जीवन के लिए, सुंदर संसार के लिए और खुशहाल दुनिया के लिए व्यक्ति को अपनी सोच का बेहतरीकरण एवं सौन्दर्यकरण करना होगा तथा उसे सकारात्मक एवं स्वीकारात्मक दिशा में बदलना होगा।

'मंच मंथन' में उपरोक्त के अतिरिक्त भी अनेक उल्लेखनीय बातें हैं, जैसे पर्वतीय ग्रामीण जीवन की एक मनमोहक झलक हमें इसमें देखने को मिलती है। लेखक ने सामाजिक संगठन और मानव प्रकृति को भी बहुत से दर्शकों और कलाकारों के माध्यम से चित्रित किया है। नाटक के मंचन में सामाजिक संगठन की भूमिका और उसके लिए व्यवस्थित योजना का महत्व भी सलीके से दर्शाया गया है किन्तु ये सब बातें इस पुस्तक के मूल कथन के सामने गौण हो गई हैं क्योंकि लेखक का उद्देश्य मानव जीवन और मानव समाज में व्याप्त तनाव, कटुता, भ्रम और विसंगतियों के कारण और निवारण निरूपित करना था जिसे करने में लेखक पूरी तरह सफल रहे हैं।

साहित्य का उद्देश्य मानव जीवन को सुंदर बनाना और उसे सत्मार्ग पर चलने के लिए प्रेरित करना होता है। साहित्य भावी पीढ़ियों के लिए एक गाइड बुक की तरह होता है जिससे उन्हें जीवन को कम समय में अधिक सहजता से समझने में सहायता मिलती है और 'मंच मंथन' अपने इस उद्देश्य में पूरी तरह सफल रहा है। मैं श्री जोधा सिंह रावत को उनकी मौलिक सोच पर आधारित इस अनूठी कृति के लिए बधाई देता हूँ।

डॉ. ईश्वर सिंह
पीएचडी, हिन्दी साहित्य
एम.ए.-अंग्रेजी साहित्य
एम.ए., हिन्दी साहित्य
ए.एम.आई.बी.एम.
वरिष्ठ राजभाषा अधिकारी
हिन्दुस्तान पेट्रोलियम कॉर्पोरेशन लिमिटेड

भाग–1

पहला अंक

दृश्य–1

(उत्तराखंड का एक छोटा सा गाँव, उसमें है एक नन्हीं 'बाल-मंडली'। नन्हीं 'बाल-मंडली' की बहुत बड़ी सोच! मौजूदा समाज की बिगड़ती परिस्थितियों को सुनकर, पढ़कर व जानकर उसमें सकारात्मक परिवर्तन लाने की चिन्ता! ***कई दिनों से सोचने में लगे हैं, पर ऐसा कोई हल नहीं सूझ रहा, जो कारगर हो.......)***

शश्श.....श्शश.....शेरूदा आ रहे हैं। जरा शान्त हो जाओ।

सभी : *(एक साथ)* **प्रणाम शेरूदा!**

शेरूदा : सभी को मेरा प्रणाम! आदाब! सतश्रीअकाल! गुडमॉर्निंग! आप लोगों ने कुछ किया?

सभी : *(एक साथ)* नहीं शेरूदा, कुछ समझ में नहीं आ रहा है कि काम कैसे शुरू करें।

शेरूदा : मोहन, तुमने तो इन्टरमीडिएट पास कर ली है, तुम भी कुछ नहीं कर पाए?

मोहन : शेरूदा, मैं पूरी रात भर सोचता रहा पर हल नहीं ढूँढ़ पाया।

जुगली : *(आठवीं कक्षा में पढ़ रही है, अचानक चहकते हुए)* शेरूदा, मेरे दिमाग में एक नई युक्ति आ रही है।

शेरूदा : बोलो जुगली तुम ही बताओ।

जुगली : सुनिए ध्यान से, हमें 'मंच मंथन' करना होगा।

भोला : *(तपाक से)* 'मंच मंथन'!

रामू : *(भोला को टोकते हुए)* भोला! मुँह पर हाथ रखो और जुगली की बात ध्यान से सुनो।

जुगली : *(बातों का खुलासा करते हुए)* हम मंच पर नाटक करेंगे और लोगों को ऐसा कार्यक्रम दिखाएंगे, जिनमें पहले सवाल ही सवाल हों। मंच के माध्यम से हम जनता की समस्याएं जनता के ही सामने घुमा-फिराकर रखेंगे। जनता को सोचने पर मजबूर कर देंगे। जनता को प्रश्नों से बाँध देंगे पर हल नहीं बताएंगे। जनता के दिमाग में पहले हम प्रश्न पैदा करेंगे। जनता को हल खुद ढूँढ़ने दो। उनको भी रात-रात भर सोचने दो।

शेरूदा : वाह! मेरी प्यारी गुड़िया, क्या तरकीब सुझाई! तुमने तो मानो ख़ज़ाने का ताला ही खोल दिया! तुम्हारी समझदारी और बुद्धिमत्ता को हम सलाम करते हैं।

रामू : हमको हलचल पैदा करनी है।

सभी : *(एक साथ)* हमारी समझ में भी अब आने लगा है, हम जनता के दिमाग में हलचल पैदा कर देंगे।

शेरूदा : वाह! मेरे बच्चो! मुझे फ़ख्र है–अपने बच्चों के उत्साह और उमंग पर।

आओ हम सब मिलकर गाते हैं:

इंसान को इंसान से अब, हम मिलाएंगे।
इंसानियत की शान को, जग में बढ़ाएंगे।
राग-द्वेष दूर कर, खुशी बिछाएंगे।
दुनिया के जंग दूर कर, अमन दिलाएंगे।
आए अगर हैं जग में, तो कुछ कर के जाएंगे।
जहाँ पुनीत में नया, इतिहास रचाएंगे।।

भोला : *(बड़े उत्साह से)* शेरूदा! आपकी कविता सुनकर मेरा मन नाचने को कर रहा है।

शेरूदा : तो नाचो मेरे भोला, नाचने की कौन सी मनाही है। परंतु एक बात का हमेशा ध्यान रखना, दिशा भ्रम न होने पाए।

गीरू : दिशा भ्रम!

शेरूदा : *दिशा भ्रम का अर्थ है; हमें हमेशा अपने लक्ष्य को ध्यान में रखना है। दुनिया या जिंदगी में हर कदम पर भटकाव है। कभी तुम खाने में मस्त हो जाओगे तो कभी गाने में। कभी सोने में आलस कर जाओगे तो कभी तुम्हारा मूड खराब हो जाएगा। अभी सब ठीक चल रहा था, क्या करें–खान-पान, नींद व काम का संतुलन बिगड़ गया और खुद बीमार पड़ गए। इसका मतलब है आप दिशा से भटक गए, आप अपनी मंजिल से भटक गए। यही दिशा भ्रम है। इसके परिणामस्वरूप लक्ष्य हम से दूर होता चला जाता है और हमें खुद भी नहीं मालूम होता कि हम उस दिशा में बढ़ भी रहे कि नहीं, जिस दिशा में हमें बढ़ना चाहिए था।*

***

दृश्य–2

बड़े जोर-शोर से 'मंच मंथन' की तैयारियाँ चल रही हैं। नए-नए गीत, नई-नई कविताएं, नए-नए डायलॉग तैयार किए जा रहे हैं। गाने, कव्वाली, प्रहसन, नाटक व कई प्रकार के अभिनय की तैयारियाँ हो रही हैं। शुरुआत भक्ति वंदना से हो, ऐसा विचार रखा गया। मंच का मंथन सुव्यवस्थित हो, भक्ति वंदना के बाद कार्यक्रम का सिलसिला बिल्कुल न रुके, दर्शकगण बस टकटकी लगाकर देखते और सुनते रहें; ऐसा निर्णय लिया गया।

बाल, युवा व बुजुर्ग सभी वर्गों को प्रोग्राम में शामिल किया जाए और उनकी प्रतिभा के अनुसार अभिनय भी दिया जाए। अभिनय के मुताबिक उसे पूरी जिम्मेदारी भी दी जाए ताकि दिये गए अभिनय (रोल) को वह बखूबी निभा सके।

रिहर्सल को तीन चरणों में बाँटा गया–

प्रथम चरण : पात्रों द्वारा स्वयं की तैयारी।

द्वितीय चरण : पात्रों का सेमीफाइनल टेस्ट।

तृतीय चरण : पात्रों का फाइनल टेस्ट।

तैयारियाँ उत्साहपूर्वक की जाने लगीं। रात-रात भर पात्र अपने रोल को याद करते हैं। अभिनय करने का पूरा अभ्यास! अभिनय, 'अभिनय' न लगकर हक़ीक़त लगे, मानो घटना वास्तव में घट रही हो। गाने के रियाज़ के लिए; मन की एकाग्रता, कंठ व सुर को साधा जा रहा है। साथ-साथ तीनों के परस्पर संगम व तालमेल पर भी विशेष ध्यान दिया जा रहा है। **गाने में लय हो, लय में संगीत; संगीत में रस, कला व संदेश!**

गाना ऐसा हो जो लोगों को भाव विभोर कर दे, सुनने वाले मंत्र मुग्ध हो जाएं और गाने की गूँज मन-मस्तिष्क में इस कदर छा जाए कि लोग इसमें खो जाएं, डूब जाएं और खुद-ब-खुद गाने लग जाएं। इसी तरह कव्वाली की ताल, धुन, लय व शारीरिक भाषा ऐसी हो कि हर लफ़्ज में वाह निकले या फिर आह निकले। ऐसा लगे कि खुद घटना में मौजूद हों और घटना मानो खुद के सामने घटित हो रही हो। प्रहसन ऐसा हो कि लोग लोट-पोट हो जाएं। भक्ति संगीत ऐसा हो, मानो शक्ति की पराकाष्ठा परमब्रह्म सर्वशक्तिमान ईश्वर के निकट पहुँचकर, अलौकिक आनन्द का रसपान कर रहे हों। बीच में 15 मिनट जल-पान का प्रावधान भी रखा गया।

***

दृश्य-3

करते-कराते पूरे दो हफ्ते रिहर्सल व तीनों चरणों को पूरा करने में लग गए। पूरे गाँव में इस दौरान बड़ी हलचल रही। इसका पता आस-पड़ोस के गाँव वालों को भी लग चुका था, उनमें भी बड़ी उत्सुकता थी कि शेरूदा के गाँव में क्या होने वाला है।

बच्चों के सामने कई चुनौतियाँ एक साथ थीं। स्कूल की पढ़ाई व होम वर्क, घर पर खेती-बाड़ी का काम और फिर प्रोग्राम की तैयारियाँ।

उनकी हालत नए-नए भर्ती हुए जवान जैसी हो रही थी, जो नौ माह के कठिन सैन्य प्रशिक्षण से गुजर रहा हो। परन्तु अगर शेरूदा साथ हों तो भला हौसलों में कमी कैसे आ सकती है। थकान जरूर होती, परन्तु **जैसे ही शेरूदा मुस्कराकर पूछते; मंजिल की ओर बढ़ते कदमों का कैसा अहसास हो रहा है?** बच्चों में न जाने कहाँ से नई जान, नई उमंग आ जाती और उनके चेहरे खिलखिलाने लग जाते।

कड़ी मेहनत व कड़ी तपस्या के बाद अब परीक्षा की घड़ी नजदीक आ चुकी थी। अब सिर्फ एक दिन बाकी बचा था।

(शेरूदा ने अपनी 'बाल मंडली' को अपने पास बुलाया)

शेरूदा : मेरे बच्चो, अब हम परीक्षा के बिल्कुल करीब हैं। आप लोगों ने फाइनल परीक्षा भी पास कर ली है और अब असली परीक्षा पास करनी है।

भोला : क्या अब भी कोई परीक्षा बची रह गई?

शेरूदा : आपकी असली परीक्षा है–**दर्शक परीक्षा**। दर्शक परीक्षा ही हमारी असली परीक्षा है। दर्शक ही वास्तव में असली परीक्षक हैं। हमारी असली सफलता दर्शक-गण ही तय करेंगे। आज हमें अपने मंच को बनाना है। प्रोग्राम के सारे इंतजाम हमें आज और कल दिन में पूरे करने होंगे। हमें इस बात का पूरा ख्याल रखना होगा कि कहीं किसी प्रकार की कमी न रह जाए। आप सभी, अपना नाश्ता करके ठीक 10 बजे यहाँ खनरूखाव पर आ जाना।

***

दृश्य–4

अभी 10 बजे भी नहीं हैं, सारे बच्चे पहले ही खनरूखाव पहुँच गए। शेरूदा के साथ सारे बच्चों का सहयोग था। भला क्यों न हो, इतना बढ़िया मार्गदर्शन कौन दे सकता है।

'मंच मंथन' की तैयारियाँ शुरू होने लगीं। पत्थरों को इकट्ठा कर लगभग तीन फुट की ऊँचाई रखी गई। ऊपर से तख्ते रखे गए। जगह-जगह बल्लियों का सहारा देकर मंच को मजबूती दी गई।

जुगली : *(भोला को टोकते हुए)* भोला! मंच को पीछे से थोड़ा ऊँचा रखना है। मंच को हल्का सा ढलान देना होगा।

भोला : तुम ठीक कहती हो जुगली। रामू, बल्ली ऊपर करो। (करते-कराते पूरा दिन लग गया)

मंच, खुले मैदान में बनाया गया। फिर ऐसा करना भी तो जरूरी था। गाँव वाले तो आएंगे ही, आस-पड़ोस के गाँव वाले भी आ सकते हैं। जगह की कमी नहीं पड़नी चाहिए।

गाँव वालों ने भी बच्चों के उत्साह को देखते हुए भरपूर सहयोग दिया। फिर गाँव के सभी लोग शेरूदा को बड़ी इज़्ज़त भी तो देते हैं। इज़्ज़त क्यों न दें, शेरूदा पूरे गाँव के आँखों के तारे जो हैं। जब भी कोई मुसीबत में होता, तुरन्त मदद करने पहुँच जाते। किसी को कोई चोट-पटक, घाव आदि होता; फौरन फर्स्ट एड कर देते। जब भी कोई समस्या आ जाती, बढ़िया सुझाव सुझाकर समस्या का समाधान कर देते। **(समय काफी हो चुका था। चाँद भी आज गाँव को घूर रहा था। घूरे भी क्यों नहीं, नन्ही 'बाल-मंडली' के कुछ कर गुजरने की चाह, भाव व कड़ी मेहनत ने चाँद का भी मन मोह लिया था। उसे भी इंतजार था कि नन्हीं टोली अब क्या करने वाली है)**

शेरूदा : बच्चो! बस करो, समय अब काफी हो गया है। बाक़ी काम कल करेंगे।

(धीरे-धीरे बच्चे अपने-अपने घरों को प्रस्थान करते हैं)

***

दृश्य-5

(पौ फटी भी न थी, रामू और भोला मंच के ऊपर हाव-भाव में एक्टिंग कर रहे हैं)

रामू : भोला, मुझे तो रात भर नींद ही नहीं आई। जब थोड़ी सी आँख लगी तो मैंने देखा, पूरा मैदान लोगों से ठसाठस भरा है। पता नहीं कितने गाँवों के लोग आए थे, पहचान में भी नहीं आ रहे थे। जुगली कितनी अच्छी एक्टिंग कर रही थी! चारों तरफ तालियों की गड़गड़ाहट व वाह-वाह की गूँज थी!

भोला : मैं सोचता हूँ, कहीं तुम मेरे रोल पर हँसोगे तो नहीं।

रामू : कैसी बात करते हो भोला, हम सबको मिल-जुलकर काम करना है। हमें शेरूदा के सपनों को साकार करना है।

(इतने में सामने से शेरूदा आते हुए दिखते हैं)

शेरूदा : कमाल है, इतनी जल्दी! मुझे तुम्हें देखकर बेहद खुशी हो रही है कि जागरूकता का दीपक अब मेरे बच्चों के अन्दर जल चुका है। अब हमें अपनी कामयाबी साफ नज़र आ रही है।

(फिर गाने लगे...)

मुश्किल की चट्टानें यदि राहों में आएं।
नदिया सागर यदि हमको राहों में रोकें।
हर मुश्किल में भी मंजिल को पाना होगा...
पाना होगा...

(बड़े जोश व उमंग के साथ गीत के बोल, प्रातःकाल में गूँजकर, मानो आने वाली मुसीबतों से सावधान कर रहे हों)

शेरूदा : बच्चो! यह हमारी शुरूआत है, मैं थोड़ी देर में आता हूँ।

(शेरूदा जाते हैं)

भोला : मुझे बड़ा जोश आ रहा था, जब मैं शेरूदा की जोशीली कविता सुन रहा था।

रामू : हाँ भोला, हमें एक अच्छे लीडर जो मिल गए हैं।

***

दृश्य-6

सुबह के पौने सात बज रहे हैं। शेरूदा के साथ उनकी टीम, मंच बनाने में जुट गई है। गाँव वालों से भी अच्छी मदद मिल रही है। तिरपालों को जोड़कर मंच के ऊपर ताना जा रहा है। सारा सामान लोगों के सहयोग से आया है, किराए की कोई भी चीज नहीं। फिर, आर्थिक स्थिति भी तो ऐसी नहीं कि खर्च किया जा सके। सब कुछ सहयोग, सेवा तथा संगठन से ही तो हासिल करना है। सारा काम श्रमदान व निःस्वार्थ सेवा से हो रहा है।

चादरों को जोड़कर पर्दे बनाये जा रहे हैं। पर्दों को सरकाने के लिए घिर्रियाँ लगाई जा रही हैं। मेकअप रूम के लिए पर्दे लगाकर अलग कमरा बनाया जा रहा है। कोई वाद्य यंत्र ला रहा है, कोई मेकअप का सामान तो कहीं बड़े बक्से व अलमारियाँ लाई जा रही हैं। भौंरे की तरह गुनगुनाते हुए से लग रहे हैं। बीच-बीच में कभी-कभी एक्टिंग करते हुए से भी दिख रहे हैं। लगता है-खुद को पूरी तरह, प्रोग्राम के लिए तैयार रखने की तैयारी भी साथ-साथ चल रही है कि कार्यक्रम में कहीं भूल-चूक न रह जाए। बुजुर्ग भी तैयारी में हाथ बढ़ा रहे हैं।

(सरोप काका, शेरूदा से)

सरोप काका : शेरू! कितनी अच्छी बात है, मैं पहली बार इतना जोश बच्चों में देख रहा हूँ। मेरी आत्मा कहती है, तुम बहुत कामयाब होओगे। चाय-पानी का इन्तजाम भी रखना, इसकी व्यवस्था मेरी ओर से होगी।

शेरूदा : काका, बुजुर्गों की दुआएं खुद-ब-खुद राहें बना देती हैं। आपका हाथ अपने सर पर पाकर, उत्साह मानो स्वच्छ जल स्रोत की तरह उभर रहा है।

मंच को सजाने-संवारने में पूरा दिन लग गया। फिर लगेगा भी क्यों नहीं, कोई कसर भी तो नहीं छोड़ी। सजा-सजाकर पर्दे लगाए। पर्दे भी अलग-अलग रंगों में लगाये गए, ताकि खूबसूरत लगें। बच्चों ने मंच की

सजावट में अपनी-अपनी कला का प्रदर्शन किया। बुजुर्गों ने अपने-अपने तजुर्बों से, बच्चों का मार्गदर्शन कर, सजावट में नई जान डाल दी। चारों तरफ झालर लगाए गए। अलग-अलग रंगों की रोशनी निकालने के लिए कई रंगों की पन्नियाँ रखी गईं। एम्प्लीफायर व माइक को जाँचा-परखा गया। मंच सुशोभित करते-कराते लगभग शाम के छः बज गए।

महिलाएँ अपने-अपने बच्चों को लेकर आई हैं। बच्चों ने जिद की और मंच पर कूद लिए। बड़ी मस्ती में मंच पर ताली बजा रहे हैं, किलकारी मार रहे हैं, उछल रहे हैं। बच्चों को खुश देखकर उनकी माताएँ भी मंद-मंद मुस्करा रही हैं। **ऐसा लग रहा है, मानो गाँव में खुदा ने खुशी का पिटारा खोलकर रख दिया हो।**

क्या मंच सजाया! जो देखता, बस मुँह से वाह ही निकलती। बुजुर्ग; युवाओं व बच्चों के परस्पर प्रेम, संगठन व सहयोग के भाव देखकर नाज़ करते, तो माताएँ अपने बच्चों पर गर्व महसूस करतीं।

दूर से मंच ऐसा लगता, मानो झील में सतरंगी कमल खिला हो। सुन्दर लगे भी क्यों नहीं, पूरा मन व दिल लगाकर जो काम किया गया है। जब कोई काम दिलोजान से किया जाता है तो निर्जीव भी जीवित हो उठता है और निर्जीव में भी आत्मा आ जाती है।

■■

दूसरा अंक

दृश्य–1

सायं 8 बजे से मंच का कार्यक्रम शुरू होना है। महिलाएँ, बच्चे, बूढ़े आज जल्दी-जल्दी घर का सारा काम निबटा चुके थे। खाना-पीना जल्दी हो चुका था। बड़े बुजुर्ग अपने परिवार वालों को झड़प लगा रहे हैं–जल्दी तैयार हो जाओ, खनरूखाव पहुँचो, ऐसा मौका कहाँ मिलता है, समय की कीमत समझो। वक़्त के अनमोल स्वरूप को समझकर ही हम प्रगति कर सकते हैं। बुजुर्ग 07:30 बजे से ही रंग-मंच के प्रांगण में बैठ गए और टकटकी लगाकर मंच को निहारने लगे।

(धीरे-धीरे लोग आने लगे)

गिरधर व माधो को पुरुष वर्ग की व्यवस्था का काम सौंपा गया है। कौशल्या जो प्राइमरी स्कूल की टीचर हैं, उन्हें महिला वर्ग की व्यवस्था का काम सौंपा गया है। ममता, 10वीं कक्षा की छात्रा, कौशल्या के साथ हैं। प्रशासन के तर्ज पर कार्य को व्यवस्थित रूप से बाँटा गया है, जैसे मेकअप टीम, जन सेवा टीम, वाद्य यंत्र टीम, लाइट व एम्प्लीफायर टीम आदि-आदि। सम्पूर्ण नियंत्रण का पूरा जिम्मा शेरूदा के पास है।

पब्लिक की तादाद बढ़ रही है। जन सेवा टीम द्वारा अतिरिक्त दरियाँ व चटाइयों की व्यवस्था की जा रही है। अन्य गाँवों से भी कई लोग आ रहे हैं, जिन्हें स्वागत पूर्वक बिठाया जा रहा है और व्यवस्था में किसी प्रकार की कसर नहीं छोड़ी गयी है।

(ठीक 8 बजते ही मंच पर शेरूदा आते हैं। चूड़ीदार पाजामा, कुर्ता, वास्केट, सिर पर टोपी और गले में लटकता दुपट्टा, पूरे खादी लिबास

में, हिन्दुस्तान के गौरव के रूप में क्या खूब नज़र आ रहे हैं)

शेरूदा : सज्जनो, मैं और मेरी नन्ही मंडली आपका अभिनंदन करती है। आप सभी के सहयोग एवं अपार स्नेह से हमें 'मंच मंथन' का सौभाग्य मिला है।

आइए, आप और हम सभी का कार्यक्रम शुरू होता है–शक्ति वंदना से। *उस अनन्य, अपार, अछेद, अभेद, सगुण, निर्गुण, लौकिक, अलौकिक, निराकार, साकार आदि-आदि अनगिनत नामों से जिसे जाना जाता रहा है, ऐसी परमशक्ति की हम वंदना करते हैं–जिसके अनगिनत रूप हैं और जिसे हर धर्म अपनी-अपनी क्षमता अनुसार परिभाषित करने का प्रयास करता है। पर वह तो सिर्फ एक शक्ति है जो चर-अचर, जीव-निर्जीव, धरती, चाँद, सितारे व समस्त ब्रह्मांड का संचालक है। उसे जानने या पहचानने में हम जातिगत, धर्मगत या परम्परागत संकीर्णताओं से चूक कर जाते हैं। उसके वास्तविक स्वरूप के ध्यान व मनन के बजाए कहीं और ही भटक जाते हैं।*

देखें.........

***

दृश्य–2

(धीरे-धीरे पर्दा उठता है.......)

हारमोनियम के मधुर-मधुर सुर, तबले की हल्की-हल्की थाप और बाँसुरी की सुरीली धुन के साथ, कलाकारों के स्वर गूँजने लगे......

ओ मालिक ओ अन्तर्यामी,
ओ परब्रह्म अपारा।
कोटि नमन तेरे चरनों में,
बहा अमृत रस धारा॥

अनगिनत नाम से तुझे पुकारे,
यह जग यह संसारा।
जान सकें ऐसी शक्ति दो,
परमशक्ति दुखहारा।।

नहीं चाहिए धन दौलत,
ना रतन धनों की खान।
बस हम माँगें तुझ मालिक से,
खिली - खिली मुस्कान।।
राग-द्वेष से मुक्त रहें हम,
दूर रहे अभिमान।
जीवन हो मुस्कान भरा,
दे दाता ऐसा ज्ञान।।
ओ मालिक........

संगीत के साथ-साथ, परमशक्ति की वंदना और हृदय से निकली आवाज़ सुनकर ऐसा लगता; मानो स्वच्छ निर्मल जल-प्रवाह, मन के मैल को धोते हुए निकल रहा हो। दर्शक तन्मय होकर साथ-साथ गुनगुनाते हुए, एक अलौकिक आनन्दानुभूति कर रहे हैं।

(पर्दा गिरता है, शेरूदा मंच पर आते हैं)

शेरूदा : सज्जनो, परमशक्ति वंदना के बाद, अब हमारा कार्यक्रम प्रारम्भ होता है, जिसकी संक्षिप्त जानकारी मैं आपको दे दूँ–

हमारे 'मंच मंथन' का पूरा कार्यक्रम 4 दिनों का होगा। 4 दिनों के इस कार्यक्रम को दो भागों में बाँटा गया है। प्रथम भाग दो दिनों का है–इसमें सामाजिक समस्याओं, कठिनाइयों व हमारी उन परेशानियों का जिक्र होगा, जिनसे हम जूझ रहे हैं। इस भाग में हम आपके मानस पटल पर प्रश्नों की फुलझड़ी पैदा करने का प्रयास करेंगे। आप स्वयं सोचने लगेंगे, आपस में चर्चा करने लगेंगे, परेशान भी होंगे कि क्या करें? कैसे करें? समाधान क्या है? अब क्या होगा? अब तो बर्बादी के

सिवा कुछ भी नज़र नहीं आता है?....... आदि-आदि। इसी तरह, दूसरे भाग में दो दिनों का कार्यक्रम, ठीक एक माह बाद होगा। हम भी तो जानें, आप में, इस एक माह के भीतर कितनी हलचल होती है?

एक माह बाद के प्रोग्राम में हम आपके भीतर पैदा हुई हलचल का जवाब देने का प्रयास करेंगे। तब हम समस्याओं, मुसीबतों, कठिनाइयों आदि के समाधान, आपके सामने रखने का प्रयास करेंगे। हमें विस्तार से समाधान पेश करने का समय नहीं मिल पाएगा, इसलिए हम संकेतात्मक समाधान ही प्रस्तुत कर पाएंगे। कई प्रश्नों के उत्तर आपको खुद ढूँढ़ने होंगे। उदाहरण के लिए, हम सिर्फ 2-3 प्रकार की मिठाइयाँ बनाने के तरीकों की चर्चा करेंगे। इसी भाँति आपसे हम, सैकड़ों प्रकार की मिठाइयाँ स्वयं बनाने की अपेक्षा करते हैं। हम सिर्फ चिंगारी पैदा करेंगे या कहें एक दीप जलाएंगे और फिर आपको दीप से दीप जलाकर अंधकार मिटाना है। अपने लिए तो हर कोई जीता है, थोड़ा दूसरों के लिए भी जी कर देखें, जिंदगी की सूखी लार ग्रन्थियों से रस प्रवाह शुरू होने लगेगा। संसार बदला-बदला सा नज़र आने लगेगा और जिंदगी का खूबसूरत नज़ारा दिखने लगेगा। एक नई ऊर्जा खुद-ब-खुद पैदा होने लगेगी। यहाँ तक कि सोचने मात्र से ही खुशी महसूस होने लगेगी। देखें, हमारा पहला प्रोग्राम क्या कहता है.....।

***

दृश्य-3

(धीरे-धीरे पर्दा उठता है......)
(नेपथ्य से कलाकारों के स्वर उभरते हैं)

मैं कौन हूँ! हम सब कौन हैं!

हम सब कहाँ से आए हैं...!!

कई प्रकार की आकृतियाँ पर्दे पर उभर रही हैं। कहीं व्योम, कहीं तारे से नज़र आ रहे हैं। कहीं व्योम में कई नए-नए पिण्ड बनते से नज़र आ रहे हैं तो कहीं पिण्ड टूटकर छिन्न-भिन्न होते हुए भी दिख रहे हैं। कई पिण्ड आपस में टकरा भी रहे हैं। कुछ पिण्ड धीरे-धीरे, तो कुछ बड़ी तेजी से घूमते नज़र आ रहे हैं। किसी खास पिण्ड में नए-नए जीवों की उत्पत्ति भी हो रही है।

चार बच्चे इनमें से उभरकर बाहर निकलते हुए, गाते व नृत्य करते हुए, नज़र आ रहे हैं:

कौन हूँ मैं, हैं कौन हैं हम!
कौन हैं हम!.............!
आए कहाँ से, क्यों हैं हम!
क्यों हैं हम!............!

कौन व्योम से हम हैं आए!
कौन व्योम से हम हैं आए!............!
आए क्यों, क्या करने आए!
आए क्यों, क्या करने आए!............!

क्यों प्रश्नों से घिरे हैं हम!
क्यों प्रश्नों से घिरे हैं हम!............!
भटके क्यों मजबूर हैं हम!
भटके क्यों मजबूर हैं हम!............!

कौन हूँ मैं, हैं कौन हैं हम!
कौन हैं हम!.............!
आए कहाँ से, क्यों हैं हम!
क्यों हैं हम!............!

गीत, गीत की धुन, कई प्रकार की आकृतियों के साथ-साथ कई आवाज़ों का समावेश और साथ में बच्चों का बेहतरीन प्रदर्शन; पब्लिक का ध्यान आकर्षित करता है।

(7वीं कक्षा में पढ़ने वाला रामी, सिनार गाँव से आया है, अपने पापा से पूछता है)

रामी : पापा! यह सब क्या है? मैं कौन हूँ पापा? हम सब कौन हैं पापा?

पापा : बेटा, यह बहुत बड़ा प्रश्न है। हम सब यह तो जानते हैं कि मैं किसन सिंह का बेटा हूँ और तुम मेरे बेटे हो। परन्तु वास्तव में हम सब कौन हैं और यहाँ क्यों आए, इसमें बहुत बड़ा रहस्य छिपा है। इसे जानना होगा, इसके बारे में सोचना होगा।

बेटा : पापा, शेरूदा को तो सब पता होगा?

पापा : बेटे! शेरूदा, मेरे शेरूदा हुए, तुम्हारे ताऊजी हुए। शायद उनको पता होगा, परन्तु हमें एक माह का इन्तजार करना होगा।

(प्रोग्राम का पहला दृश्य पूरा होता है। धीरे-धीरे पर्दा गिरता है.......तालियों की गड़गड़ाहट.......)

पब्लिक में बड़ी खुसफुसाहट है। रामी की तरह पूरी पब्लिक प्रश्नों के घेरे में है। पब्लिक में कुछ खोया-खोयापन सा भी नज़र आ रहा है। कोई अपने माथे को पकड़ रहा है, कोई गाल पर हाथ रखे हुए है तो कोई टकटकी लगाकर आसमान की तरफ देख रहा है।

राजू : (*कमराड से आया राजू, अपने साथी हिम्मत से*) पर्दे पर आकृतियाँ तो कुछ चाँद-सितारे, ग्रह-नक्षत्रों की तरह से लग रहे थे, पर समझ में नहीं आ रहा था कि कौन कहाँ से, क्यों आया। चलो अपने टीचर से पूछेंगे।

(शेरूदा मंच पर आते हैं)

शेरूदा : सज्जनो, उम्मीद है प्रश्न पैदा होने शुरू हो गए होंगे। आपके चेहरों से हमें कुछ-कुछ आभास सा होने लगा है। आप लोगों के बीच चर्चाएं व सोच का पैदा होना, हमारी कामयाबी है।

/**(पब्लिक के बीच में से आवाज़...)** शेरूदा, आप बड़े मजाकिया हैं, बता भी दो पहेली! पहेली मत बुझाओ.../

शेरूदा : सज्जनो, हमारे 'मंच मंथन' का मकसद ही यही है कि हमारे प्यारे दर्शक सोचें, हमें बताएं और हमारा मार्गदर्शन करें। वक़्त मुझे पुकार रहा है और प्रोग्राम के दूसरे दृश्य की ओर खींच रहा है।

***

दृश्य-4

(धीरे-धीरे पर्दा उठता है......)

बड़े उल्लास से ठहाके लगाता एक जोकर बाहर निकलता है।

हा-हा-हा-हा, हो-हो-हो-हो!

आ हा-हा-हा-हा, **ओ हो-हो-हो-हो!**

जोकर की एक मूँछ आसमान की ओर, तो दूसरी जमीन की ओर।

जोकर की हँसी सुनकर बच्चे ताली बजाने लगे। छोटे-छोटे बच्चे किलकारी मारने लगे। बड़े बूढ़े, जो अक्सर गम्भीर व गुम-सुम से रहते थे, भी अपनी हँसी नहीं रोक पाये। मंच के प्रांगण में कई किस्म की हँसी के फव्वारे फूटने लगे।

सरोप काका: (*खाँसते हुए*) बच्चो जरा सुन भी लो, आखिर जोकर कहता क्या है।//

जोकर–

हा-हा-हा-हा, हू-हू-हू-हू
हँसना मेरा काम!
तुम हँसते मुझ पर ए दुनिया,
मैं तुम पर हँसता हूँ।

मालूम मुझे तुम क्यों हँसते हो,
बेख़बर हो तुम! मैं क्यों हँसता हूँ।।
हा-हा-हा-हा, हू-हू-हू-हू... ... ...

मैंने जीवन को जान लिया,
है तुमको भी पहचान लिया।

हा-हा-हा-हा, हू-हू-हू-हू... ... ...

बोलो क्या तुमने भी जाना?
सच बोलो मुझको पहचाना??
हा-हा-हा-हा, हू-हू-हू-हू... ... ...

हा-हा-हा-हा, हू-हू-हू-हू
हँसना मेरा काम!
तुम हँसते मुझ पर ए दुनिया,
मैं तुम पर हँसता हूँ।

पब्लिक में बड़ी हलचल है। कोई कहता जोकर है, कोई कहता जादूगर है। कोई कहता यह बड़ा ज्ञानी है, कोई कहता बड़ा रहस्यमयी है। कोई कहता हमको जोकर पर हँसना चाहिए, यह कैसा जोकर है जो हम पर ही हँसता है।

पाँच साल का नन्दू अपनी मम्मी से– मम्मी! मुझे बड़ा अच्छा लगा। कितना अच्छा जोकर है, सबको हँसाता है। मम्मी तुमको हँसी नहीं आयी?

मम्मी : हाँ बेटे मैं भी हँसने की कोशिश कर रही हूँ।

नन्दू : इसमें कौन सी बड़ी बात है, मुँह में पहले हवा फुलाओ। (मम्मी हवा फुलाती है, नन्दू दोनों मुट्ठियों से मम्मी के गाल पिचकाता है और मम्मी की हँसी बाहर आ जाती है)

नन्दू : बड़ा आसान है ना मम्मी!

मम्मी : हाँ बेटे तेरी हँसी जितनी आसान है, जोकर की हँसी उतनी ही मुश्किल!

नन्दू : मम्मी, क्या तुमको जोकर की हँसी पसन्द नहीं आयी?

मम्मी : तुम नहीं समझोगे बेटे।

(पर्दा गिरता है। तालियों की गड़गड़ाहट.......)

(शेरूदा मंच पर आते हैं)

शेरूदा : सज्जनो, आपका अथाह प्यार और तालियों की गड़गड़ाहट हमारी बाल मंडली के हौसलों को कई गुना बढ़ा देती

है। हमें उम्मीद है, आपके मन व दिलों में हलचल पैदा होनी शुरू हो गयी होगी। प्रश्न पैदा होने लगे होंगे। (लोगों की आवाज़ें.....)शेरूदा, चकदे हचचल! चकदे बाल मंडली! पूरे सौ नम्बर का हो रहा है।/

शेरूदा : अगर ऐसी बात है तो हम अगली सीढ़ी चढ़ते हैं। अगली सीढ़ी है–**प्रदूषण की प्रताड़ना और प्रदूषण के रूप!**

***

दृश्य–5

(कई प्रकार की आवाज़ों के साथ धीरे-धीरे पर्दा उठता है.....)

हाय प्रदूषण! हाय प्रदूषण!

मैं मरा! वो मरा!

हाय रे, प्रदूषण ने कैसा मारा! क्यों मारा!

मंच पर कहीं कूड़े के ढेर, कहीं बहते गंदे नाले का दृश्य! कहीं कुढ़कता इंसान! कहीं खान-पान के सामान में मिलावट करता इंसान!

कहीं बातों में मिलावटीपन! जैसे दृश्य नज़र आ रहे हैं।

एक शख़्स चेहरे को पूरा काला किए हुए, फटे-पुराने कपड़े पहने हुए, फटे हाल में गाता हुआ..... (तीन शख़्स पीछे से मुँह लटकाये हुए, बेचारे!!)

गुम पीड़ा से पीड़ित क्यों, हुआ आज संसार।
सभी सोच में पड़े हुए हैं, किसकी है ये मार।।

अब सभी एक साथ तेज आवाज़ में गाने लगे :

प्रताड़ित प्रदूषण ने किया, धरे अनेक रूप।
सोचो समझो और बताओ, क्यों इसके इतने रूप??

अब सिर्फ एक शख़्स बड़े मजे से गाने लगा :

जल में कचड़ा डाल दो, बहा विषैले तत्व।
बड़े शौक से देख लो, नीर प्रदूषण रूप।।

अब दूसरा शख़्स चटकारे लेते हुए गाता है :

दूषित कर दो हवा को, छोड़ जहरीली गैस।
मजे से जानो साँस में, एअर प्रदूषण रूप।।

अब तीसरा शख़्स बड़ा स्टाइल मारते हुए :

खान-पान है बना लिया, मिलावट का सामान।
मुद्रा बढ़वाने का रस्ता ढूँढ़ा है आसान।।
खान-पान प्रदूषण का मकड़जाल यह रूप!

अब तीनों मिलकर गाने लगे :

गुम पीड़ा से पीड़ित क्यों, हुआ आज संसार।
सभी सोच में पड़े हुए हैं, किसकी है ये मार।।

(पाँच और लोग जो अलग-अलग क्षेत्रों के हैं, अजीब-अजीब सी वेष-भूषा में दिखते हैं, सामने से आते हैं)

अरे आप, एक ही गाने पर अटक कर रह गए। आगे बढ़ो कहकर पहले खुद, फिर सभी बारी-बारी से शुरू हो गये :

जब मैल देह में जम जाता, निकल न पाता बाहर।
मल कुपित हो पैदा करता, भाँति-भाँति के रोग।।
बड़े ध्यान से जानो प्राणी, जिस्म प्रदूषण रूप!

अपने जुल्फों को झटकते हुए दूसरा :

संगीतकार की धुनों में घुसा गड़बड़ के धुन।
कन्फ्यूज करा दे पब्लिक को, संगीत प्रदूषण रूप।।

अब तीसरा अपनी आँखें मल रहा है और फिर अपने बाल नोचते-नोचते गाने लगा :

अपने दुख से दुखी नहीं पर, 'पर' सुख पर रोता है।
पहचानो शैतान का यह, द्वेष प्रदूषण रूप।।

अब चौथा; उछल-कूद मचाते, अँखियों से तीर छोड़ते हुए :

खटपट-खटपट होती रहे, ले चिंगारी रूप।
चिंगारी शोला बने, सम्बन्ध प्रदूषण रूप।।

पाँचवाँ; सीधा-साधा, भोला-भाला, पगड़ी बाँधे गाँव का किसान, दोनों हाथों से अपना सर पकड़कर गाता है:

राज-काज में मनमानी, पब्लिक है लाचार।
कुढ़क-कुढ़क यदि सहता है, गुम पीड़ा की मार।।
पराधीन प्रदूषण का, हुआ भयंकर रोग!

इसके साथ-साथ मंच पर कई और दृश्य नज़र आ रहे हैं– कहीं परेशानी! कहीं लाचारी! कोई पसीना पोंछ रहा है तो कोई खाने के बाद उलटी कर रहा है। कोई दिनभर खाँस रहा है। कोई मटमैले पानी को देख रहा है। कोई पेट पकड़ा हुआ, मरोड़ से परेशान है। कोई दूसरे से बस जला-भुना जा रहा है। कोई अच्छे-खासे गीत को तोड़-मरोड़कर अपना चोला ओढ़ा रहा है। कोई उलटे-पुलटे शब्द निकाल रहा है तो कोई गुस्से में आँखें लाल-पीली कर रहा है। कोई कह रहा है–मर गया रे! कैसी दवा पिला दी, फायदे के बजाए मेरा भाई आई.सी.यू. में चला गया!

कोई कह रहा है– नकली नोट पकड़ा गया मुझे! क्या करें! कहाँ जाऊँ!

ये कैसी मार! प्रदूषण ही प्रदूषण! किस-किस से बचें! जिधर जाएं प्रदूषण ही प्रदूषण नज़र आता है!

खाने में मिलावट! पानी में मिलावट! हवा में मिलावट! काम-काज में मिलावट! नोटों में मिलावट! गाने में मिलावट! बातों में मिलावट!

क्या खायें! क्या पीयें! कहाँ जाएं! कहाँ रहें!
क्या देखें! क्या सुनें! किससे बात करें!
कुछ भी तो नहीं सूझ रहा है।

(अब कई आवाज़ें गूंजती हैं......)
हाय! हाय! मर गए! मर गए!
ये कैसी जिंदगी! ये कैसी मार!
पूरी जिंदगी को प्रदूषणमय कर दिया!!!

(पर्दा गिरता है। तालियों की गड़गड़ाहट.....)

लोगों में अलग-अलग प्रतिक्रियायें..... कोई कहता, बिल्कुल सही कह रहे हैं बच्चे। दूसरा कहता–जैसा हो रहा है, वैसा बयान कर दिया। तीसरा कहता–हर तरफ प्रदूषण ही तो है।

मोहनचन्द जो दिल्ली में किसी फैक्टरी में काम करते हैं, गाँव आए हैं, आज प्रोग्राम देख रहे हैं। कहते हैं–बिल्कुल सही बात है; फैक्टरियों का सारा कचरा नदियों में सीधे बे रोक-टोक डाल दिया जाता है। फैक्टरियाँ कितना धुआँ उगलती हैं। जगह-जगह सारा कचरा वैसे ही डाल दिया जाता है।

कमराड़ से आए हिरराम को ये लाइन बड़ी पसन्द आयी–'संगीतकार की धुनों में घुसा गड़बड़ के धुन!' कहते हैं–आजकल बिल्कुल ऐसा ही हो रहा है। सारे शास्त्रीय संगीत को चौपट करके रख दिया है। अच्छे-अच्छे महान गायकों के गानों को रिमिक्स बनाकर रख दिया है। न जाने ऐसे महान लोगों की आत्माओं पर कैसी बीत रही होगी, जिन्होंने लोगों के लिये अपना पूरा जीवन समर्पित कर ऐसे-ऐसे गानों को जन्म दिया, जिनको सुनकर न जाने कितनी रूहें तनाव मुक्त होकर, आनन्दमग्न हो जाया करती थीं और जिनमें रूह का रस भरा पड़ा है। और अब, न जाने क्यों हम अपनी ही विरासत को बर्बाद करने पर आमादा हैं?

दल्मोड़ी से शम्भूदत्त वैद्य जी भी प्रोग्राम देखने आए हैं, कहने लगे–

भई मुझे तो 'जब मैल देह में जम जाता निकल न पाता बाहर', बड़ा पसन्द आया। आयुर्वेद में बिल्कुल ऐसा ही लिखा है। तमाम बीमारियों की जड़ है– मल कुपित हो जाना।

मलबाखली से आयी मांगई काकी को–'अपने दुख से दुखी नहीं पर, 'पर' सुख पर रोता है,' बड़ा पसन्द आया।

मांगई काकी : साबै मेरे बच्चो! तुमने तो मेरे मन की बात कह दी। लोग मेरी दो-दो लैंण भैस देखकर बड़े जले-भुने रहते हैं।

(इस प्रकार, कई प्रकार की प्रतिक्रियाएं चल रही हैं पब्लिक में। शेरूदा भी यह सब देखकर मंद-मंद मुस्करा रहे हैं। उनकी 'बाल मंडली' में भी बच्चे एक-दूसरे को चुटकी काट रहे हैं और बड़े खुश हो रहे हैं। भला ऐसा हो भी क्यों ना, उनके 'मंच मंथन' से पब्लिक में हलचल पैदा कर देने का सपना जो साकार होते नज़र आने लगा है)

***

साबै–शाबाश, लैंण–दूध देने वाली

दृश्य–6

(शेरूदा मंच पर आते हैं)

शेरूदा : सज्जनो, हमने 15 मिनट का इन्टरवल रखा है। सरोप काका ने चाय-पानी का इन्तजाम किया है। हम सभी सरोप काका के बड़े शुक्रगुजार हैं। कौशल्या व ममता महिलाओं की तरफ, यह व्यवस्था करवा रही हैं और गिरधर व माधो पुरुष वर्ग की तरफ। सीट पर ही चाय की व्यवस्था है। प्रसाधन के लिए भी व्यवस्था की गयी है। रास्ता निश्चित किया गया है। हमारे 5 एन.सी.सी. के छात्र व छात्राओं ने स्वयं इस कार्य को संभाल रखा है। बुजुर्गों के लिए हुक्का-चिलम का इन्तजाम चबूतरे पर किया गया है, जहाँ दरी बिछा रखी है। हमारे वालंटियर्स उन्हें वहाँ तक पहुँचा आएंगे।

(शेरूदा जाते हैं और जलपान आदि शुरू हो जाता है)

चाय-पानी की इतनी अच्छी व्यवस्था और साथ में इतनी इज्जत, कितना आनन्द आ रहा है। बुजुर्गों को विशेष सत्कार, बेहद पसंद आ रहा है। बुजुर्ग, सर पलासकर बच्चों को दुआएं दे रहे हैं–बच्चो तुम्हारी लम्बी उम्र हो और तुम खूब तरक्की करो, यही हमारी दुआएं हैं। बच्चों को भी सेवा करते हुए, अनोखा आनन्द आ रहा है। यही तो कुदरत का करिश्मा है, जो आनन्द सेवा करने में है वह भला सेवा लेने में कहाँ। फिर यही तो वक्त है बुजुर्गों की दुआएं बटोरने का, जो जिंदगी में आने वाली मुसीबतों को ढाल बनकर रोकेंगी।

निःसंदेह, **जब विचार एक क्रम में संलग्न हो जाते हैं तो जीवन की रसधार खुद-ब-खुद बहने लगती है।** यह ठीक उसी तरह होता है जिस तरह चुम्बकीय पदार्थ में छोटे-छोटे नॉर्थ व साउथ पोल जब एक क्रम में जुड़ जाते हैं तो चुम्बकीय धारा खुद-ब-खुद बहने लगती है। शायद यह बड़ा गूढ़ रहस्य है, जब शक्ति खुद-ब-खुद आ जाती है। 'मंच मंथन' का भी शायद यही उद्देश्य लगता है कि सभी को क्रम में जोड़कर, उस ताकत को पैदा कर लें जिससे वसुन्धरा को खुशहाल बना सकें।

(शेरूदा मंच पर आते हैं)

शेरूदा : सज्जनो कैसा महसूस हो रहा है?

/(**लोगों की आवाज़ें...**) लाजवाब शेरूदा लाजवाब!
मंडली दा जवाब नहीं!
आपने हलचल ही नहीं खलबलाहट पैदा कर दी है, खलबलाहट!/

शेरूदा : मुझे भी ऐसा ही कुछ लगता है। पब्लिक की ये प्रतिक्रिया और चर्चा का छिड़ जाना हमारी कामयाबी ही तो है। अब, जब पब्लिक सोचने लगी है तो समस्याओं का हल भी निकल ही आएगा। पब्लिक वो तूफ़ान है, जो चट्टानों को भी मैदान बना सकती है, बशर्ते जाग जाए। हम भी इसी कोशिश में लगे हैं। वक़्त की आवाज़ आगे बढ़ने को पुकार रही है और अगला कार्यक्रम हमारी राह देख रहा है। देखें, पर्दे के भीतर से क्या निकलता है.......।

(पब्लिक शान्त हो जाती है। हर कोई पर्दे की ओर घूर रहा है कि अब क्या अजूबा होने वाला है...)

***

दृश्य–7

(पर्दा धीरे-धीरे उठता है, साथ-साथ आवाज़ भी आ रही है......)

क्या हम सचमुच आज़ाद हो गए!
आपका दिल क्या कहता है?
आपकी जुबाँ क्या कहती है?
क्या अमर शहीदों की कुर्बानियाँ साकार हो पायी हैं?
हम आज कितने आज़ाद हैं?
क्या सचमुच आज़ाद हैं!
अपने-अपने दिलों पर हाथ रखकर बताएं।
हाँ कि ना?

/**किसी बच्चे की आवाज़.....** हम 15 अगस्त को आज़ाद हो तो गए, और कैसा आज़ाद होना है?/

बच्चो, ठीक-ठीक सोचो! आज़ादी किसको कहते हैं? आज़ादी का असली अर्थ क्या है?

/**लोगों के बीच से दिवानदा**–कहाँ आज़ादी, यह तो गुलामी सा लगता है।/

बिल्कुल ठीक, कागजों में हम आज़ाद हैं पर हमारी रूहें गुलाम हैं। (पाँच बच्चों की टोली, जिनके बाल बिखरे हैं, बाजुओं और कॉलर के बटन खुले हुए हैं, ऊँची आवाज़ में...)

आज़ाद हैं! आज़ाद हैं!

पर कैसे आज़ाद! पर कैसे आज़ाद!

*हम हैं–**'आज़ाद देश के गुलाम नागरिक!!'***

तो सुनिए! सुनिए!

/(**लोगों की आवाज़ें.....**) क्या बात कह डाली!!/

(कलाकारों द्वारा जोश भरा गीत जारी.......)

पहुँच प्राण अर्पण शहीद कर, कश्ती लिए मुकाम!
होकर भी आज़ाद क्यों, दिखता देश गुलाम!!

बुझा-बुझा सा दिखता है, बेबस क्यों लाचार?
कुढ़क-कुढ़क क्यों सहता है, गुम पीड़ा की मार??
सब पाकर भी उखड़ा क्यों, क्या किया है ऐसा काम!
होकर भी आज़ाद क्यों, दिखता देश गुलाम!!

छल-छल कल-कल जो नदियाँ, मचल-मचल कर थीं बहती।
ढोती हैं दूषित मल को, क्यों सुबक-सुबक कर हैं रोती??
ऐसी करनी से इंसाँ, क्या कमा रहा है नाम!
होकर भी आज़ाद क्यों, दिखता देश गुलाम!!

थी नीलगगन से वसुंधरा तक, पवन लिए मुस्कान।
साँस-साँस को तरस रहा क्यों, बुद्धिमान इंसान??

इतनी उन्नति कर ली है, अब चुका रहा है दाम!
होकर भी आज़ाद क्यों, दिखता देश गुलाम!!

त्याग भाव को त्याग दिया है, स्वयं भाव अपनाया।
स्वारथ ही स्वारथ भरकर क्यों, दिखता देश पराया??
करनी तो भरनी ही होगी, माथा लिए क्यों थाम!
होकर भी आज़ाद क्यों, दिखता देश गुलाम!!

पर हित से अंजान बना है, निज हित का ही ख्याल।
पल-पल, दिन-दिन बुनता जाता, मकड़ी का सा जाल।।
जान बूझकर पहुँच रहा क्यों, ऐसे कुंठित धाम!
होकर भी आज़ाद क्यों, दिखता देश गुलाम!!

ज्ञान पुंज की एक किरण भी, क्या अंधकार पर पड़ पाएगी?
दास-गुलामी के बंधन से, मुक्त सोच क्या हो पाएगी?
क्या अमर शहीदों के अरमानों, को देंगे आयाम?
होकर भी आज़ाद क्यों, दिखता देश गुलाम!!

पहुँच प्राण अर्पण शहीद कर, कश्ती लिए मुकाम!
होकर भी आज़ाद क्यों, दिखता देश गुलाम!!
(पर्दा गिरता है......)

पब्लिक स्तब्ध है, मानो किसी ने चित्त कर दिया हो। बच्चों में शोर है मगर युवा वर्ग ख़ामोश है।

(शेरूदा मंच पर आते हैं)

शेरूदा : (*पब्लिक को सम्बोधित करते हुए*)
कैसा लग रहा है? कितनी हलचल बढ़ी है?
(कई लोग ठुड्डी से हाथ हटाते हुए नज़र आए। देखने पर लग रह था मानो कहीं खो से गए। ऐंह..की सी आवाज़, जैसा कि अक्सर अचानक ध्यान भंग होने पर होता है)
भई तालियाँ अचानक कमजोर कैसे पड़ गयीं?

(तालियों की जोरदार गड़गड़ाहट। खूब तालियाँ। बड़ी जोर की तालियाँ.......)

नरपतदा : *(सोच में पड़ गए थे, उठ खड़े होकर)*
शेरूदा, बेहतरीन! यह न सोचना तालियाँ कमजोर कैसे पड़ गईं। पर आपको यह बताना बहुत जरूरी है कि आपके इस प्रोग्राम ने हमें सचमुच सोच में डाल दिया। हम सोच में इतना खो गए थे कि तालियाँ बजाना भी भूल गए।

शेरूदा : यह तो हमारे लिए और भी गर्व की बात है। पब्लिक में पहले हलचल हो और फिर वह सोचने लग जाए तो हमारे दिल को सुकून मिलना, भला स्वाभाविक क्यों न हो।

(कोलाहल बढ़ने लगा, लगता है लोगों में चर्चाएं चलने लगीं)

रामसिंह : *(सामाजिक सोच-बदलाव पर अफ़सोस जताते हुए)*
दूसरों की तो बात और, खुद अपनी ही सोच देख लें, सीधे-सीधे बिना सोचे समझे दूसरों की सोच अपना लेते हैं। हमें खुद अपनी ही भाषा तक अपनाने में शर्म आती है। अपने रीति-रिवाज, संस्कृति, त्यौहार आदि सब कुछ छूटता ही तो जा रहा है। हाई-फ़ाई बातें, बातों में बनावटीपन व बनावटी सामान की ही चर्चा अब अक्सर सुनने को मिलती है। रेडीमेड खाने का फैशन अब दिन पर दिन जोर पकड़ता जा रहा है। न जाने लोग सादा व ताजा खाना पसन्द क्यों नहीं करते। न सादा पहनना, न शरीर की सही हिफाज़त करना, न बैठकर आराम से खाना खाना! न जाने खड़े-खड़े खाने का कौन सा फैशन शुरू हो गया। खाना नीचे गिरता रहता है और परवाह किये बगैर पैरों तले रौंदते चले जाते हैं। अन्न जो पालनहार है, उसका इतना बड़ा अपमान! तो भला सेहत को इसके अपमान का बदला

तो चुकाना ही पड़ेगा। नतीजा हम खुद देख सकते हैं–तरह-तरह की पेट की बीमारियाँ! मानसिक तनाव! रक्तचाप बढ़ जाना! और न जाने क्या-क्या! बस डॉक्टर के पास जाते रहो और गोलियाँ खाते रहो।

(सचिन, 24 वर्षीय, इंजीनियरिंग छात्र, छुट्टियों में गाँव आए हैं)

सचिन : वाउ!! क्या बात है! ऐसी कविताएँ व गीत तो दिल्ली में भी सुनने को नहीं मिलतीं! मैंने कभी सोचा भी न था कि ऐसे-ऐसे गुदड़ी के लाल गाँव में भी होते हैं! हाँ, लाल बहादुर शास्त्री जी के बचपन के बारे में जरूर सुना था। पर इस गीत ने तो मानो जनता की आँखें ही खोल दीं। काश, ये गीत दिल्ली में फरमाया गया होता, कितने बुद्धिजीवियों की आँखें खुल गयी होतीं, जिन्हें राष्ट्र की जिम्मेदारियाँ सौंपी गयी हैं। शहरों में लोगों के बुझे चेहरों से हक़ीक़त साफ नज़र आती है कि कितनी बेबसी, कितनी लाचारी, मानो उन्हें भीतर ही भीतर कुरेद रही हो; परन्तु जुबान से कुछ भी कह पाने की हालत में न हों। बिल्कुल गुम चोट की तरह; बाहर से सब सलामत, पर अन्दर हड्डी-पसली कचूमर!

मानसिंह : (*दिल्ली में यमुना पार रहते हैं, बड़े प्रभावित होकर*) गीत सुनकर जमुना नदी की हालत मेरी आँखों के सामने आ गई। इसमें कोई शक नहीं, कभी यही नदी क़ितनी इतराती और उछल कूद मचाती होगी! लोग इसके कायल भी होंगे। पर इसी नदी को आज हमने गंदी नदी में तब्दील कर, इसकी कैसी हालत कर दी? ऐसे कितने लोग होंगे, जो इसकी सुबकती आत्मा का अहसास कर सकें। सचमुच, लोग कितने निर्दयी हो गए हैं...!!

सोनिया : (*समाज सेविका हैं, जयपुर से गाँव आयी हैं, प्रकृति की चर्चा करते हुए*) कलाकारों ने कितनी खूबसूरती से बयान किया है–वाकई, आज हमने अपने वायुमंडल

तक को नहीं बख़्शा। यह कैसी उन्नति है, जिससे हम अपने आप को ही मारने का जुगाड़ कर रहे हैं? जब हवा ही साफ नहीं, तो शरीर निरोगी कैसे हो सकता है? क्या हमारी जिंदगी सिर्फ बीमारियों में ही समाप्त हो जाएगी?

आज जिधर देखें, बस हड़पने की ही बात होती है। हर कोई ज्यादा कमाने की ही बात करता है। **धरती उतनी ही, जमीन उतनी ही, फिर हर कोई अगर आवश्यकता से ज्यादा, फिर और ज्यादा की चाह करेगा तो क्या होगा?** ऐसा ही होगा; जैसा हो रहा है, जैसा आजकल देखने को मिल रहा है। हर कोई अगर स्वार्थी हो जाएगा तो क्या होगा? घूम-फिरकर सभी कंगाल हो जाएंगे। पहले तो लगेगा सब बढ़िया हो रहा है, **परन्तु जब प्राकृतिक संसाधन उजड़ने लगेंगे तब कंगाली का असर शुरू हो जाएगा और फिर धीरे-धीरे सभी कंगाल हो जाएंगे। न जाने क्यों, लोग मैं-मैं और मेरा-मेरा की दौड़ में लगे हैं?**

मैं अपने दादाजी से अक्सर सुना करती थी कि किस तरह एक रोटी के चार टुकड़े करते थे और उन पर आधा-आधा प्याज, लहसुन वाले नमक के साथ रख दिया जाता था। उसके बाद चारों भाई, बड़े चाव से हँसते-हँसते खाते और ऊपर से एक-एक लोटा पानी पी जाते थे। इसी बीच अगर कोई थका-हारा राहगीर आ जाता, तो उसे भी प्यार से बिठाकर, उसी खाने में से खिला दिया जाता था।

कितना त्याग भाव था उनमें!

कितना प्रेम था आपस में!

अगर हम आज देखें; हमारे पास क्या नहीं है, किस बात की कमी है। न अन्न की कमी, न धन की कमी। न कोई दबाव, न कोई डर कि कोई पकड़कर ले

जाएगा। फिर न जाने शक्ल-सूरत ऐसी क्यों? न चेहरों पर मुस्कान, न कोई हँसी! **न जाने लोग आज गुलाम जैसे क्यों नज़र आते हैं?**

(लोगों के बीच हलचल व चर्चाएं जारी...)

कोई बड़ा शान्त नज़र आ रहा है तो कोई बड़े गुस्से में। कोई सरकार को कोस रहा है तो कोई खुद को भी कोस रहा है। कोई शिक्षा में कमी की बात करता है, तो कोई समाज सेवा में जागृति की कमी। किसी की आँखें नम-सी भी नज़र आ रही हैं।

(शेरूदा भी मंद-मंद मुस्कुराते से नज़र आ रहे हैं। शायद उन्हें यह सोचकर खुशी हो रही है कि अब वह और उनकी मंडली अकेले नहीं क्योंकि पब्लिक भी धीरे-धीरे जागने लगी है और लोगों का साथ भी मिलने लगेगा)

(ये कुछ अहसास ऐसे होते हैं, जिन्हें बयाँ करना बड़ा ही मुश्किल होता है)

80 वर्षीय पानसिंह जी, भूतपूर्व हवलदार, आज बड़े खुश नज़र आ रहे हैं, कहने लगे–जिन शहीदों ने अपनी जान की कुर्बानी देकर देश को आज़ाद किया, उनके महान कार्यों व बलिदान को पूरी पब्लिक के सामने उजागर कर, शेरू और उनकी मंडली ने बहुत बड़ा संदेश दिया है। गुलामी की पीड़ा को हम कितनी जल्दी भूल गए...!! गुलामी की असह्य वेदना से जिन्होंने हमें मुक्त कराया, उनके प्रति श्रद्धा सुमन तो दूर, हम उनको याद करना भी मुनासिब नहीं समझते। क्या हम इतने एहसान फ़रामोश हो गए हैं...?

(शेरूदा मंच पर आते हैं)

शेरूदा : पूरे 10 मिनट का समय हलचल का रहा। यह वह समय था, जिसके दर्मियान हमारे दिलों में हलचल पैदा हुई। एक तरफ आप लोगों के बीच शोरगुल, वार्तालाप चल रहा था, तो दूसरी तरफ यह सब देख-सुनकर, हमारे भीतर एक मुस्कुराती हलचल, हमें गुदगुदा रही थी। बस यह ठीक उसी तरह, जैसे हमारी राष्ट्रीय टीम, अंतर्राष्ट्रीय मैच में जीत की तरफ बढ़ रही हो।

अब हमें आगे भी तो बढ़ना है, और हमारा अगला प्रोग्राम राह में आँखें बिछाए खड़ा है।

***

दृश्य–8

(धीरे-धीरे पर्दा उठता है। तालियों की गड़गड़ाहट.....)

नेपथ्य से आवाज़.....

आखिर वह है कौन!
आखिर वह है कौन!
बार-बार दिल पुकारता है उसे;
आखिर वह कौन है!
जन्म-जन्मांतर से उसे ढूँढ़ रहे हैं;
आखिर वह कौन है!

(पर्दा अब पूरा खुल जाता है)

कई रंगों में सजे-सँवरे हैं कलाकार! 3 कलाकार पीले वस्त्र पहने बीच में और दो-दो कलाकार दोनों तरफ, गुलाबी वस्त्र में। गले में नीला, कमर में बैंगनी और सिर पर हरा वस्त्र पहने, क्या खूब सजे हैं! क्या मनमोहक दृश्य है!

गायन में क्या माधुर्य है! संगीत जिसे वाद्ययंत्र–तानपुरा, तबले, हारमोनियम तथा बाँसुरी से छेड़ा गया है, वाह! क्या चार चाँद लगा रहा है। मौसम भी आज गुलाबी ठंडक लिए हुए है।

(आश्चर्य भरी मुद्राओं में कलाकार, हाव-भाव के साथ गाने लगे...)

बार-बार दिल उसे पुकारे, आखिर वह है कौन!
जनम-जनम से ढूँढ़ रहे हैं, आखिर वह है कौन!!

कल-कल नदियों को रह-रहकर, बहने को उकसाए।
पर्वत-पर्वत झरनों के, गहनों से हैं सजवाए।।
स्वाभिमान से, पर्वत मालाओं के शीश उठाए।
बड़े प्यार जीवों को जिसने, जल-थल-नभ बसवाए।।
बार-बार दिल उसे पुकारे.....

स्वर्णिम आभा लिए प्रात ही, सूरज को बुलवाए।
चह-चह चिड़ियों को कह-कह कर, राग रागिनी गाए।।
भर-भर कर ताजगी पवन में, बहने को उकसाए।
ऋतु वसंत को बुला-बुला, गुलशन-गुलशन महकाए।।
बार-बार दिल उसे पुकारे.....

नील गगन में जिसने तारों, के झुरमुट बुलवाए।
रात चाँदनी में चंदा के, किरणों को बिखराए।।
हारे थके पथिकों-श्रमिकों को, लोरी गा सुलवाए।
पाक साफ सच्चे राही की, राहें सहज बनाए।।
बार-बार दिल उसे पुकारे.....

नयन न होते श्रवण न होते, पास अगर हमारे!
कैसे निहारते सुन्दरता को, राग-रागिनी सुनते??
पैर न होते हाथ न होते, तब फिर क्या हम करते?
कितना सुन्दर कैसा होगा, जिसने ये बनवाए!
बार-बार दिल उसे पुकारे, आखिर वह है कौन!
जनम-जनम से ढूँढ रहे हैं, आखिर वह है कौन!!

(धीरे-धीरे पर्दा गिरता है। तालियों की गड़गड़ाहट.....)
लोगों की आवाज़ें.....
वाह! माशाअल्लाह! लाजवाब!

(चर्चाएँ जारी.......)

कोई कहता कुदरत की बात कही है, कोई कहता परवरदिगार की। कोई इसे मालिक की बात बताता तो कोई कहता—ये गीत धरती, सारे जीव, ब्रह्मांड आदि-आदि की ओर इंगित करता है।

सोनू : (*कमराड़ गाँव से, 5वीं कक्षा का छात्र—अपने पापा से*)
बाज्यू, ये लोग बार-बार किसको पुकारते हैं?
वह कौन है, जो इतनी बार पुकारने पर भी नहीं आता?
क्या इसके इजा-बाज्यू इसको डाँटते नहीं?
क्या ये किसी का कहना नहीं मानता?
बिगड़ा बच्चा है क्या?

इजा—माता, बाज्यू—पिता

पापा : बेटे तुम नहीं समझोगे। तुम्हें कैसे समझाऊँ।

मुम्बई से आए 75 बर्षीय सोबनसिंह जी गीत से बड़े प्रभावित होकर कहने लगे–इस छोटी सी मंडली ने इतने बड़े रहस्य का जिक्र कितनी बखूबी से बयाँ कर दिया। गीत सोचने को मजबूर कर देता है। हमारे न चाहने पर भी हमें विवश कर देता है यह 'गीत'...! आखिर वह कौन है, जिसकी बदौलत हम जीवन का इतना लुत्फ़ उठा रहे हैं! जिंदगी को इतनी खूबसूरती बख़्शने और मालामाल करने वाले के बारे में इतनी नजदीक से सोचने का मौका मुझे इस उम्र तक नहीं मिला। प्यारी मंडली और शेरू का मैं बड़ा शुक्रगुजार हूँ। मुझे पूरा यकीन है कि अन्य लोगों में भी, ऐसी ही हलचल हो रही होगी।

(शेरूदा और उनकी मंडली में भी कानाफूसी हो रही है)

जुगली : शेरूदा, क्या हम कामयाबी की तरफ बढ़ रहे हैं?

शेरूदा : हाँ जुगली, लगता तो ऐसा ही है। लोगों में आई हलचल व प्रतिक्रियाओं से अहसास होता है कि हम सही दिशा में बढ़ रहे हैं। परन्तु इतना ज्यादा खुश होना भी ठीक नहीं क्योंकि हमारे लिए आगे बहुत बड़ी चुनौतियाँ अभी बाक़ी हैं। समाज और उसकी जनता अपनी अलग सोच बना लेती है। उसी सोच को सच मानकर पूरी जिंदगी गुजारते चले जाते हैं। यहाँ तक कि आने वाली पीढ़ी भी गतानुगतिकोलोको यानी लोगों के पीछे-पीछे, बिना सोचे-समझे चलती जाती है। नतीजा ऐसा होता है कि खूबसूरत जिंदगी को न चाहते हुए भी, नाकामयाबी का फल खाना पड़ता है।

परन्तु उसी समाज के लोग अगर अच्छा-बुरा सोचने लगें, दिशा आदि का विश्लेषण करने लगें और उसके बाद कदमों को बढ़ाएं, तो जिंदगी फूल की तरह खिलने और महकने लगेगी। हम भी, ऐसा ही कुछ करने का प्रयास कर रहे हैं।

(शेरूदा पुनः मंच पर आते हैं)

(लोग खामोश, लेकिन शेरूदा के प्रति आदरभाव पैदा होने लगा है)

शेरूदा : सज्जनो, हमें वक्त पुकार रहा है। अगले कार्यक्रम का गीत हमारे देहरादून से आए माधो, दिल्ली से नवीन और चन्डीगढ़ से आए दीवान ने बनाया है। उन्होंने इस उत्तराँचली गीत में, पहाडों की रणमणी (*जो बहुत याद आए*), का अहसास पहाड़ों से दूर रहकर किया है–

"दूर रहकर भी ए जमीं, तू याद बहुत आती है।
जिस्म दूर है मगर, अपनी रूह यहीं मंडराती है॥"

देखें..., अपने लोक गीत का कैसा अहसास होता है।

***

दृश्य-9

बाँसुरी की मधुर धुन शुरू हो गई..., तबले की थाप पड़ने लगी... और साथ-साथ... कितने मधुर सुर हारमोनियम के.....गुदगुदाने लगे!

(धीरे-धीरे पर्दा उठता है.....)

तीनों कलाकार उत्तराँचली वेषभूषा में ठुमक-ठुमक नृत्य करते व गाते हुए:

सुणों-सुणों दीदी भुली! सबै सुणों!
रंग रंगीलो, मेरो पहाड़ा!

(अब उत्तराँचली गीत-स्वर गूँजने लगे...)

रंग रंगीलो मेरो कुमाऊँ, रंगीलो गढ़वाला
उत्तराँचला।
पहाड़ैकि नराई लागी, पहाड़ैकि रणमणी
लागी
नै जौला पहाड़ा, उत्तराँचला॥

ऊँची-ऊँची डान्यों मजि, घुमौंला फिरौंला।
ठंडि-ठंडि हवा हौलि, ठंडो पाणि प्योंला, उत्तराँचला॥

रंग रंगीलो मेरो कुमाऊँ, रंगीलो गढ़वाला
उत्तराँचला।

....

पुन्योंकि जून कणि, धार में देखोंला।
तारोंकि बर्‌यातमा, रात भरि धुमोंला उत्तराँचला।।
रंग रंगीलो मेरो कुमाऊँ, रंगीलो गढ़वाला
उत्तराँचला।।

....

चांदिक जेवर पैरि देखोंला हिमाला।
देवोंकि जनमा भूमि, मस्तका नवौंला।।
रंग रंगीलो मेरो कुमाऊँ, रंगीलो गढ़वाला
उत्तराँचला।

....

ऊँची-ऊँची डान्यों मजि, माताक दरबारा।
रूप छैं अनेका माँ की, माया अपरम्पारा।।
रंग रंगीलो मेरो कुमाऊँ, रंगीलो गढ़वाला
उत्तराँचला।

....

पहाड़ैकि धात पड़ि, कथां गया भागी.......?
किलै भुला म्यरा वीरो! मातृ भूमि माटि....?
रंग रंगीलो मेरो कुमाऊँ, रंगीलो गढ़वाला
उत्तराँचला।

सुणो-सुनिये, भुली-छोटी बहन, सबै-सभी, मेरो-मेरा, रंगीलो-रंगीला, नराई-बार-बार याद आना, रणमणी-बहुत याद आना, नै जौंला-चले चलेंगे, ऊँची-ऊँचे, डान्यों-चोटियों, मजि-में, घुमौंला-घूमेंगे, फिरौंला-फिरेंगे, ठंडि-ठंडी, हौलि-होगी, पाणि-पानी, प्योंला-पीयेंगे, पहाड़ैकि-पहाड़ की, पुन्यो-पूनम (पूर्णिमा), जून-चाँद, कणि-को, धार-ऊँची पहाड़ियों की चोटी, देखोंला-देखेंगे, तारोंकि-तारों की, बर्‌यातमा-बारात में, रातभरि-रातभर, चाँदिकि-चाँदी के, जेवर-जेवरात, पैरि-पहने हुए, देखोंला-देखेंगे, हिमाला-हिमालय, देवोंकि-देवताओं की, जनमा भूमि-जन्म भूमि, मस्तका नवोंला-शीश नवाएंगे, माताक-माता के, दरबारा-दरबार, छैं-हैं, अनेका-अनेक, अपरम्पारा-अपार महिमा।

पहाड़ैकि नराई लागी, पहाड़ैकि रणमणी
लागी
नै जौला पहाड़ा, उत्तराँचला॥

(धीरे-धीरे पर्दा गिरता है। तालियों की गड़गड़ाहट.....)

बड़े बुजुर्गों को यह गीत, जिसे शहर में रहने वाले लोगों द्वारा गाया गया, बड़ा पसन्द आया।

गोठी काका : हम लोग शहरी बनने की सोचते हैं, परन्तु देखो इन शहरी लोगों को! इनके इस गीत में–**इनकी रूहों की आवाज़ साफ झलकती है।** कितना प्यार है, इन बच्चों को अपने पहाड़ से! **शहरों में रहते हुए भी बच्चे अपने दिलों में, पहाड़ों की यादें समेटे हुए हैं।**

रामसिंह : वास्तव में, यदि इसी तरह सभी लोगों का लगाव अपने गाँवों से हो, तो शहरों की तरफ भागने की क्या जरूरत है? चाहे पूरब, पश्चिम, उत्तर, दक्षिण कहीं भी; किसी भी प्रदेश में जाएं, सभी जगह बात एक सी ही है।

(शेरूदा मंच पर आते हैं)

शेरूदा : *सज्जनो, हम अपने इस लोकगीत से–हर प्रदेश, हर लोकभाषा को यह संदेश देना चाहते हैं कि हम सभी अपने क्षेत्र, अपने गाँव और अपनी भाषा के प्रति लगाव बनाए रखें। भले ही लोग शहरी हो गये हों, परन्तु उनका दिल तो गाँवों का ही है। **''गाँवों में सचमुच भारत का दिल बसता है।''** अगर हमारे शहरी लोग, देहात के लोगों से दिल मिला लें, तो हमारी तरक्की दिन दूनी रात चौगुनी हो सकती है। हम चाहते हैं कि आप इस बारे में सोचें और मंथन करें। फिर आख़िरकार हल भी तो आप ही को देना है।*

अब हमारे आज के आख़िरी कार्यक्रम की सीटी बज चुकी है। देखें, हमारे कलाकार कैसी हलचल पैदा करते हैं....

(लोगों में बड़ी सुगबुगाहट...**कुछ कह रहे हैं**–हम तो सिर्फ इन्जॉयमेंट कर रहे थे, परन्तु शेरूदा ने तो यहाँ भी तीर छोड़ दिया...)

***

दृश्य–10

(धीरे-धीरे पर्दा उठता है......)

तबले की क्या **थाप** है...! हारमोनियम के क्या **सुर** हैं...!
साथ में कलाकारों की एक साथ बजती तालियों से पैदा होती
थिरकन....!
/(अचानक लोगों के बीच से किसी बच्चे की आवाज़.....)
वाह! कव्वाली! क्या बात है...!/

तालियों की ताल, महफिल में रंग जमाते हुए लोगों के दिलों में नई गूँज पैदा करने लगी। कलाकारों के सिर व गर्दन भी उसी ताल व लय में झूम रहे हैं। उनके शरीर से नए-नए हाव-भाव उभर रहे हैं।

चार लड़के एक तरफ और चार लड़कियाँ दूसरी तरफ झूम रहे हैं। लड़के, हरी शर्ट तथा गुलाबी रंग के वास्केट पहने हुए हैं और दोनों हाथों में पीले रंग के रुमाल बाँधे हुए हैं। सिर पर टोपी और माथे पर पतली पट्टी बाँधे हैं। दूसरी तरफ लड़कियाँ; सफेद पजामा, नीली वास्केट, पीला कुर्ता और सिर पर सफेद चुन्नी बाँधे हुए हैं। लड़कियों के हाथों में रेशमी रूमाल हैं।

क्या रंग चुने हैं! क्या रंगों का मेल है! क्या थिरकन है बदन में!
कुछ लोग तो देखते ही देखते, धीरे-धीरे झूमने भी लगे।

अब आवाज़ का जादू चलने लगा...

खुदा के ओ बन्दे! किधर जा रहा है?
किधर जा रहा है, किधर जा रहा है?
जिधर जा रहा है, क्या नज़र आ रहा है?
नज़र आ रहा है, क्या नज़र आ रहा है?
या बस यूँ ही, चला जा रहा है!

खुदा के ओ बन्दे! किधर जा रहा है?
किधर जा रहा है, किधर जा रहा है?

....

अँधेरी गुफाएं हैं, कहीं खो न जाएं।
कहीं खो न जाएं।
कहीं खो न जाएं।
दलदल फ़िज़ाएं हैं, कहीं धँस न जाएं।
कहीं धँस न जाएं।
कहीं धँस न जाएं।
बिना सोचे समझे, भटक क्यों रहा है?
खुदा के ओ बन्दे! किधर जा रहा है?
किधर जा रहा है, किधर जा रहा है?

....

ख़बर ना है आगे, ना ख़बर पीछे क्या है!
ना ख़बर पीछे क्या है।
ना ख़बर पीछे क्या है।
न ऊपर, न नीचे, न दाएं, न बाएं! किसलिए,
क्यों ना कब का भी, तुझको पता है!
ना कब का भी तुझको पता है।
ना कब का भी तुझको पता है।
किसके पीछे न जाने, कहाँ जा रहा है?
खुदा के ओ बन्दे, किधर जा रहा है?
किधर जा रहा है, किधर जा रहा है?

....

खुदा ने भी सोच, तुझको है बख़्शी!
तुझको है बख़्शी।
तुझको है बख़्शी।
बन्द कर द्वार उसको, छुपाए तू क्यों है?
छुपाए तू क्यों है?
छुपाए तू क्यों है?

जिंदगानी तू बन्धक, बना जी रहा है।
बन्धक बना जी रहा है!
बन्धक तू बना जी रहा है!
क्यों खुद का ही बन्धन, ना खुल पा रहा है?
खुदा के ओ बन्दे! किधर जा रहा है?
किधर जा रहा है, किधर जा रहा है?

....

सच-झूठ क्या है, भी तुझको पता है!
भी तुझको पता है।
भी तुझको पता है।
तेरे अन्दर ही तेरा, रहनुमा बसा है।
रहनुमा बसा है, रहनुमा बसा है।
फेर लेगा नज़र तो, खुश होगा तू कैसे?
खुश होगा तू कैसे?
खुश होगा तू कैसे?
रहनुमा से न क्यों, राह ले पा रहा है?
खुदा के ओ बन्दे! किधर जा रहा है?
किधर जा रहा है, किधर जा रहा है?
जिधर जा रहा है, क्या नज़र आ रहा है?
नज़र आ रहा है, क्या नज़र आ रहा है?
या बस यूँ ही, चला जा रहा है!

खुदा के ओ बन्दे! किधर जा रहा है?
किधर जा रहा है.......................?..........?
.....................?.......................?

(धीरे-धीरे पर्दा गिरता है, तालियों की गड़गड़ाहट....)

क्या सुर! क्या ताल! क्या वेशभूषा!

क्या ठुमकन! क्या बल खाती कमर!

क्या गर्दन से लहराते हुए सिर तक जाती लहर, फिर एकदम से झटके! **वाह**, कव्वाली की तालियों की ताल और फिर उठती गूँज...! पब्लिक पूरी झूम उठी।

(हरकू काका बड़े खुश नज़र आ रहे हैं)

हरकू काका : (*खुश होकर*) मेरे बच्चों ने तो कमाल ही कर दिया। मैंने आज तक कव्वाली का सिर्फ नाम सुना था, परन्तु आज खुद देखकर मैं झूमा ही नहीं बल्कि मेरी आत्मा भी तरो-ताजा होकर मानो एकदम हल्की सी हो गई। अगर मुझे मौका मिलता तो बीच में, मैं खुद भी ठुमके लगाने पहुँच जाता।

(कव्वाली का इतना असर था कि 5 साल से भी छोटी उम्र के बच्चे जो अपनी अम्माओं के साथ हैं–उछलने लगे और जोर-जोर से तालियाँ भी बजाने लगे थे। कुछ तो किलकारी भी मारने लगे। बड़ी मुश्किल से उन्हें वालन्टियरों द्वारा शान्त कराया गया था)

कमराड़ से आया सोहन, अपने दोस्त रामी से मसखरी करते हुए–खुदा के ओ बन्दे! किधर जा रहा है? रामी बोलता है, ठीक है-ठीक है, मुझे सब कुछ नज़र आ रहा है।

सुनील सेठी: (*दर्शनशास्त्र में एम.ए,*) **जीवन की कितनी सुन्दर दार्शनिकता इस कव्वाली में पिरो दी गई है।** मैंने अक्सर कव्वालियाँ इश्क़-मोहब्बत, जुल्फ़ें-अदाएं आदि-आदि की ही सुनी और देखी हैं, पर यह कव्वाली तो अपने आप में एक गहरा संदेश लिए हुए है। इस कव्वाली का हम जितना मंथन करें, इससे रस ही रस टपकता जाता है। मैं पहली बार पहाड़ आया हूँ, यहाँ पर इस स्तर का प्रोग्राम भी हो सकता है, कभी सोचा भी न था। साहित्य कला अकादमी में कहीं इस दरजे के प्रोग्राम देखने को मिलते हैं। मैंने सोचा था, गाँवों में थोड़ी हँसी-मजाक, चुटकुले और कुछ गीत जैसे प्रोग्राम होते होंगे। परन्तु यह कभी न सोचा कि इनमें जीवन-दर्शन भी हो सकते हैं। गाँव का प्रोग्राम देखकर तो मुझे अपने शोध के लिए प्रेरणा तक मिल रही है। मुझे लग रहा है कि मुझे इस प्रोग्राम से अपना टॉपिक भी मिल जाएगा और साथ में दिशा भी।

(कई क्रियायें-प्रतिक्रियाएं लोगों में स्पष्ट देखी जा सकती हैं)

कितने अच्छे लक्षण हैं, शेरूदा के इच्छाओं के अनुरूप ही पहले प्रश्न उभरे और अब, हल की तलाश भी होने लगी है। अमूमन, इंसान समस्याओं से घिरा पड़ा रहता है, हल किसके पास होते हैं। चाहे घर-परिवार हो, छोटी कम्पनी, कॉरपोरेट जगत या सरकार के बड़े मंत्रालय ही क्यों न हों, सभी आपस में एक-दूसरे से सलाह-मशविरा करते और हमेशा कोई न कोई हल ढूँढ़ते रहते हैं। बोर्ड या कमेटी के सदस्य आपस में चर्चा करते हैं और फिर कुछ नतीजे निकालते हैं। उन नतीजों में से सबसे अच्छा विकल्प चुन लिया जाता है और फिर ***सर्वोत्तम विकल्प ही सामूहिक निर्णय के रूप में उभरकर, नीति में तब्दील हो जाता है।*** *जनता के बीच भी, ऐसा ही कुछ हो रहा है। अभी क्रियाएं-प्रतिक्रियाएं चल रही हैं, फिर लोग हल भी तलाशने लग जाएंगे और धीरे-धीरे दिशा खुद-ब-खुद बनने लग जाएगी।*

(शेरूदा मंच पर आते हैं)

शेरूदा : सज्जनो, हमारा आज का प्रोग्राम यहीं समाप्त होता है। कल भी हमारा प्रोग्राम, ठीक आठ बजे शुरू हो जाएगा। कल भी हम, आज ही की तरह हलचल पैदा करने का प्रयास करेंगे।
आएं, हम सब मिलकर उस परवरदिगार को याद करें। (सभी लोग अपने-अपने स्थान पर खड़े हो गए)

***

दृश्य-11

(पर्दा अब पूरा खुल गया है। सारे कलाकार मंच पर खड़े हैं)

संगीत की मधुर धुनों के साथ रात्रि भी झूम रही है।

ओ मालिक ओ अन्तर्यामी,
ओ परब्रह्म अपारा।

कोटि नमन तेरे चरनों में,
बहा अमृत रस धारा॥
ओ मालिक..................

रात के ठीक 1 बज चुके हैं। बिल्कुल भी अहसास न हुआ कि 5 घंटे कैसे बीत गए। अमूमन प्रोग्राम 2 से 3 घंटों का हुआ करता है। परन्तु 5 घंटे पब्लिक का टकटकी लगाकर देखते रहना, शुभ संकेत ही तो है। लोग जैसे-जैसे प्रोग्राम देखते और सुनते जाते, वैसे-वैसे उनके दिलों में हलचल पैदा होते-होते, उथल-पुथल भी होने लग जाती। और हाँ, ऐसा होना परिवर्तन की ओर बढ़ना ही तो है।

वास्तव में होता भी ऐसा ही है। धरती, आकाश या ब्रह्मांड में जब भी हलचल हुई, परिवर्तन आया। हिमालय में समुद्री जीवों के जीवाश्म, रेगिस्तान में इतनी रेत; अपने आप में पुख़्ता सबूत है कि प्रकृति में इतना बड़ा परिवर्तन कभी आया होगा! समाज में भी परिवर्तन हलचल से ही आया। कभी राजा-महाराजाओं का राजतंत्र हुआ करता था। राजा-महाराजाओं के राजतंत्र में राजा-महाराजा अपनी समझ या सूझ-बूझ के हिसाब से लोगों की जिंदगी पर असर डालते थे। परन्तु आज प्रजातंत्र है, तो प्रजा की सूझ-बूझ प्रजा पर ही असर डालेगी। इस सूझ-बूझ पर ही तो हमें नज़र गड़ानी है जिस पर दिशा और दशा दोनों निर्भर करती हैं।

घर को जाते-जाते, पब्लिक में अलग-अलग प्रतिक्रियाएँ नज़र आ रही हैं। कोई बिल्कुल गुमसुम नज़र आ रहा है। कोई बड़े जोर-जोर से हँस रहा है। कहीं आपस में चर्चाएँ चल रही हैं। एक बच्चा ताली पीटकर कह रहा है—हैं न मम्मी कितना अच्छा जोकर था! सबकी जुबाँ पर 'मंच मंथन' की ही बात थी। सिनार के रामू काका कहते हैं—कल जल्दी खा-पीकर आ जाएंगे। आज हम एक घंटा लेट हो गए थे। हमने सोचा भी न था कि इतना अच्छा प्रोग्राम हो रहा होगा।

(धीरे-धीरे पूरी पब्लिक अपने-अपने घरों को चली गयी। परन्तु शेरूदा और उनकी मंडली अब भी मंच पर थे। रात के 1:30 बज चुके थे। दूसरे दिन फिर अच्छा प्रोग्राम देना है। डायलॉग, गीत, कविताएँ, प्रहसन, धुन आदि सब का ख्याल रखना है और बहुत बड़ी चुनौती अभी बाकी है)

शेरूदा : बच्चो, आप सभी पर हमें नाज़ है। हम बुनियाद बनाने में और पब्लिक की नज़रों में, कामयाबी की तरफ बढ़ते नज़र आए। हमें एक वीर सिपाही की तरह, कर्तव्य पथ पर बड़ी सूझबूझ के साथ, आगे बढ़ते जाना है। ***हमारा प्रोग्राम एक रोशनी की तरह है। पब्लिक अंधकार में भटक रही है और उसे कोई रास्ता नहीं सूझ रहा है। आपके पास मशाल है, आप अपनी मशाल की रोशनी से, राहों को उजागर कर रहे हैं। किधर जाना है, कैसे जाना है आदि उसे खुद तय करना है। हम उसे उन राहों के बारे में सोचने पर विवश कर रहे हैं कि अगर वह अमुक रास्ते को चुने, तो क्यों! जब उसके अन्दर सोच पैदा होने लगेगी, तब उसकी अन्दरूनी सोच, उसे स्वयमेव सही राह पर चलने को प्रेरित करने लगेगी। उसका सही राह की ओर बढ़ चलना ही हमारा लक्ष्य है।***

सभी बच्चे : (*एक साथ*) हम संकल्प करते हैं कि हम एक मशाल बन कर काम करेंगे। हम पब्लिक को लक्ष्य की ओर बढ़ाने का काम करेंगे।

शेरूदा : शाबाश बच्चो। अब वक्त काफी हो गया, पौने दो बज चुके हैं। अब हम सभी अपने घरों को चलते हैं। कल सुबह 10 बजे यहीं पर फिर मिलेंगे।

प्रणाम! आदाब! सतश्रीअकाल! गुडनाइट!

कुछ ही देर पहले कितनी चहल-पहल, कैसा माहौल हो रहा था। पर अब मंच और उसके चारों तरफ का माहौल बड़ा शान्त है जबकि आसमान में चाँद जगा हुआ, सब कुछ देख रहा है। शान्त वातावरण भी अपने आप में एक मौन संदेश लिए हुए है कि एक नया सवेरा, जो इंसानियत की जिंदगी को नया आयाम देगा, आने वाला है।

■■

तीसरा अंक

दृश्य–1

सुबह होने वाली है, धीरे-धीरे पौ फट रही है। छोटी-छोटी चिड़ियों की चूं-चूं, चीं-चीं हो रही है। पनिहारिन स्यौपाणी से पानी ला रही हैं। परन्तु आज वे गुनगुनाते जा रही हैं–

"इंसान को इंसान से हैं, हम मिलाएंगे।
इंसानियत की शान को, जग में बढ़ाएंगे।।"

आपस में बात करते हुए–

रमोती : पारू की मम्मी, जग में तो क्या बढ़ा पाएंगे; पर हाँ, गाँव में जरूर बढ़ाएंगे। अगर हो सका तो दूसरे गाँव में भी बढ़ाएंगे।

पारू की मम्मी : रमोती तुम सही कह रही हो। अगर हमारे बच्चे इतना कर सकते हैं तो हम क्यों नहीं। हमारी भी तो 'महिला-मंडली' है, हम भी कुछ ऐसा ही करेंगे।

(गोठुली, अपनी भैंस को घास देने गई तो उसे याद आ गई, बच्चों द्वारा दिखाई गई–**प्रदूषण की प्रताड़ना**)

भैंस को लट्ठ से मारते हुए......

"प्रताड़ित प्रदूषण ने किया, धरे अनेकों रूप।
सोचो समझो और बताओ, क्यों इसके इतने रूप।।"

कितनी गन्दी हो रही है। चारों तरफ गोबर से लित-पित हो रही है। ऐसा ही होता होगा प्रदूषण। मैं तेरा पहले प्रदूषण दूर करती हूँ।

स्यौपाणी-पानी का स्थान जहाँ स्रोत का मीठा पानी बहता है; पटाण-आँगन

लित-पित – लथ-पथ

(भैंस खोलकर पटाण के किनारे बाँध देती है और फिर मल-मलकर नहलाने लग जाती है। साथ-साथ बोलती जाती है–सोच ले प्रदूषण बिल्कुल नहीं, साफ-सुथरी रहो)

भवान सिंह : (*फौज से रिटायर, गुनगुनाते हुए*)

"पहुँच प्राण अर्पण शहीद कर, कश्ती लिए मुकाम!
होकर भी आज़ाद क्यों, दिखता देश गुलाम!!"

(भवान को गाते सुनकर, हरकू काका आश्चर्य से)

हरकू काका : भोनू, आज बड़े गीत गुनगुना रहे हो?

भवान सिंह : हाँ काका, बच्चों ने कितना अच्छा प्रोग्राम किया था, मेरे दिलोदिमाग को भा गया। आजकल शहीदों को कौन याद करता है। यहाँ तो बस अपना उल्लू सीधा करने में लगे रहते हैं। देश के रणबाँकुरों और उनकी कुर्बानियों को कौन याद करता है। बस अपने-अपने स्वार्थ में पड़े रहते हैं लोग! कहते हैं–हमें क्या करना समाज या देश से। अपनी पगार या आमदनी बढ़ जाए, अच्छा पढ़-लिख जाएं बस। अपना परिवार सलामत रहे, फले-फूले, हमें क्या लेना दुनियादारी से।

हरकू काका : हाँ भोनू, तुम सही कहते हो। यही तो हमारी मानसिक संकीर्णता है, जो हमें कुंठित बना देती है और विकसित होने से रोकती है। हम इस बात का अहसास ही नहीं कर पाते कि समाज कोई अलग संस्था तो है नहीं और न ही कोई देश अलग संस्था है, जिसकी जिम्मेदारी किसी और की हो।

*(**इसमें कोई शक नहीं–** न जाने हमें कब अक्ल आएगी कि हम उसी शरीर की कोशिकायें हैं जिसका अन्न-जल खाते-पीते हैं। जिस शरीर में गुजर-बसर करते हैं, उसी शरीर को हमेशा पराया समझकर यह कहने से कभी नहीं हिचकते कि हमें इससे क्या लेना-क्या देना। फिर अपनेपन का अहसास किए बगैर, पूरी जिंदगी बस यूँ ही गुजार, दुनिया से चल बसते हैं)*

मंच के कार्यक्रम का असर अब लोगों की दिनचर्या में भी दिखने

लगा है–

कोई घास काटते-काटते गुनगुना रही है, तो कोई पानी लाते-लाते। कोई खेत जोतते समय अपने हीरा-मोती बैलों को सिकौड़ (पतली डंडी) से हाँकते-हाँकते मंच की कहानी कह रहा है।

कल्याण : (*अपनी श्रीमती रमा से*)

''खटपट-खटपट होती रहे, ले चिन्गारी रूप।
चिन्गारी शोला बने, ऐसा तेरा रूप।।''

रमा : (*टोकते हुए*) चिंगारी शोला बने, सम्बन्ध प्रदूषण रूप है।

कल्याण : तेरी वजह से ही तो खटपट-खटपट होती रहती है।

रमा : चिंगारी तो तुम भड़काते हो फिर शोले की बात कहते हो।

कल्याण : ठीक है भागवान, कोई हल भी तो नहीं, देखें शेरूदा क्या हल निकालते हैं।

रमा : पर क्या करें, एक महीने बाद शायद हल मिल पाए। मैं तो सोच रही हूँ, दिन-रात की खटपट का कोई हल निकाल देते, तो कितना अच्छा होता! बड़ी तंग आ चुकी हूँ।

....

वक़्त पर किसका पहरा, धीरे-धीरे सरकता चला जाता है। सुबह के 10 बजने को हैं। शेरूदा की 'बाल-मंडली' जिसमें अब बुजुर्ग व युवा वर्ग भी हैं, आ चुकी है। सबके दिमाग में एक बात घर कर चुकी है, वह है–वक़्त का पाबन्द होना जरूरी है, अन्यथा हम सभी दिशा भ्रमित हो जाएंगे और कोई भी काम सही समय पर पूरा नहीं हो पाएगा।

(ठीक 10 बजने को हैं शेरूदा सामने से आते हुए नज़र आ रहे हैं)

शेरूदा : बैठिए, बैठिए। मुझे उम्मीद है, सभी बच्चे आ गए होंगे। आज हमारे साथ बुजुर्ग व युवा वर्ग भी है जो हमारा सौभाग्य है और साथ में हम सब लोगों की बड़ी कामयाबी भी। मुझे भी बड़ा सहारा मिल गया

है और मैं भी अब सही-गलत की सलाह कर सकूँगा।

हरकू काका : तुमने तो हमारा दिल ही जीत लिया। मैं हमेशा यही सोचा करता था कि न जाने कैसा समय आएगा। हमारे बच्चों का क्या होगा। न खाने का कोई वक़्त और न ही सोने का। जब सोने का वक़्त होता है, पिक्चर-टीवी देखते रहते हैं। जब उठने और घूमने-फिरने का समय होता है, तब सोते रहते हैं। रात को 12-1 बजे तक जगते रहते हैं, सुबह 8 बजे के बाद उठते हैं और फिर दिनभर थके-थके से नज़र आते हैं। गाँव से ज्यादा शहरों में बुरा हाल है। परन्तु तुम्हारे इस प्रोग्राम को देखकर अब मुझे लगने लगा है कि शायद बदलाव आएगा। ज्यादा नहीं थोड़ा ही सही, उम्मीद तो जगी है।

शेरूदा : हाँ काका, आपका साथ और साथ में आशीर्वाद, दोनों हमारे मंसूबों को साकार कर देंगे। मुझे उम्मीद है, मालिक हमें यह सौभाग्य जरूर देंगे कि हमारे कदम सही राह की ओर ही बढ़ते चलेंगे और साथ में औरों को भी साथ-साथ चलने को उकसाएंगे।

हरकू काका : शेरू बहुत खूब! अब आगे की कार्यवाही शुरू करो।

शेरूदा : बच्चो, पब्लिक में हो रही प्रतिक्रियाओं, हाव-भाव, चर्चा आदि से महसूस होता है कि हमारा प्रोग्राम सही दिशा की ओर बढ़ रहा है। परन्तु हमें इतनी जल्दी, इतना खुश नहीं होना चाहिए। यह हमारी सिर्फ शुरुआत है। हमारा आज का 'मंच मंथन' कल से बढ़िया होना चाहिए। कल हम नौसिखुवे थे, परन्तु आज तजुर्बेकार हैं। कला, गीत, संगीत, अभिनय, हाव-भाव, मंच आदि की हर परिस्थिति में हमें निखार लाना होगा।

(कुछ देर सोचकर)

सबसे मुख्य बात है, मन की दृढ़ता। हम मन से

कितने सुदृढ़ हैं, अपने आप से पूछना होगा। हम जिस भाव को लोगों के सामने रखना चाहते हैं, उसे पहले अपने भीतर पैदा करना होगा। यदि भाव करुणा या दया के हैं तो हमें खुद मालूम होना चाहिए कि करुणा या दया क्या होती है। हमें उन भावों से पूरी तरह वाक़िफ़ होना जरूरी है, जिन भावों का प्रदर्शन हम मंच पर करेंगे, अन्यथा हम लोगों में कोई असर नहीं डाल पाएंगे।

जैसे—वीर रस का गीत अगर गाया जा रहा हो तो गीत के शब्द, धुन व जोश ऐसे हों जो जनता में वीरता के भाव पैदाकर जोश भर दें। आपको स्वयं महसूस करना होगा कि ऐसे भावों से दिल में कैसा लगता है और कैसी हलचल होती है। इन भावों का अभ्यास आपको खुद और आपस में एक-दूसरे के साथ करना होगा। फिर आपको उन भावों को अपने अन्दर पैदा करना होगा। आपके अन्दर पैदा हुए भावों की बदौलत ही आप जनता के भीतर भाव पैदा कर पाओगे। यह ठीक उस म्यूचुअल इंडक्शन की तरह है, जब एक मैगनेटिक फील्ड यानी चुम्बकीय क्षेत्र अपने प्रभाव से दूसरे पर मैगनेटिक असर डाल देता है।

आपके भावों के भीतर वो ताकत होनी चाहिए, जो पब्लिक के अन्दर भी वही भाव पैदा कर सके जिन भावों का आप मंच पर प्रदर्शन कर रहे हैं।

गिरधर : शेरूदा, भावों में आख़िर ऐसा क्या है?

शेरूदा : भाव हर व्यक्ति के भीतर मौजूद हैं, लेकिन वे सोती हुई सी हालत में होते हैं। कुछ लोगों के भाव कुछ जगे भी होते हैं, जिसके कारण उनका सजगपन नज़र आता है। सजग भावों पर उपलब्ध भावों का असर उसी हिसाब से होता है। यानी, कुछ लोगों में जल्दी

असर, कुछ में देरी से असर और कुछ में असर हो ही नहीं पाता। आप कितनों में अपने भावों का असर डाल पाते हैं, यह आपके हुनर व काबिलियत पर निर्भर करता है। आप अगर दूसरों पर असर देखना चाहते हैं तो पहले आपको अपने अन्दर वह हुनर व काबिलियत जगानी होगी, पैदा करनी होगी।

जुगली : शेरूदा, हमें कुछ और बताएं जिससे हम अपने अन्दर और निखार ला सकें।

शेरूदा : बहुत खूब! हमारे अन्दर तरह-तरह की जिज्ञासायें पैदा होनी चाहिए। ***हल ढूँढने से पहले, हमारे भीतर प्रश्न पैदा होने चाहिए।*** *अगर ऐसा नहीं होता तो यह वैसा ही होगा जैसे बिना भूख के खाना खाना और अपच हो जाएगा।*

मोहन : क्या सभी लोग हमारे समाधान को मान लेंगे?

शेरूदा : आप अगर ऐसे लोगों को समस्या का हल दे रहे हैं जिनके भीतर समाधान की कोई जिज्ञासा है ही नहीं, तो वे आपके सुझाए हल को कभी स्वीकार नहीं कर पाएंगे। भले ही उस समय हाँ-हाँ, हूँ-हूँ करते नज़र आएं, परन्तु अन्दर कुछ भी नहीं घुसेगा। इसलिए अगर आप हल देना चाहते हैं, तो पहले जिज्ञासा पैदा करो, उसके बाद समाधान दो।

रामी : शेरूदा, इसके लिए हम क्या करें?

शेरूदा : आप एक-दूसरे को अपने गीत सुनाओ, अपने हाव-भाव दिखाओ और पूछो कैसा हो रहा है। अगर दूसरा बोले गलत, तो पूछो—क्यों और अगर बोले सही, तो पूछो—कैसे। आपको मिले जवाब के मुताबिक आप अपने भीतर सुधार लायें। आप जिस कमी को खुद नहीं पकड़ पाओगे, उसे दूसरा बड़ी आसानी से पकड़ लेगा कि आप कितना गलत-सही कर रहे हैं। यही प्रक्रिया जब आप ज्यादा लोगों के बीच करोगे

तो कई रायों से आपका सही नतीजा निकलने लगेगा। जहाँ आप अटक जाते हैं वहाँ मैं हूँ ना। अब तो हमारे साथ हरकू काका, मोती दा आदि बुज़ुर्ग भी हैं।

लगन, मेहनत, दिशा, समय, आत्म-विश्वास, तालमेल आदि का; आपको हमेशा ध्यान रखना होगा। आपको बता दूँ–दुनिया में कुछ भी; परिपूर्ण या परफैक्ट नहीं है। हम बस पैमाने के हिसाब से एक-दूसरे को नापते हैं। खुद रिकार्ड बनाओ फिर खुद ही अपना रिकार्ड तोड़ो, यानी बेहतर से बेहतरीन की ओर बढ़ते जाना है तभी ज़िंदगी में निखार आएगा।

(इस तरह, लगभग 11 बजे तक विचार-विमर्श चलता रहा। जिसे जो शंका थी, उसने पूछा और उसे उसका तुरन्त समाधान दिया गया)

शेरूदा : हमने आगे की रूपरेखा की पूरी चर्चा कर ली है। आप लोग अब अगले 3 घंटे यानी 2 बजे तक खुद की परस्पर रिहर्सल या तैयारी कर लें।

मोहन : शेरूदा 2 बजे बाद हमें क्या करना होगा?

शेरूदा : 2 बजे के बाद आप दोपहर भोजन के लिए चले जाएं। 3 बजे से 5 बजे तक आप पूरा आराम करें। शाम को 7 बजे हम मंच पर मिलेंगे।

हरिया : हमारा कार्यक्रम कितने बजे शुरू होगा?

शेरूदा : ठीक 8 बजे हम अपना कार्यक्रम कल की भाँति शुरू कर देंगे। एक बात का विशेष ध्यान रखें, लोगों की तादाद कल से ज़्यादा होगी क्योंकि प्रोग्राम की खबर अब कई अन्य गाँवों में भी पहुँच चुकी है और गर्व की बात है। बैठने-बिठाने आदि की व्यवस्था में किसी प्रकार की कमी न रहने पाए। वालन्टियर व एन.सी.सी. टीम इस बात का ख़ास ख्याल रखें। लाउडस्पीकर और मंगवा लें, सुनिश्चित कर लें कि ध्वनि सभी जगह साफ-साफ व बराबर पहुँच रही है।

***

दृश्य-2

शेरूदा के मार्गदर्शन से बच्चों में स्वयं सोचने की अच्छी आदत आ गयी थी। सभी अपने-अपने कामों में जुट गये। बच्चों के भीतर नई उमंग, नया जोश, कुछ कर गुजरने की चाह, बेहतर से बेहतरीन प्रदर्शन करने का संकल्प, साफ-साफ नज़र आ रहा था।

भोला : जुगली मेरा रोल कैसा हो रहा है? मेरे शब्दों में कैसा असर है? मेरा उच्चारण कैसा है?

जुगली : बढ़िया हो रहा है, परन्तु तुम्हारी आवाज़ नाक से निकलती हुई लग रही है। उच्चारण में और शुद्धता लाने का अभ्यास करो।

मोहन : जुगली, मेरा हाव-भाव कैसा है? वीर रस का अहसास होता है या नहीं?

जुगनी : अच्छा हो रहा है। परन्तु इसमें और जोश भरो। जब तक दिलों में कम्पन पैदा न हो, कैसा वीर रस?

(इस तरह, कहीं भावों की चर्चा हो रही है तो कहीं संवादों की। कोई धुन की चर्चा कर रहा है तो कोई अभिनय की। कठिन रियाज़ देखकर लग रहा था कि आज बच्चे और अच्छा प्रदर्शन करेंगे। शेरूदा पहले ही जा चुके थे, परन्तु हरकू काका डटे हुए थे। कई बार घर से धात भी लग चुकी थी, परन्तु उन्होंने कहलवा भेजा था कि मैं बच्चों की पूरी रियाज़ देखकर ही घर पहुँचूँगा)।

(**हरकू काका बच्चों का हौसला बढ़ा रहे हैं और सोच रहे हैं–**मैं भावी इंसानियत की उज्ज्वल छवि इन बच्चों में देख रहा हूँ, खाना-पीना तो जिंदगी भर चलता रहता है, परन्तु ये सुनहरे पल, जिंदगी में बड़ी मुश्किल से आते हैं। चबूतरे पर बैठकर हुक्का भी पी रहे हैं और बीच-बीच में वाह मेरे बच्चो! आगे बढ़ो-आगे बढ़ो भी कह रहे हैं। कभी-कभी, शाबाश-शाबाश भी कह रहे हैं)

बुजुर्गों की शाबाशी बच्चों के लिए टॉनिक का काम करती है, जिसे प्रत्यक्ष रूप में देखा जा सकता है। अभ्यास करते-करते 3 घंटे कब गुजर गये पता ही न लगा। ठीक उसी तरह जैसे परीक्षा में 3 घंटे, 3 मिनट जैसे लगते हैं।

हरकू काका : बच्चो, अब 2 बज चुके हैं अब हमें घर को जाना होगा। अपना सामान वगैरह संभाल कर रख लो। दोपहर का खाना खा-पीकर 2 घंटे आराम जरूर करना। तुम कल रात के उण्द भी हो।

(सभी बच्चे प्रणाम, सलाम करते हुए अपने-अपने घरों को जाते हैं)

....

(घड़ी की सूइयाँ कहाँ रुकने वाली, अब सायं के 5 बजने वाले हैं)

एक ओर जहाँ शेरूदा और उनकी मंडली पूरे जोर-शोर से प्रोग्राम को और बेहतर बनाने में लगे हैं वहीं दूसरी ओर दर्शक गणों में भी बड़ा उत्साह व उमंग है कि शेरूदा और उनकी मंडली उनको आज किन-किन और कैसे-कैसे प्रश्नों में बाँधने वाली है। सोच रहे हैं, जवाब तो हमारे पास भी होना चाहिए। कोई सोच रहा है, मेरे पास तजुर्बा है तो कोई सोचता है मैंने एम.ए. किया है। कोई सोचता है, मैं टीचर हूँ। बच्चे भी सोचते हैं कि अपने टीचर से पूछेंगे। पिंकी सोचती है, मैं अपनी दोस्त जुगली से ही पूछ लूँगी, मेरी सहेली कितनी इंटेलीजेंट है; शेरूदा ने भी यह बात कही थी।

चूँकि चर्चा दूर-दूर गाँवों तक भी पहुँच चुकी थी, वहाँ के लोगों ने भी 6 बजे तक अपना रात्रि भोजन कर लिया था।

दूसरे गाँव के प्रधान जी ने गाँव के सबसे ऊपरी स्थान से घात लगाई–

सबै सुणो हो (सभी सुनिए); खा-पीकर जल्दी-जल्दी तैयार हो जाना। ठीक साढ़े 6 बजे हम घर से निकल जाएंगे। शेरूदा वक़्त के बड़े पाबन्द हैं, प्रोग्राम 8 बजे शुरू हो जाएगा। कल हमारा 1:30 घंटे का प्रोग्राम छूट गया था।

(अन्य गाँवों में भी ऐसी ही हलचल व जाने की तैयारियाँ हो रही हैं... **जल्दी करो, जल्दी करो.....वक़्त की आवाज़ सुनो.....वक़्त की पुकार सुनो)**

मेजबान गाँव के बुजुर्ग लोग पहले ही खा-पीकर तैयार हो गये। अपने परिवार वालों को कहते हैं–अरे हम तो गये। हमारा भी तो कुछ

उण्ड–रात के जगे हुए, सुणो-सुनो, सबै-सभी, धात-जोर से आवाज़ देना

फ़र्ज़ बनता है। कुछ न कुछ हम भी तो हिस्सा बटाएंगे। कम से कम सलाह तो दे ही सकते हैं। कुछ नहीं तो हौसला तो बढ़ा ही सकते हैं।

***

दृश्य–3

(बुजुर्ग वर्ग सवा सात बजे से ही मंच के प्रांगण में विराजमान हो गया)

मोती काका: बच्चो, हम जल्दी आ गए हैं। बिल्कुल भी हिचक न करना, हमको भी काम बताना, यह न सोचना कि हम बूढ़े हो गए हैं।

भोला : हाँ काका, सिर्फ दिखने से कोई बूढ़े थोड़े हो जाते हैं। जिन लोगों के विचार जवान हैं, वे सब हमारी नज़रों में जवान हैं।

(सारे बच्चे ठहाके लगाते हैं)

सारे बच्चे : (एक साथ) यानी ....

सभी बुजुर्ग लोग, हमारे प्रोग्राम से जवान हो गए।

हरकू काका: हाँ बच्चो, तुम्हारे प्रोग्राम ने हमें जवान ही नहीं कर दिया, मानो हमारा बचपन भी वापस लौटा दिया। हमारा दिल कहता है, काश! हम फिर बच्चे हो जाते।

(सामने से शेरूदा आते हैं)

शेरूदा : बच्चो, 7 बजकर 20 मिनट हो चुके हैं, अब वक़्त हँसने का नहीं है। जैसा कि अक्सर मैं तुम्हें कहा करता हूँ, दिशा भ्रम मत होओ। कदम-कदम पर रुकावटें और बाधाएं हैं, जो तुम्हें तुम्हारी मंजिल से भटका सकती हैं। (सारे बच्चे एकदम शान्त हो जाते हैं और दिये गये कामों में जुट जाते हैं)

प्रशासन प्रणाली के नियमों का इस्तेमाल हो रहा है। भले ही हम प्रशासन को कोसते रहते हैं, परन्तु प्रशासन के बगैर अनुशासन आ भी

कैसे सकता है? इसलिए प्रशासन का होना भी अति आवश्यक है, अन्यथा हम सब दिशाविहीन हो, भ्रमित हो जाएंगे।

प्रशासन की थ्योरी पर कार्य का वितरण, कार्य का नियमन, कार्य का तालमेल, दिशा व समय का ज्ञान आदि-आदि का बड़ा ख्याल रखते हुए, कार्य बड़ी रफ़्तार से पौने आठ बजे तक पूरा कर लिया गया। ऐसा लगता, मानो 'बाल-मंडली' एक चौकन्नी फोर्स बन गई हो, जो आदेश मिलते ही अपना मोर्चा संभाल लेती है।

आज पब्लिक की संख्या में बड़ी बढ़ोत्तरी हो रही है। उम्मीद से ज्यादा लोग पहुँच चुके हैं और अभी आना जारी है।

एन.सी.सी. वालन्टियर; जिनमें रिंकी, मिंकी, जीतू, विनोद और रोहित हैं; पूरी सुरक्षा व अनुशासन बनाए रखने में जुटे हैं और अहम भूमिका निभा रहे हैं। माधो, गिरधर, कौशल्या और ममता ने भी पुरुष व महिला वर्ग में सत्कार, सेवा व शान्ति बनाए रखने में कोई कसर नहीं छोड़ी है।

इतना ही नहीं; वालन्टियरों द्वारा कलाकारों को सहयोग, मंच की व्यवस्था, अन्य किसी प्रकार की जरूरी व्यवस्था, पब्लिक में किसी प्रकार की समस्या या जरूरत का तुरन्त निदान, परस्पर तालमेल आदि बनाए रखने में महत्वपूर्ण भूमिका भी निभाई जा रही है। एन.सी.सी. छात्रों को ऑन जॉब ट्रेनिंग खुद-ब-खुद मिल जाने से, वे बड़े प्रसन्न व उत्साहित दिख रहे हैं। बस, मन में ठानी है कि कहीं पर किसी भी प्रकार की कमी न आने देंगे। नेटवर्क इतना मजबूत बना लिया है कि वे परस्पर मिनट-मिनट की खबरों से वाकिफ़ हैं। सारी खबरें शेरूदा के पास भी पहुँच रही हैं। वालन्टियर गले में सीटी लटकाए हुए, एक हाथ में टार्च तथा दूसरे हाथ में छड़ी लिए हुए हैं और एक-दूसरे से सांकेतिक भाषा में संदेशों का आदान-प्रदान कर रहे हैं, जो लोगों की समझ में बिल्कुल भी नहीं आ रहा है। वे अपना सारा काम चुटकियों में कर ले रहे हैं। पलक झपकते ही कार्रवाई और फिर काम फटाफट हो जा रहा है। पब्लिक बड़े अचरज में है। दूर-दराज से आए **लोग कहते हैं**–इसको कहते हैं अनुशासन। काश! ऐसा ही अनुशासन हमारे गाँव में भी आ जाता।

***

दृश्य–4

8 बजने को हैं, हारमोनियम के मधुर स्वर और तबले की हल्की–हल्की थाप से, अब मंच सजीव होने लगा है।

(धीरे–धीरे पर्दा उठता है......)

एकदम सादे वस्त्रों में कलाकार, भक्ति रस में तन्मय नज़र आ रहे हैं। अब भक्ति रस के मीठे–मीठे स्वर कुछ तेज होने लगे। देखते ही देखते मधुर रस अब मंच पर जीवन रस घोलने लगा।

कितने सौभाग्यमय होते हैं ये पल! कितने सौभाग्यशाली होते हैं वे लोग, जिनको इन पलों में शामिल होने का अवसर प्राप्त हो पाता है! लोग मन ही मन झूमते हुए, आनन्द महसूस कर रहे हैं...

(अब सुरों से माहौल भक्तिमय होता जा रहा है...)

ओ मालिक ओ अन्तर्यामी,
ओ परब्रह्म अपारा।
कोटि नमन तेरे चरनों में,
बहा अमृत रस धारा।।

अनगिनत नाम से तुझे पुकारे,
यह जग यह संसारा।
एक शक्ति तू महाशक्ति,
तू सर्व दर्द दुख हारा।

सुमति हमें दो दयामयी,
ओ जग के पालनहारा।
बाँट सकें सुख–दुख आपस में,
दे–दे ज्ञान अपारा।।

....

क्या धुन! क्या ताल! क्या रस! गूँगे के गुड़ सा अहसास...। भारतीय साहित्य के भक्तिकाल में शायद ऐसा ही रस टपकता होगा। लोग शीश झुकाते हैं। परमशक्ति वंदना के बाद, आरती की थाल जो

कई महकते फूलों से सजी हुई है और साथ-साथ धूप, अगरबत्ती, पंचदीप से सुसज्जित है; वालन्टियरों द्वारा पूरी पब्लिक में घुमायी जाती है। कुछ क्षणों के लिये ही सही, परमेश्वर का आशीर्वाद, आरती के जरिए, आँखों के रास्ते दिल तक मधुर अहसास के साथ पहुँच रहा है।

(शेरूदा मंच पर आते हैं)

शेरूदा : आपके भरपूर सहयोग एवं अथाह स्नेह ने, हमारे उत्साह को कई गुना बढ़ा दिया है। जनता का सहयोग सबसे बड़ा सहयोग होता है। अकेली बूँद का कोई अस्तित्व नहीं होता, परन्तु वही बूँद जब अन्य बूँदों से जुड़ने लगती है, तो धारा बन जाती है और फिर बनते-बनते नदी। हालाँकि बूँद वही है, परन्तु जुड़ते जाने के बाद अपने भीतर कितनी सामर्थ्य पैदा कर लेती है। हम भी कुछ ऐसा ही करने की कोशिश में हैं। हम फिर अपने प्रोग्राम के मुताबिक हलचल पैदा करने की कोशिश करेंगे। ठीक उसी तरह जिस तरह भूख पैदा करने के लिए वर्जिश जरूरी है। वक्त हमें पुकार रहा है, देखें हमारा आज का पहला प्रोग्राम क्या कहता है।

***

दृश्य-5

(पर्दा धीरे-धीरे उठने लगा.....)

5 बच्चे अलग-अलग मुद्राओं में नज़र आ रहे हैं। किसी की भौंहें चढ़ी हुई हैं। कोई बड़े तनाव में नज़र आ रहा है। कोई बड़ा अफ़सोस जता रहा है। कोई खा तो रहा है पर मन मार के, न जाने ध्यान कहाँ है और कहाँ खोए हुए हैं! कोई दोनों हाथों से सिर पकड़कर बैठा है।

(धीरे-धीरे कलाकारों की आवाज़ बढ़ने लगी...... मंच पर कई किस्म के प्रश्न उभरने लगे......)

कुछ भी अच्छा नहीं हो रहा, ऐसा क्यों लगता है?
कोई अच्छा नहीं कर रहा, ऐसा क्यों लगता है??
धर्म-कर्म से दूर हो रहे, ऐसा क्यों लगता है?
मैं-मैं के ही भाव भरे हैं, ऐसा क्यों लगता है??

ना दीखे सम्मान भाव, ना इ़ज़्ज़त की परछाई।
दूजे की तो दूर-दूर, अपनी ही देह न भाई।।
मेहमाँ क्यों मेहमान नहीं, क्यों अपना भाई-भाई?
दोस्त-दोस्त तो नाम सिर्फ, बस मतलब का हरजाई।।

खाने में अब स्वाद नहीं, ना पीने में है रस।
कपड़ों में अहसास नहीं अब, नींद भी बिना मिठास।।
चलते-फिरते भोजन करते, भोजन का ना मान।
पैरों नीचे भोजन कुचले, यह कैसा है ज्ञान??

अन्दर बाहर कहीं भी जाएं, नहीं किसी का मान।
संस्कृति ऐसी अपनाकर, कहते दुनिया बेईमान।।
निज का मान बढ़े जग में, बिन किए किसी का मान।
पावन जग दीखेगा कैसे, पहन नज़र अभिमान।।

कैसे बिगड़ा रूप धरा का, कैसे सुन्दर मुखड़ा।
कौन सुनेगा घुट-घुट घुटता, दर्द भरा सब दुखड़ा।।
चालाकी ठगना बन चुका, प्रोफेशन का सार।
बचना मुश्किल है न्यूटन के अब, थर्ड नियम की मार।।

अनमोल रतन भी दुनिया में अब, सस्ते में बिकते हैं।
दया मान अब धर्म भी, बिना हिचक बिकते हैं।।
क्यों लीला ऐसी हुई, किसका है ये दोष?
कैसा ज्ञानी बन बैठा, खोकर सारे होश..!
खोकर सारे होश..!!
खोकर सारे होश..!!!

(धीरे-धीरे पर्दा गिरता है। तालियों की गड़गड़ाहट.....)

(पब्लिक के बीच से कई आवाज़ें........)

वाह! वाह! क्या बात कही!

बिल्कुल ऐसा ही हो रहा है।

(जैंठ से आए भवानदा अपने अच्छे लतीफों, प्रतिभाशाली अभिनय व सुरीले कंठ के लिए पूरे इलाके भर में मशहूर हैं। वह भी आज नए किस्म के इस कार्यक्रम को देखकर बड़े हतप्रभ हैं। कहते हैं–कार्यक्रम तो कई देखे, परन्तु पहेलियों वाला प्रदर्शन जो अपने आप में कई राज छुपाए हो, पहली बार देख रहा हूँ। इसमें तो इंसान, परिवार, समाज और यहाँ तक कि राष्ट्र की तक चर्चा एक साथ हो रही है। वाक़ई में–कितना बड़ा सामर्थ्य समाए हुए है यह अपने आप में)

भवानदा : मुझे तो यह बिहारी जी के दोहों जैसे लग रहे थे।

"बिहारी के सत्सये, ज्यों नाविक के तीर।
देखन में छोटन लगें, घाव करें गम्भीर।।"

बिहारी जी के सत्सयों की तरह, मुझे यहाँ भी गागर में सागर सा नज़र आ रहा है।

(कमराड़ से आए चिंतामणी जी विख्यात कवि हैं। बच्चों का प्रोग्राम देखकर, इसे भगवान की लीला कहते हैं)

बी चिंतामणी : मुझे तो ऐसा लग रहा है, मानो ईश्वर खुद इन बच्चों के भीतर आकर, इनसे यह लीला करवा रहे हों और फिर इनके जरिए हमें जागृत किया जा रहा हो। कितना बड़ा संदेश भरा पड़ा है, इनके प्रोग्राम में! मैं सीनियर सिटिजन जरूर हूँ, पर शिक्षा बच्चों से लेनी जरूरी है। इसमें बुरा भी क्या है, **जो राह दिखाए वही 'पथप्रदर्शक', और जो मन की आँखें खोल दे वही 'गुरु'।**

(कई तरह की चर्चाएँ लोगों के बीच जारी हैं.....)

(शेरूदा मंच पर आते हैं)

शेरूदा : सज्जनो, यह हमारा सौभाग्य है कि इतने गाँवों के लोग यहाँ पर आए हैं। हमारे बीच में कई गायन, नृत्य, प्रहसन आदि के कलाकार मौजूद हैं। हमें, ऐसे महान

कलाकारों से बहुत कुछ सीखने को मिलेगा। हमारी, ऐसे कलाकारों से गुज़ारिश है कि हमारे 'मंच मंथन' के कार्यक्रम में अपनी कला का योगदान देकर, मानवीय मूल्यों को साकार रूप देने में हमारी मदद करें। यह हमारी खुशनसीबी होगी कि आपका साथ पाकर, हमें जिंदगी को और तराशने का मौका मिल जाएगा।

माफ कीजिएगा, वक़्त पुकार रहा है...।

देखें, अगला दृश्य हमें कौन सी पहेलियों में जकड़ता है.....।

***

दृश्य-6

(पर्दा धीरे-धीरे उठता है.....)

कलाकार भोला साफ नज़र आने लगा।

(पब्लिक के बीच में बैठे, उसकी क्लास के बच्चे कहने लगे–**अरे भोलू है भोलू!** अरे ये तो बड़ा कलाकार भी बन गया इतनी जल्दी!)

भोला, कभी अपना सर पकड़ता है तो कभी माथा। कभी बायां हाथ गाल पर लिए, तो कभी दाहिना हाथ गाल पर। हाफ पैंट पहने हुए है और साथ में ढीला कुर्ता। चेहरे पर बड़ी मासूमियत है। चेहरे पर भोलापन साफ झलकता है, मानो इनका नाम इन्हीं के लिये बना हो।

भोला : (*भोली आवाज़ में*)

काश, मुझे भी मिल जाता!
काश, मुझे भी मिल जाता!

(बच्चे भोला को देखकर तालियाँ बजाने लगे)

/एकदम छोटे बच्चे तक कहने लगे–

मम्मी देखो भोलू!

बड़ा भोला है ना मम्मी! (एक बच्ची अपनी मम्मी को कहती है)

(मम्मी बच्ची को चुप कराती हैं–चुप हो जाओ और शान्त होकर देखो)/

भोला पुनः

काश, मुझे भी मिल जाता!
काश, मुझे भी मिल जाता!

/एक शरारती बच्चा बीच में बोल पड़ता है–

बोल-बोल क्या मिल जाता?
क्या तुझे टॉफी चाहिए?
क्या कुछ खो गया है?
आगे भी बोल भोला! आगे भी बोल।
(वालंटियर शान्त कराते हैं... कृपया शान्त रहें)/

बड़ी उदासी व मासूमियत भरे भावों के साथ भोला ने गाना, गाना शुरू कर दिया.......

नन्दन वन में मैं भी हँसकर, फूलों सा महका करता।
या चिड़ियों की भाँति डाल पर, राग सुरीला गाता।

/(एक छोटी बच्ची बीच में, फट् से बोल पड़ी...)

मम्मी अब तो भोलू भी बड़ा सुन्दर गाना गाने लग गया है!

अच्छा गा रहा है ना मम्मी?

(मम्मी बच्ची को शान्त कराती हैं)/

गीत जारी है–

नन्दन वन में मैं भी हँसकर, फूलों सा महका करता।
या चिड़ियों की भाँति डाल पर, राग सुरीला गाता।
तनिक ज्ञान रस पीने को यदि, मुझको भी मिल जाता!
कितना सुन्दर जीवन होता, मुझे ज्ञान धन मिल जाता!!

बन्द गलिन में फिर मैं ऐसे, घुटघुटकर यूँ नहीं कुढ़कता।
बेबस लाचारी सा जीवन, फिर शायद बदला सा होता।
ज्ञान पुंज का एक अंशु भी, यदि मुझको मिल जाता!
कितना सुन्दर जीवन होता, मुझे ज्ञान धन मिल जाता!!

शोषण ही शोषण में शायद, जीवन बीता जाएगा।
किसे कहूँ कैसे दुखड़ा, कौन समझ ये पाएगा?

कह सकने का अल्प ज्ञान भी, यदि मुझको आ जाता!
कितना सुन्दर जीवन होता, मुझे ज्ञान धन मिल जाता!!

नहीं भटकता उलझा रहता, सही राह पर जाता।
मंजिल सीढ़ी चढ़ते जाता, गगन शान से छूता।
विधि ऐसी आ जाती मुझमें, ज्ञान पथ मिल जाता!
कितना सुन्दर जीवन होता, मुझे ज्ञान धन मिल जाता!!

नन्दन वन में मैं भी हँसकर, फूलों सा महका करता।
या चिड़ियों की भाँति डाल पर, राग सुरीला गाता।
तनिक ज्ञान रस पीने को यदि, मुझको भी मिल जाता!
कितना सुन्दर जीवन होता, मुझे ज्ञान धन मिल जाता!!
मुझे ज्ञान धन मिल जाता...!!
काश! मुझे ज्ञान धन मिल जाता...!!!

....

(धीरे-धीरे पर्दा गिरता है। तालियों की गड़गड़ाहट...)

वाह! वाह! की आवाज़ें।

लोग भाव-विभोर हैं, सोचने को मजबूर हैं!

बच्चे में कितनी लाचारी है! कितनी बेबसी है!

अज्ञान के अंधकार में बच्चा किस प्रकार की जिंदगी जी रहा है?

यह अज्ञान ही तो है, जिसके अंधकार में बेचारा भोलू छटपटा रहा था।

भोला के पापा आज मंद-मंद मुस्करा रहे हैं। भोला की मम्मी भी आज बड़ी खुश हैं। **कहती हैं**—कौन कहता है मेरा भोलू नासमझ है, इसके अन्दर तो इतना बड़ा हुनर है। (*सबकी माताएँ भोला की मम्मी को प्रशंसा भरी नज़रों से देख रही हैं*)

पन्नू की मम्मी ने तो कह भी दिया—भोला दिखने में भोला लगता है, पर है बड़ा इंटेलीजेंट। भोला की मम्मी यह सब देख-सुनकर, बड़ी खुश होकर, स्वयं कहने लगीं—दो साल दसवीं में फेल हो गया तो क्या हुआ, अब जब इंटेलीजेंट हो गया है तो इस साल फर्स्ट क्लास लाकर, सारी कसर एक साथ निकाल देगा।

(शेरूदा मंच पर आते हैं)

शेरूदा : सज्जनो, उम्मीद है, हमारे प्यारे भोला द्वारा खूबसूरती से निभाया गया रोल, **'काश! ज्ञान धन मिल जाता'**, प्रश्नों के तीर छोड़ने में कामयाब रहा होगा। प्रश्नों के तीरों को कैसे निकालना है और ज़ख़्मों पर मरहम कैसे लगेगा, इसके लिए आपके सहयोग के बगैर हम भला कैसे कामयाब हो सकते हैं।

(तालियों की जोरदार गड़गड़ाहट)

/(कई आवाज़ें एक साथ....) शेरूदा, हम आपके साथ हैं।/

माधोसिंह : (*देहरादून में गणित के प्राध्यापक हैं, बड़े प्रभावित होकर*) शेरूदा, भोला ने तो तीर, पूरे शिक्षा विभाग के लिए छोड़ दिया है। इसमें तो पूरे डिपार्टमेंट को हिलाने की ताकत है। नाम तीर जरूर है, पर काम–ज्ञान की मशाल का किया है।

भोला की छटपटाहट का अहसास तो लोग कर ही रहे हैं, परन्तु उससे भी बड़ी बात यह है कि लोग अपने-अपने बारे में, सोचने भी लग गए हैं कि सचमुच **क्या ज्ञान धन में इतनी ताकत है!**

कई बुजुर्ग : (*एकदम अनपढ़ हैं, बड़े अचम्भित हो, चर्चा करने लगे*) भई, हमें तो इसका अहसास तक नहीं कि 'ज्ञान-धन' भी होता है। सोचते थे–बच्चों को स्कूल भेज दिया, काफी है; मास्टरजी पढ़ाते होंगे ही। परन्तु भोला ने तो पर्दा हटाकर, मानो दूसरी दुनिया ही दिखा दी। भले ही भोला अपने बारे में कह रहा हो, हम भी तो उसी वर्ग में आते हैं।

गोठी काका : (*खुद को कोसते हुए*) जिंदगी भर अँगूठा ही लगाता रहा। लोगों के हल ही चलाता रहा और किया क्या? काश! भोला का ये गीत पहले सुनने को मिल जाता।

रीता : (*चण्डीगढ़ से गाँव आयी है, दूसरी कक्षा की छात्रा,*

अपने पापा के साथ बैठी; तपाक से) बूबूजी अब भी क्या बिगड़ा है, मैं आपको अ-आ, क-ख और गिनती सिखा देती हूँ। मेरी पूरे एक महीने की छुट्टी है। आप चॉक-स्लेट ले आना।

गोठी काका : मेरी प्यारी नातणी तू कितनी अच्छी है! (उठाकर अपनी गोद में बिठा लेते हैं) **हिरू!** (रीता के पापा से) कितनी प्यारी गुड़िया है। मैं टी.वी. पर यह देखकर और सुनकर मज़ाक़ समझता था, जिसमें वे कहते थे–बेटी को जानकर तो देखें, बेटों से भी आगे हैं बेटियाँ। आज मेरी समझ में आ रहा है कि वास्तव में उन्होंने कितनी सच बात कही थी। जो काम बेटे नहीं कर सकते, वह करने के हौसले तुम्हारी गुड़िया के अन्दर मौजूद हैं। मैं बेकार में ही सोचता था कि बेटा आख़िर बेटा होता है।

रीता : बताओ बूबूजी, आप पढ़ने के लिए कितने बजे तैयार रहोगे? मेरे हिसाब से सुबह अच्छा रहेगा, क्योंकि सुबह जल्दी याद हो जाएगा।

गोठी काका : (*आँखों में आँसू भर आते हैं*) मेरी प्यारी नातणी, सुबह 6 बजे ही ठीक रहेगा।

रीता : वादा?

गोठी काका : हाँ नातणी पक्का वादा। (रीता को पुचकारते व चूमते हैं)

(जनता में बड़ी हलचल है। मम्मी-पापा अपने बच्चों की तरफ देख रहे हैं। सोच रहे हैं–कम से कम ऐसी छटपटाहट की नौबत अपने बच्चों के साथ न आए। बच्चे भी अब अपने दोस्तों के बारे में सोचने लगे हैं। *ऐसा लग रहा है–मानो अँधेरे में किसी ने मशाल से रोशनी कर दी और एकदम से कोई अच्छी चीज दिख गई हो। लोगों के बीच इस तरह की कई प्रतिक्रियाएं एक साथ चल रही हैं।)*

बूबूजी-दादाजी, नातणी-पोती, आमा-दादी

(शेरूदा मंच पर आते हैं)

शेरूदा : सज्जनो, वक़्त पुकार रहा है। गर अनसुनी कर दें तो न जाने कितना नुकसान हो जाएगा। हो सकता है, पूरी जिंदगी भर भी भरपाई न कर पाएं क्योंकि वक़्त पर न किया गया काम, हमें अपनी मंजिल से न जाने कितनी दूर कर देगा। अगले प्रोग्राम के बाद 15 मिनट, चाय-पानी आदि के लिए विराम होगा। हमारे पूज्यनीय हरकू काका जी द्वारा इसकी व्यवस्था की गई है। हम उनके बड़े शुक्रगुजार हैं। हमारे मेहमान गाँवों से आए कलाकारों के कार्यक्रम में जुड़ जाने से 'मंच मंथन' में अब और निखार आने की उम्मीद करते हैं।

देखें, कलाकारों का परस्पर संगम, कार्यक्रम में कैसा निखार लाता है....।

***

दृश्य-7

(पर्दा धीरे-धीरे उठने लगा.......)

चार बच्चे अलग-अलग हाव-भाव में तथा बीच में सबसे आगे, जैंठ से आए मेहमान कलाकार भवानदा, नज़र आ रहे हैं। बड़ी-बड़ी पगड़ी, बड़ी-बड़ी मूँछें, चेहरे पर चमक, पीली धोती, पीला कुर्ता, गुलाबी वास्केट और गले के दोनों ओर लटकते हरे पट्टे में, क्या खूब जम रहे हैं। चार बच्चों में से 2 बच्चे, मेहमान गाँवों से आए कलाकार हैं।

गीत आगे बढ़ने लगा.......

(आगे-आगे भवानदा गा रहे हैं; पीछे-पीछे सारे बच्चे गा रहे हैं। हर बार वे अलग-अलग अंदाज में गा रहे हैं। कभी-कभी एक साथ भी गा रहे हैं)

प्रेम शब्द को शब्दकोश का, सिर्फ शब्द क्यों मान लिया!
क्यों मान लिया? क्यों मान लिया?

देह प्रेम आकर्षण को ही, असल प्रेम क्यों जान लिया!
क्यों जान लिया? क्यों जान लिया?
सतयुग-त्रेता-द्वापर-कलियुग, सतयुग-त्रेता-द्वापर-कलियुग!
कैसे प्रेम बहार रहा? हाँ-हाँ कैसे प्रेम बहार रहा?
गुजर गये प्रेमी जग से, क्यों फिर भी प्रेम है अमर रहा!
क्यों फिर भी प्रेम है अमर रहा? क्यों फिर भी प्रेम है अमर रहा?

एक कतार में चींटी देखें,
हाँ-हाँ चींटी देखें,
बड़े ध्यान से चींटी देखें।
एक कतार में चींटी देखें, मधुमक्खी के छत्ते।
प्रत्यक्ष रूप देखें दीपक पर, परवाने को जलते।।
बिना रुके नव ग्रहों को देखें, सूरज पर मंडराते!
सूरज पर मंडराते, हाँ-हाँ सूरज पर मंडराते!

और......................

बिना कहे सूरज को देखें, रोज भोर में आते!
रोज भोर में आते भइया! रोज भोर में आते!
रोज भोर में आते भइया! रोज भोर में आते!

अब गीत, सुर, ताल जमता जा रहा है.......।
प्रश्नों की फुलझड़ी पर फुलझड़ी, जलती जा रही है.......।
(ऐसा लगता है, मानो शब्दों की कई किस्म की फुलझड़ियाँ एक साथ जलने लगीं और साथ-साथ आतिशबाजियाँ भी हो रही हों)
गीत आगे बढ़ता है....................

कई काल से गुजरा मानव!
गुजरा-गुजरा मानव गुजरा!
जाने कितने काल से गुजरा!
कई काल से गुजरा मानव, क्या इतिहास है पढ़ा कभी?
क्या इतिहास है पढ़ा कभी? सच बोलें क्या पढ़ा कभी?
भक्ति काल था!

भक्ति काल था!
रीति काल था!
रीति काल था!
स्वर्णिम काल भी रहा कभी!
स्वर्णिम काल भी रहा कभी!
कई काल से गुजरा मानव, क्या इतिहास है पढ़ा कभी?
भक्ति काल था, रीति काल था, स्वर्णिम काल भी रहा कभी?
क्या सोचा जिस काल को, बना रहे मिलकर सभी!
बना रहे मिलकर सभी,
हाँ-हाँ बना रहे मिलकर सभी!
प्रकृति-विनाशक काल रूप भी, कहलायेगा यह कभी!
कहलायेगा यह कभी!
कहलायेगा यह कभी!

किस जीवन को सफल कहेंगे, किसको निर्मल धारा!
मुस्कान लिए कोई खोकर भी, कोई पाकर हारा!!
कोई पाकर हारा!
हाँ-हाँ कैसे पाकर हारा?
सोचा पाकर भी है हारा?
फिर कैसे पाकर हारा?
हथियाने में लगा है कोई!
लगा है हथियाने में कोई!
हथियाने में लगा है कोई, न्यौछावर में कोई!
न्यौछावर में कोई!
क्यों न्यौछावर में कोई?
धन अपना सब समझे कोई, रमा के धूनी कोई!
रमा के धूनी कोई!
कोई रमाए धूनी।
हथियाने में लगा है कोई, न्यौछावर में कोई!
धन अपना सब समझे कोई, रमा के धूनी कोई!!

बचपन बड़ी उमंग लिए था,
हाँ-हाँ उमंग लिए था! तरंग लिए था!
कितनी उमंग-उमंग लिए था! कितनी तरंग-तरंग लिए था!
बचपन बड़ी उमंग लिए था, यौवन में था रंग!
यौवन में था रंग!
यौवन भरा था रंग!
हाँ-हाँ यौवन भरा था रंग!

बचपन बड़ी उमंग लिए था, यौवन में था रंग!
चाहें फिस्स हुई जब आया, रोग बुढ़ापे संग!!
हाय रे रोग बुढ़ापे संग!
किसी काम का नहीं बचा रे, जब हुआ बुढ़ापे संग!
हाय रे हुआ बुढ़ापे संग!

देह-जिस्म के दिन मुश्किल से, होंगे बीस हजार!
हाँ-हाँ मुश्किल से बीस हजार!
दिन होंगे बीस हजार!
हाय रे सिर्फ बीस हजार!
कहाँ खड़े दिन बचे हैं कितने, खुद ही करें विचार!
प्यारो खुद ही करें विचार!
देह-जिस्म के दिन मुश्किल से, होंगे बीस हजार!
कहाँ खड़े दिन बचे हैं कितने, खुद ही करें विचार!!

समझ रहे अशर्फी जिसको, कूड़ा ना बन जाए!
कूड़ा ना बन जाए!
हाय रे कूड़ा ना बन जाए!
रहे बटोर समझ के अपना!
सिरफ समझ रहे हैं अपना!
ना और हजम कर जाए!
समझ रहे अशर्फी जिसको, कूड़ा ना बन जाए!
हैं बटोर सब समझ के अपना, बस धरा न यूँ रह जाए!!

अब रंग और भी जमने लगा–

जीवन की लीला अलबेली, अनगिनत हैं इसके रंग!
ना जाने कितने रंग!
कोई निकाल लेता तरंग है, कोई समझे जंग!
हाय रे कोई समझे जंग!
जीवन की लीला अलबेली, अनगिनत हैं इसके रंग!
कोई निकाल लेता तरंग है, कोई समझे जंग!!

मैं-मैं भाव से निकल रहे हैं, राग-द्वेष के फूल!
हाँ-हाँ बड़े विषैले फूल!
किस पर इलज़ाम लगे संसारी!
संसार दबोचे ओ संसारी!
किस पर इलज़ाम लगे संसारी, जब तेरी ही यह भूल!
क्या नहीं ये तरी भूल!
फिर किसकी है ये भूल?
मैं-मैं भाव से निकल रहे हैं, राग-द्वेष के फूल!
किस पर इलज़ाम लगे संसारी, जब तेरी ही यह भूल??

इस संसार के भवसागर को!
हाँ संसार के भवसागर को!
सोचो-जानो भवसागर को!
इस जहान के भवसागर के, रूप-स्वरूप को जान लो!
विशाल रूप को जान लो!
लहरों के संग भंवर हैं कितने!
लहर हैं कितने, भंवर हैं कितने!
संग लहर के, भंवर हैं कितने!
लहरों के संग भंवर हैं कितने, खो जाते सब जान लो!
सब खो जाते जान लो!
सचमुच खो जाते जान लो!
सब अज्ञात यह जान लो!

इस जहान में भवसागर के, रूप-स्वरूप को जान लो!
लहरों के संग भँवर हैं कितने, खो जाते सब जान लो!!

सुनो! सुनो! सुनो!
बड़े ध्यान से सुनो! सुनो!

पर भवरों में भी पहरा है!
पहरा है भई पहरा है!
सचमुच-सचमुच भई पहरा है!
पर भवरों में भी पहरा है, जान सको तो जान लो!
लहर-भँवर में कवच है जिसका!
हाँ-हाँ कवच है जिसका!
पूर्ण सुरक्षा कवच है जिसका!
लहर-भँवर में कवच है जिसका, बूझ सको तो जान लो!
सोचो-सोचो जान लो!
जान सको तो जान लो!

पर भँवरों में भी पहरा है, जान सको तो जान लो!
लहर-भँवर में कवच है जिसका, बूझ सको तो जान लो??

अब सभी एक साथ बड़ा लम्बा सुर लेते हुए-

प्र श न अ ने क पै दा क र ने,
का ह म ने प्र य त्न कि या!
प्या री प ब्लि क ह ल ह म को दे गी,
ऐ सा है सं क ल्प कि या!

(धीरे-धीरे पर्दा गिरता है......)

(पर्दा गिरने के साथ बड़ी जोर की तालियों की गड़गड़ाहट...)
वाह! वाह!
क्या खूब! क्या खूब!
अति सुन्दर! अति सुन्दर!
लोगों के बीच कई किस्म की आवाज़ों की गूंज.....!
सीटियाँ भी बज रही हैं.....।

(शेरूदा मंच पर आते हैं)

शेरूदा : सज्जनो, आपकी तालियों की गड़गड़ाहट और तारीफ़ों की आवाज़ें, हमारे कलाकारों के हौसलों को और बुलंद करती हैं। **तालियाँ कलाकार की टॉनिक होती हैं।**

मोती काका: शेरू! आपके कलाकारों की अदाकारी है ही इतनी सुन्दर।

शेरूदा : कलाकार जनता को जनता का बोध कराता है, भले ही जनता इस बात को जानती हो या कम जानती हो। परन्तु जब कलाकार, जनता को जनता के हालात का अहसास अपनी कला से करा देते हैं तो जनता के भीतर हलचल पैदा होने लगती है। फिर जनता के भीतर मंथन होने लगता है। *मंच के मंथन से बने इस 'मंच मंथन' द्वारा हम कई रत्न पैदा करने की कोशिश कर रहे हैं।*

सज्जनो, हरकू काका बड़ी बेसब्री से पूरी पब्लिक का इन्तजार कर रहे हैं। सिर्फ 20 मिनट का विराम बीच में होगा, जिसमें चाय-पानी, प्रसाधन आदि सभी सम्मिलित हैं। आपके यथास्थान पुनः पहुँचने और इसी अवस्था में आ जाने की आपसे अपेक्षा व गुज़ारिश करते हैं। चाय-पानी आदि का आपके ही स्थान पर हमारे स्वयंसेवी (वालन्टियर) नौजवानों द्वारा पहुँचाने की पूरी व्यवस्था है। हमारे वालन्टियर चारों तरफ अपना पूरा नेटवर्क बनाए हुए हैं। वे एक पूरी टीम की तरह काम कर रहे हैं। 7 मिनट के भीतर ही चाय व तिल के लडडू आप तक पहुँच जाएंगे। आलू के गुटके भी नज़र आ रहे हैं, जिसका आनन्द आप चाय के साथ ले सकते हैं।

(शेरूदा इतना कहकर जाते हैं। चाय-पानी, नाश्ता आदि शुरू हो चुका है)

पब्लिक में क्या आनन्द! क्या खुशी का माहौल! बुजुर्ग बड़े गद्गद्

हैं। कहते हैं–कितनी अच्छी अक्ल है! कैसी सुबुद्धि दी है। इनको भगवान बड़ी लम्बी उम्र दे। ये फलें-फूलें और ऐसा ही काम करते रहें।

पनुली आमा जो अब 80 बरस की हो गयी हैं, उन्हें चबूतरे पर बिठाया गया है। भोला स्वयं, आमा के लिए–चाय, तिल के लड्डू और आलू के गुटके लाया है और बड़े प्यार से आमा को खिला रहा है।

पनुली आमा (दादी) भोला का सिर मलासती है और बड़े प्यार से पुचकारते हुए कहती है–भौते भल हैजो, तुमर लम्बी उमर हैजो। ऐस्सी अकल, ऐस्सी मति आनें रैजो।

(दादी अम्मा दुआएं दे रही हैं कि इसी प्रकार की अक्ल आती रहे, ऐसा ही अच्छा काम करते रहो। तुम्हारी लम्बी उम्र हो और तुमको सुमति आती रहे)

बुज़ुर्गों की दुआओं में कितनी बड़ी ताकत होती है। दुआएं दिखतीं नहीं, परन्तु इनका असर स्वयं महसूस किया जा सकता है। दुआओं का करिश्मा ठीक रिमोट के बटन जैसा है, जिसकी तरंगें तो नज़र नहीं आतीं, परन्तु असर एकदम दिखने लगता है।

वालन्टियर अपने-अपने कामों में जुटे हैं। क्या तालमेल है! इशारों-इशारों में काम हो रहा है। न जाने हाथों, सिर व कंधों से कैसी-कैसी सांकेतिक भाषा का प्रयोग कर रहे हैं। अपनी समझ से परे है, पर सारा काम फटाफट हो रहा है। यह सब देखकर, अन्य गाँवों से आए छात्रों में भी नया जोश उमड़ने लग गया है। अब वे भी वालंटियरों का हाथ बंटाने में जुट गए हैं। बैठने की व्यवस्था भी इतनी अच्छी है कि पंक्तियों को खड़े व पड़े दोनों तरफ आसानी से गिना जा सकता है। महिला या पुरुष वर्ग में हर कतार को वर्णमाला के अक्षरों से नवाज़ा गया है। हर व्यक्ति को एक क्रमसंख्या देकर स्थान निश्चित कर दिया गया है, जिससे कौन कहाँ पर बैठे हैं, इसकी जानकारी एकदम आसान हो गयी है। जिसे जहाँ पर सहूलियत हो, उसे वहीं पर सेवा प्रदान की जा रही है।

शेरूदा : सज्जनो, यदि कहीं पर हमारे नौजवानों द्वारा व्यवस्था में भूल-चूक रह गयी हो तो कृपया हमें माफ कीजियेगा।

भौते भल हैजो-बहुत भला हो, ऐस्सी अकल-ऐसी ही अक्ल, आनैं रैजो-आती रहे

कृपया आप हमें इशारा कर दें, हम आपकी सेवा में
तुरन्त उपस्थित हो जाएंगे।

(15 मिनट गुजर चुके हैं, ज्यादातर लोग चाय-पान आदि के बाद अपने स्थान पर बैठ चुके हैं। कुछ लोग अँगड़ाई ले रहे हैं। कोई चाँद को निहार रहा है तो कोई आकाश में तारों की दिशा व स्थिति पर गौर कर रहा है। कोई मंद-मंद बहते पवन का मीठा अहसास कर रहा है)

कुछ लोग दिल्ली व मुम्बई जैसे शहरों से घर आए हैं, कह रहे हैं– *क्या जन्नत है! वास्तव में अगर कहीं जन्नत है तो इन्हीं पहाड़ों में, कितना सुकून मिल रहा है हमें। शहरों की जिंदगी भी क्या जिंदगी है? बस जागते रहो और भागते रहो। बस, दिन भर घड़ी ही देखते रहो! कब सूरज निकला, कब अस्त हुआ, चाँद कब निकलता है और कब अस्त हो जाता है; ऋतुऐं कब आती हैं और कब चली जाती हैं कुछ भी पता नहीं! न वार न त्यौहार, न उमंग न तरंग बस चलते चलो और चलते चलो, मत पूछो कोई भी प्रश्न! बस कैलेन्डर देखते रहो; तारीख देखो, दिन देखो, महीना देखो और साल पर साल गुजारते चले जाओ; बस सिर्फ पेपर के पन्नों पर, अहसास किए बगैर.....!*

अब यहाँ देखिए– *शाम होती है, लगता है शाम हुई है। सुबह होती है, सूरज को उगते देखते हैं और पूरा अहसास होता है कि सुबह हो रही है। वैसे ही रात में चाँद को देखो, सितारों को देखो, टूटते तारों को देखो, तारों की कई आकृतियाँ देखो, भोर के तारे को देखो, सप्तर्षि मंडल, ध्रुवतारा, आकाश गंगा और न जाने क्या-क्या देखो। दिन में दिन का अहसास करो और रात में रात का। जिंदगी क्या स्वच्छंद गुजरती है यहाँ! शहरों में तो बस, चिड़ियाघर की सी बंदिश में बेचारी जिंदगी... गुजर ही जाती है!!*

(शेरूदा मंच पर आते हैं)

शेरूदा : सज्जनो, हमारा अगला कार्यक्रम है–एक नाटक।
नाटक का नाम है : **'भूमंडल से भूला रिश्ता।'**
नाटक शायद आपको काल्पनिक लगे, पर है हक़ीक़त।
इसमें आपको कुछ ज्यादा ही मशक़्क़त करनी होगी।

देखें नाटक हमें क्या संदेश देता है और हमारे कौन-कौन से बटन दबाता है।

***

दृश्य-8

(पर्दा धीरे-धीरे उठता है...)

एक व्यक्ति पूरे चेहरे पर सफेद रंग पोते हुए, आँखें चमक रही हैं, सिर पर लम्बी टोपी पहने, हाथ व पैर घुमाते हुए नज़र आ रहा है।

(दर्शकों की ओर हाथ जोड़ते हुए)

मैं सूत्रधार हूँ।

आपको कुछ राज बताना चाहता हूँ। शायद आप यकीन न करें। मैं भी कभी यकीन नहीं करता था, पर यह सच है।

राज है–

'भूमंडल से भूला रिश्ता!'

कितना करीबी रिश्ता है हमारा अपने भूमंडल से! पर क्या करें, जमाने की मार कहें या जिंदगानी में भटकाव; कभी सोचा भी न था कि ऐसा भी हो सकता है और हो रहा है। इसमें पात्र हैं : सूरज, चाँद, सितारे, धरती व धरतीवासी। सितारे सिर्फ घूर रहे हें, बोल कुछ भी नहीं रहे हैं, बस ख़ामोश हैं।

आइए, देखिए–'भूमंडल से भूला रिश्ता.....!'

धरती : बेटे! मैं निष्प्राण नहीं हूँ। मुझमें भी प्राण है, मुझे भी पीड़ा होती है जब तुम मुझ पर ऊटपटांग काम करते हो।

धरतीवासी1 : हा-हा-हा-हा! धरती, तुझे शर्म नहीं आती, झूठ बोलते हुए? भला, जड़-निर्जीव में प्राण कहाँ से हो सकता है। तुझमें खाली पहाड़, नदियाँ, पत्थर, रेगिस्तान, जंगल आदि यही सब तो है?

धरती : तुम्हारी सोच इतनी छोटी है कि तुम मेरी कल्पना भी नहीं कर सकते, सोचने और जानने की तो बहुत दूर की बात है।

धरतीवासी2 : हाँ-हाँ तो तुम बड़ी सयानी हो गयी हो। तुम्हें पता है, अब हम अन्तरिक्ष में घूमने लगे हैं। हमारे यान अब दूसरे ग्रहों की तरफ भी बढ़ने लगे हैं। धरती को हम हर कोण से देख सकते हैं। हमें हर बात की खबर है: बनावट, मौजूद तत्व, महासागर, इसमें सारे जीव-जन्तु सभी का अध्ययन हमने कर लिया है। हमारा विज्ञान चरम सीमा पर है। एक से एक बड़े-बड़े परीक्षण हम कर रहे हैं।

धरती : हाँ बच्चो, इसी बात का तो रोना है! यही ऊटपटांग काम ही तो तुम कर रहे हो, जो तुम्हारी समझ में आता ही नहीं? जिस काम को करके तुम अपनी शेखी बघार रहे हो, उनसे मेरे ही शरीर पर तुम किस्म-किस्म के प्रहार कर, फूले नहीं समा रहे हो। जिससे तुम्हारा घना नाता और गहरा सम्बन्ध है, उसी को बर्बाद करने पर आमादा हो?

धरतीवासी3 : **आ हा-हा-हा-हा..................**
ओ हो-हो-हो-हो.................
ही-ही-ही-ही...............हू-हू-हू-हू............
(कोई सीटी बजा रहा है तो कोई खिल्ली उड़ा रहा है। देखो-देखो, कैसी अटपटी और बेहूदी बातें कर रही है)

धरती : तो सुनो। बड़े ध्यान से सुनो। तुम्हारी हँसी अभी निकालती हूँ, पर ध्यान से सुनना।
(सभी शान्त हो जाते हैं। आपस में खुसफुसाहट भी है और कानाफूसी भी हो रही है, देखें क्या सफाई देती है। कोई कहता है—सफाई क्या देगी कोई बहाना मार देगी और अपना पिण्ड छुड़ा लेगी)

तुमने साइंस में बड़ी तरक्की कर ली। मेडिकल साइंस का ज्ञान भी तुम्हारे अन्दर आ चुका। तुमने बैक्टीरिया और वायरस के बारे में भी जाना और पढ़ा होगा। तुम भयंकर बीमारियों से पीड़ित भी हुए होंगे, छटपटाए भी होंगे और फिर दवाइयाँ भी खाई होंगी।

धरतीवासी4 : जाना है, पढ़ा है पर तुम्हारा भला इससे क्या लेना-देना?

धरती : इसी से ही तो लेना-देना है। तुम्हें नर्सरी और के.जी. के बच्चों की तरह ही समझाना होगा, तभी तुम्हारे समझ में आएगा; भले ही तुम खुद को बड़ा ज्ञाता समझते हो?

आगे सुनो– भयंकर बीमारियाँ क्यों होती हैं। बैक्टीरिया या वाइरस इस काम में अहम् भूमिका निभाते हैं, यह तुम अच्छी तरह जानते भी हो।

क्या कभी सोचा, बैक्टीरिया, जो इतने सूक्ष्म हैं, तुम्हारे बारे में क्या सोचते होंगे? क्या तुमने कभी सोचा, बैक्टीरिया की जिंदगी सेकिन्डों में गुजर जाती है? यानी 70-80 सालों की जिंदगानी का लुत्फ़ जो आप उठाते हैं, उसी लुत्फ़ को वे कुछ ही सेकिंडों में उठाकर, दुनिया से अलविदा हो लेते हैं।

(**बीच में से धरतीवासियों की आवाज़ आती है**–क्या दिलचस्प बात कही)

धरती : *एक मिनट के अन्दर उनकी कई पीढ़ियाँ गुजर जाती हैं। अब उनकी आँखों से खुद को देखने की कोशिश करो।* ***क्या बैक्टीरिया कभी कल्पना भी कर सकता है कि वह इतने विशालकाय यानी तुम्हारे शरीर के अन्दर है?*** *वे तो बस गुलछर्रे उड़ा रहे होते हैं, और तुम्हारे शरीर को धरती समझ, ऊटपटांग काम करते रहते हैं।*

धरतीवासी5 : फिर से बोलो, फिर से बोलो समझ नहीं आ रहा है।

धरती : तो फिर सुनो, ध्यान लगाओ और मनन करो। तुम्हारे पेट को बैक्टीरिया-महासागर समझ, पनडुब्बियाँ चलाते

हैं। कभी-कभी भयंकर विस्फोट भी कर देते हैं।

//(पब्लिक के बीच, एक शरारती बच्चा बड़ी जोर से हँसने लगता है)

शरारती बच्चा :(बड़ी जोर से हँसते हुए)

पेट के अन्दर पनडुब्बी! पेट के अन्दर विस्फोट! हा-हा-हा-हा! यानी पेट के अन्दर बम फूट रहे हैं। (बड़े बुजुर्ग उसे शान्त कराते हैं, शान्त हो जाओ कम अक्ल के छोरे! ध्यान लगाओ! ये बातें इतनी जल्दी समझ में नहीं आने वाली। (बच्चा फिर जोर से हँसता है)

शरारती बच्चा : ऐसी ऊटपटांग बातें होंगी तो लोट-पोट के सिवा और क्या होगा? (बच्चे को बड़ी कसकर डांट पड़ती है, फिर बच्चा शान्त हो जाता है)//

धरती : तुम्हारी चमड़ी को रेगिस्तान की रेत समझ, आणविक परीक्षण करते हैं और तुम्हें चमड़ी का रोग हो जाता है। वही बैक्टीरिया जब तुम्हारे पेट में ऊटपटांग काम करते हैं तो तुम पेट दर्द से कराहने लगते हो। **क्या आपने कभी सोचा, मेरा भी ठीक ऐसा ही हाल हो रहा है?** मुझे भी ऐसा ही दर्द होता है। तुम अपनी सोच में जब विस्तार लाओगे, तभी यह तुम्हारी समझ में आ पाएगा। तुम दूसरों को कूप-मन्डूप कहते फिरते हो, पर मेरी नज़रों में तो तुम खुद कूप-मन्डूप हो। खुद को बुद्धिजीवी कहने या खुद अपनी शेखी बघार लेने से कुछ नहीं होता?

क्या तुमने कभी सोचा कि मेरा क्या हाल होता होगा? कभी सोचा, मैं किस प्रकार परेशान रहती हूँ?

सूर्यदेव : बिल्कुल ठीक कहती हैं, वसुन्धरा। धरतीवासियो! वैसे तो आप अपने आप को बड़ा ज्ञानी और सर्वश्रेष्ठ कहते फिरते हो, परन्तु आप लोगों के पास इतनी भी अक्ल नहीं कि आप प्यारी वसुन्धरा की हालत, दिन पर दिन बिगाड़ते चले जा रहे हो? खुद ही देखो, आप लोगों ने

क्या हालत बना दी वसुन्धरा की?

मैं और चन्दू (चाँद) कब तक सहारा देते रहेंगे? हमने जब भी वसुन्धरा को टेबलेट दी; सुनामी, भूचाल या अन्य आपदाएं धरतीवासियों को झेलनी पड़ी। क्या करते हमें टेबलेट देनी पड़ी, नहीं तो अक्सर आयुर्वेदिक दवाइयाँ ही लेती थीं, जिससे हिसाब से बारिश होती रहती थी, मौसम बढ़िया रहता था, घने जंगल हुआ करते थे और नदियों में स्वच्छ पानी भरा रहता था।

चाँद : सूर्यदेव जी दुरुस्त फरमा रहे हैं। जब सोलह श्रृंगारों में वसुन्धरा बनी-ठनी रहती थी तो मन ही मन बड़ी ईर्ष्या होती थी। **वो भी क्या दिन थे! क्या जन्नत सा नज़ारा था! पर वह ऐसा काल था, जिसमें सबको सद्बुद्धि हुआ करती थी। 'वसुधैव कुटुम्बकम्' की गूंज गूंजती रहती थी।** नदी, जंगल, पशु-पक्षी सभी के स्वस्थ रहने की कामना करते थे। वायुमंडल को शुद्ध करने के लिए जगह-जगह यज्ञ हुआ करते थे। **'असतो मा सद् गमय', 'तमसो मा ज्योतिर्गमय'** जैसे स्वर गूंजते रहते थे। **रापः शान्तिः, वनस्पतयः शान्तिः** के स्वर गूंजते रहते थे। तब हमें, वसुन्धरा की मुस्कान देख-देखकर बड़ी जलन होती थी-कहते, कितनी भाग्यवान है जिसे ऐसी संतान मिली है!

सूर्यदेव : धीरे-धीरे स्वर्णिम काल, भक्तिकाल, रीतिकाल आदि कालों से गुजरते चले गए। पर अब जिस काल से वसुन्धरा गुजर रही है, यह तो **पीड़ाकाल और कष्टकाल** के सिवा कुछ भी नज़र नहीं आता। पिछले पांच हजार सालों में जो खुराफ़ात, गुजर चुके धरतीवासियों ने नहीं की, वह पचास सालों में इन उत्पाती बच्चों ने कर डाली। बस, नोंचने में लगे हैं!

सुन्दर सलोनी वसुन्धरा को कैसा कुरूप बना डाला! धरतीवासियो कैसे हो? ऐसा काम करने के बावजूद

भी, चेहरे पर थोड़ी सी शिकन तक नहीं! हा-हा, हू-हू करते हो! क्या तुम्हारी यही सभ्यता है? तुम्हें इतनी भी सोच नहीं कि अगर तालाब ही सूख जाएगा, तो मछलियां कब तक खैर मनाएंगीं?

धरती : सूर्यदेव व चन्दू! मेरे हमदम! धरतीवासियों को नसीहत देना या कुछ कहना बिल्कुल बेकार है। उन्होंने काम तो अपनी मर्जी से ही करना है। मुझे भी अब एलोपैथिक कैप्सूल लेने पड़ेंगे। शरीर में उथल-पुथल तो होगी ही। मैं भी क्या करूँ, कब तक रहम करूँ? अपनी करनी और अपने कर्मों का फल अपने आप भुगतते हैं। बातें बड़ी-बड़ी करते हैं, बड़ी-बड़ी मीटिंग और सेमिनार करते हैं, ग्लोबल वार्मिंग हो रहा है! बचाव करो! ये तो बस बातें करना जानते हैं, अमल कुछ भी नहीं करते। अपनी मर्जी से ऊटपटांग काम करते जाते हैं, फिर जब परिणाम सामने आता है, तो ऊपर वाले को कोसते हैं। कभी सोचा, तुम्हारे कर्म ही बादल बनकर नीचे बरसते हैं। कभी कहते हैं–एसिड रेन हो रही है। जैसा काम करोगे वैसी ही रेन तो होगी। तालाब में रहकर गन्द मचाओगे, तो तालाब का पानी साफ कहाँ से पाओगे?

चाँद : वसुन्धरा ठीक कहती है। मैंने पूरी रात-रात भर इसे सिसकते और रोते देखा है। युगों-युगों से यह कितने दुखों को झेलते आयी है। युद्ध पर युद्ध होते रहे, आग पर आग धधकती रही! इसके शरीर में कई बार फोड़े हो गये, जिनसे काफी मवाद भी निकला। लोग कहते, भागो-भागो, ज्वालामुखी! लावा! भागो-भागो! कई बार इसे गहन इलाज भी करना पड़ा, तब ज्ञानी लोग प्रलय और महाप्रलय का प्रलाप करने लगे।

धरतीवासी1 : क्या ऐसा भी होता है? ऐसा भी हो सकता है! बातें बड़ी तिलस्म सी लगती हैं! कभी-कभी लगता है, सपने तो नहीं देख रहे....!

धरतीवासी2 : भई सुनो-सुनो! कुछ कहते हैं–ये तो वेद-पुराणों सी बातें लगती हैं, जब धरती को पूजने की बात कही जाती थी। धरती के हर जीव व वनस्पति की पूजा की जाती थी। नदी, पहाड़, पेड़-पौधे सभी को पूजा जाता था। पूरी सृष्टि के लिए नत मस्तक होते थे।

सितारे : सिर्फ घूर रहे हैं पर कह कुछ भी नहीं रहे हैं। वे कभी चाँद की ओर देखते, तो कभी सूरज की ओर! फिर कभी धरती की ओर, तो कभी धरतीवासियों की ओर! शायद स्तब्ध हों कि ऐसा भी हो सकता है!! (कुछ सितारे कभी अपनी आँखें खोल रहे हैं तो कभी बन्द कर रहे हैं। पर सभी, सिर्फ और सिर्फ देख रहे हैं। शायद, आपस में इशारों से कह रहे हों कि बस–सिर्फ सुनो और देखो! मुँह बन्द ही रखो)

सूत्रधार : बस! मुझे आपको राज दिखाना था, दिखा दिया। वैसे आप खुद बड़े समझदार हैं। आपसे ज्यादा बोलूँगा तो कहेंगे बड़ा भाषण देने लगा और पाठ पढ़ाने लगा, हमें बच्चा समझ रखा है क्या? तब मैं खुद मूर्ख बन जाऊँगा।

बस! बस! बस!

मैं चला! धन्यवाद!

(पर्दा गिरता है......)

(आज लोग एकदम नई बात सुनकर, आश्चर्यचकित हैं.....!....! **बड़ा ही अद्‌भुद और अनोखा नाटक देखकर लोगों में चर्चाऐं छिड़ गई हैं...)** कोई पूछता, यह सच्चाई है या मनगढ़न्त कहानी....? कोई कहता, यह तो परियों के देश की कहानी सी लगती है.....। कोई कहता, इसमें पूरे विश्व का राज छुपा है....। कोई कहता, ऐसा लग रहा था कि बहुत बड़ी इमारत का छोटा सा नमूना बनाकर रख दिया हो....। बच्चों को, पेट के अन्दर महासागर और उसमें चलती पनडुबी बड़ी पसन्द आयी।

मिंकी : बच्चे को डांट भी तो पड़ी थी। बीच में कैसी चपड़-चपड़ कर रहा था।

मोती काका: धरती को भी कैप्सूल और इंजेक्शन लेने पड़ते होंगे! कितने बड़े होंगे वे कैप्सूल और इंजेक्शन...!

जॉन थॉमस : *(अपने दोस्त के साथ पहाड़ घूमने आए अन्तरिक्ष वैज्ञानिक, आज इस प्रोग्राम में मौजूद हैं, अति प्रभावित होकर)*

मुझे तो सोचने का एक नया आयाम मिल गया।

'इट वाज क्वाइट इंटरेस्टिंग!'

हाइपोथेटिकल तो लगता है पर यस, इसमें राज हो सकता है। मुझे तो गाँव में भी साइंटिस्ट का दिमाग दिखता है!

सी द इमेजिनेशन!

कहाँ तक सोच लिया!

(लोगों में चर्चाएं बरक़रार....)

(शेरूदा मंच पर आते हैं)

शेरूदा : सज्जनो, हम सभी समय से बँधे हैं। समय के साथ-साथ अगर न चल पाए तो न जाने कहाँ पहुँच जाएंगे। आपके दिलों में बढ़ती हलचल हमें साफ नज़र आ रही है। हमारे जगह-जगह तैनात वालंटियर भी आपकी अलग-अलग प्रतिक्रियाओं, वार्तालाप और भावों को भाँप रहे थे। हमारे पास आपके दिलों में बढ़ती हलचल की खबरें, बराबर पहुँच रही हैं। यही आपका प्रसाद है, जो हमारी सामाजिक जकड़न को खोलकर नई दिशा देगा। माफ कीजियेगा, समय के आगे मैं नतमस्तक हूँ। देखें..., हमारा अगला कार्यक्रम क्या रंग लाता है...।

***

दृश्य–9

(धीरे-धीरे पर्दा उठता है)

गीत के स्वर उभरने लगे–

मंथन है, मथने को है, इसमें मंथन गीत!
अटपट–अटपट, लोट–पोट के, संग–संग है संगीत!

(पब्लिक जोरदार तालियों के साथ कलाकारों का स्वागत करती है। बच्चे किलकारी मार रहे हैं)

(कलाकारों की आवाज़ें साफ सुनाई देने लगीं.....)

कर दो लोट–पोट कर दो!

(बुजुर्ग कलाकार जोश भरते हुए) **बढ़ो मेरे लाल! आगे बढ़ो।**

12 लोगों की टोली, जिसमें हर उम्र के बच्चे, बूढ़े, जवान सभी हैं।

कलाकार, अलग–अलग वेष–भूषा व मुद्राओं में; अपने–अपने हाव–भाव का जादू चलाकर, लोगों के दिलों में नई हलचल पैदा करने लगे.........

बुजुर्ग कलाकार : गीत बड़े अटपटे लगेंगे!

बाल कलाकार : पर होगे बड़े चटपटे!

बाल कलाकार : पर होंगे बड़े लटपटे!

युवा कलाकार : लगेंगे खटपटे–खटपटे, पर कर देंगे खड़े, ये रोंगटे।

वृद्ध कलाकार : पर होगा इनमें संदेश! संदेश! संदेश! संदेश!

करना होगा मंथन तुमको! मथना होगा–मथना होगा!

तभी तो मक्खन निकलेगा!

कैसे मथना है, कौन मथेगा, कब मंथन करना होगा; सब कुछ छोड़ा है तुम पर!

पर क्या निकला? कितना निकला?

बतलाना हमको जरूर।

बतलाना हमको जरूर।

(तालियों की गड़गड़ाहट......)

/(पब्लिक के बीच से आवाज़...) जरूर मथेंगे।

(माँगई आमा पूछती है...) उ के छु? (वह क्या है)

रमोती : (समझाते हुए) छॉ फानण (छांछ मथना)

माँगई आमा : दा छां तो मैल कतू फानी हय! (मट्ठा तो मैंने कितनी बार मथा है)/

अब प्रोग्राम और भी रोचक होने लगा और गीत आगे बढ़ने लगा–

बचपन में सब एक से, दिखते थे सब लोग!
अलग दिखे जब लगा मुझे भी, जाति धर्म का रोग!

दूसरा कलाकार :

शायद दुनिया कुछ और ही, रंग बिरंगी होती!
हँसती खाती-पीती दुनिया, बना दी रोती-धोती!

बाल कलाकार :

कैसा जादू सीख लिया, कैसा सीखा मंत्र!
अपने पर अजमा जेल सा, बना दिया क्यों तंत्र?

(तालियों की गड़गड़ाहट...।)

(लोगों के बीच से आवाज़ आती है–कतू भल पाठ खेलों मौछ! यानी कितना अच्छा रोल अदा कर रहा है)

महिला कलाकार :

ईकोसिस्टम का किया कभी, अन्तर्मन से अहसास?
खुद का गड़बड़ खुद ही आए, खुद ही खुद के पास।।
भूमंडल का नोचकर, कर दिया है कैसा हाल!
कैसे सोचा यह करेगा, जन जीवन का ख्याल!
अन्जान बना है क्यों भूला है, इतना गहरा रिश्ता?
हे मानव! क्यों सम्बन्धों को, चलता-घिसता-पिसता??

नाटू जोकर :

(बच्चे, नाटू जोकर को देखकर बड़े जोर से हँसते हैं। तालियाँ और सीटी बजाते हैं।)

कौन व्यक्ति है, कौन है ज्ञानी, गवरमैंट अवतारी?
किसके आगे सारी जनता, बेबस है लाचारी??

क्यों हालत ऐसी हुई, क्यों पैदा हो गया भ्रम?
हवा कहाँ से निकल गई, क्यों निकला सारा दम??

बुजुर्ग कलाकार :

दोष लगाते-फिरते जग में, करते रहते रोष!
कभी झांककर मैं को देखा, कितना है निर्दोष?

कलाकार : (*मोटा, ढीला-ढाला सा*)

खाते-पीते सेहत बिगड़े, कारण समझ न आता!
बार-बार हॉस्पिटल के क्यों, चक्कर लगाते जाता!!

/(यह सुनते ही बच्चे बड़ी जोर से हँसने लगे)

कहने लगे – नाटू! इतना मोटा होकर भी कहता है सेहत बिगड़ी है?

दूसरा बच्चा – ये सेहत भी कोई सेहत है लल्लू! सिर्फ हवा भरी है हवा!

(आजू-बाजू की पब्लिक ठहाके लगाती है। वालन्टियर शान्त कराते हैं)/

महिला कलाकार : (*बड़ी उदास सी*)

सब कुछ घर में होकर भी क्यों, झगड़े-झगड़े होते!
समझ न आता ऐसा क्यों है, रात-रात भर रोते!!
क्या कोई हल ऐसा होगा, देगा मुझको चैन!
राग-द्वेष सब दूर रहें, खुश होंगे कभी ये नैन!!

बाल कलाकार :

समाज है तालाब सा, भरे हैं जिसमें लोग।
करने-रहने से बने भाग्य का, इंटीग्रेटेड योग।।

युवा कलाकार : (*बना-ठना सा, बहुत अफ़सोस जताते हुए*)

किसी चीज की कमी नहीं जब, चाहे जो हो भाव!
फिर भी घर में उमड़ रहे क्यों, तिरस्कार के भाव!!
बच्चों में है खुशी नहीं, ना श्रीमती को रैन!
मात-पिता भी उखड़े से क्यों, खुद भी क्यों बिन चैन??

बाल कलाकार : (*अजूबा सा, बड़ी अजीब सी आँखों वाला*)

जीव में निर्जीव हैं, बिना जीव में जीव।
जान सकें तो जान लें, नेचर राज अजीब।।
सिस्टम भीतर सिस्टम हैं, सिस्टम सिस्टम में सिस्टम।
जान सकें तो जान लें, प्रकृति के अगणित सिस्टम।।

छोटी बालिका :

क्यों पढ़ते किताब हम, पाठ्यक्रम है क्या?
हर कक्षा का स्तर क्यों, डिग्री शिक्षा है क्या?

(**सरोप काका**–वाह बिटिया! कितनी बड़ी-बड़ी बातें करती हो! मुझे लगता है तुम कभी बहुत बड़ी वकील बनोगी)

सबसे बुजुर्ग : (*एकदम सफेद दाढ़ी वाले बाबाजी*)

राह कौन है दिखा रहा, है किस मंजिल पहुँचाए?
कभी ध्यान किया क्यों कैसे, या यूँ ही चलते जाए??

सभी कलाकार : (*एक साथ लम्बा सा स्वर... गूँजता है*)

बस इतना ही डाला हमने, मंथन का सामान!
इतना मथ कर ही बढ़ जाए, बड़ा मान सम्मान!!

(धीरे-धीरे पर्दा गिरता है। तालियों की गड़गड़ाहट.....)

(लोगों की प्रफुल्लित आवाज़ें...) वाह! वाह! बड़ा खूब!

(लोगों की उत्साह भरी आवाज़ें...) मथना है-मथना है, हमको मथते जाना है। ऐसा लगता है, गीतों की झंकारें..नए-नए गीत पैदा करने को उकसा रही हों।

(शेरूदा मंच पर आते हैं)

शेरूदा : मथना है-मथना है, हमको मथते जाना है। नया जोश! नई उमंग! कुछ कर गुजरने की चाह! जो हमें देखने को मिल रही है–वास्तव में आप और हम सभी की कामयाबी ही तो है। आपके भीतर जितनी अधिक हलचल होगी, हमारी कामयाबी उतनी अधिक होगी। साथ-साथ यह भी जरूरी होगा कि हलचल को सही राह व दिशा दें, तभी हम असली कामयाबी की तरफ बढ़ पाएंगे।

बाँध के जरिए कितना शान्त पानी इकट्ठा हो जाता है, परन्तु उसी पानी को जब हम सही दिशा देकर, बड़े वेग से टरबाइन पर डालते हैं, तो ढेर सारी बिजली पैदा

हो जाती है। हम भी कुछ ऐसा ही करने की सोच रहे हैं। और हाँ, अगर इस पानी को सही दिशा न दी गयी, तो यह बड़ी तबाही भी मचा सकता है।

(बीच में बैठा, प्यारा-सा छोटा बच्चा पिंटू अचानक आश्चर्य से)

पिंटू : शेरू बूबू! तो आप हमसे बिजली भी पैदा कराओगे? हमें करेंट नहीं लगेगा क्या?

(पिंटू के पापा पिंटू को शान्त कराते हैं, बुद्धू कहीं का, शेरूदा उदाहरण दे रहे हैं)

शेरूदा : बच्चो, मैं उदाहरण दे रहा था। समय की रफ़्तार बड़ी ही तेज है। रात के 1 बजने को हैं; हमारा अब आखिरी कार्यक्रम रह गया है।

इस कार्यक्रम के किशोर कलाकार हैं रामी। रामी इन्टरमीडिएट फाइनल के छात्र हैं। हमेशा फर्स्ट क्लास आए हैं। काफी विवेकशील और विचारवान व्यक्ति हैं। रामी उमंगों से भरे और हमेशा कुछ कर गुजरने की चाह लिए हुए हैं। समाज को नया आयाम देने की चर्चा, हमेशा करते रहते हैं। यह गीत इन्होंने खुद लिखा है, जिसे सुनकर आप इनके व्यक्तित्व को जान जाएंगे। आएं रामी की जुबां से सुनें, रामी क्या कहते हैं.....!

***

दृश्य–10

(पर्दा धीरे-धीरे उठता है.....)

(रामी, ऊपर से नीचे तक खादी वस्त्र पहने हैं। एकदम सादे, सिर पर टोपी, चेहरा खिला-खिला और मुस्कान भरा)

उनकी जुबाँ से अब, पुकार भरी आवाज़ गूंजने लगी.......

ए मेरे हमदम! ओ मेरे मददगार!

कहाँ छुपे हो? सामने तो आओ।

बड़े-बड़े अरमान लिए हूँ! न जाने कैसे पूरा करूँगा!

इतना बड़ा संसार! इतने सारे लोग! इतनी छोटी जिंदगानी!

कर भी पाऊँगा या बस अरमान ही बनकर रह जाएंगे!

(जनता की ओर अपेक्षा भरी नज़रों से देखते हुए)

पर आप तो हैं ना! मेरी मदद तो करोगे...??

/दर्शकों के बीच बैठा गोपी, आज़ादी के मतवालों की तरह एकदम बड़ी जोर से बोल पड़ा–

रामी, मैं तुम्हारे साथ हूँ, चाहो तो मेरा नाम सबसे ऊपर लिख लो।

जनता के बीच और भी आवाज़ें...

रामी, हम भी तुम्हारे साथ हैं! एक साथ कई आवाज़ें आने से मंच का प्रांगण... पूरे जोश से भर गया।/

(रामी के शब्दों की पुकार-गूंज, अब और तेज होने लगी...)

कौन करेगा मदद हमारी, कौन सुने पुकार!
क्या कोई समझेगा हमको, कितना जग से प्यार!!

निकल पड़े हैं प्यार मांगने, प्यार-प्यार बस प्यार।
बसा सकेंगे कभी जनम में, प्यार भरा संसार!!
क्या कोई संसारी ऐसा, संग हमारे आएगा?
मुंगेरीलाल जैसे सपने भी, क्या साकार बनायेगा??

कितनी छोटी यह है जिंदगानी, कितने पड़े हैं काम!
शायद कुछ कर पाएं पुकार के, मददगार का नाम!!
कहाँ छुपे हो प्यारे वीरो, प्यारी वीर बालाओ!
अगर भाव कुछ करने का हो, आओ हाथ बढ़ाओ।।

मैं सागर में एक बूंद हूँ, लड़ पाऊँगा कैसे?
राग-द्वेष को अमन चैन में, बदल सकूँगा कैसे??
पर मुमकिन है संग हमारे, गर जुड़ जाएं आप।
बूँद-बूँद धारा बन नदिया, धो सकते हैं पाप।।

कौन करेगा मदद हमारी, कौन सुने पुकार!
क्या कोई समझेगा हमको, कितना जग से प्यार!!
कौन करेगा मदद हमारी, कौन संग में आएगा!
कौन संग में आएगा.......!
कौन संग में आएगा.......!

(धीरे-धीरे पर्दा गिरता है। तालियों की गड़गड़ाहट.....)

/पब्लिक के बीच से आवाज़ें.....

रामी, हम तुम्हारे साथ हैं। संघर्ष करो! संघर्ष करो! संघर्ष करो!/

रामी बड़ा गद्‌गद् होता है। आज उसे बड़ा सुकून मिला है। न जाने कब से ये अरमान दिल में छुपाए हुए था। आज यह जानकर उसके दिल को बड़ा चैन मिला कि उसी की तरह और भी कई रूहें हैं, जो चाहती हैं कि ऐसा ही कुछ हो, जिससे दुनिया में उत्पन्न बेमतलब की पीड़ाओं का ख़ात्मा किया जा सके।

(शेरूदा मंच पर आते हैं)

शेरूदा : सज्जनो, रामी के इस गीत के साथ हमारा प्रोग्राम अब समाप्त होता है।

(एक वालंटियर, शेरूदा के कान में कुछ कह रहा है। शेरूदा उसको ठीक है-ठीक है कहकर, वापस भेज देते हैं)

सज्जनो, हमारे पास ख़बर आयी है कि आप लोग, हमारी 'बाल-मंडली' को आर्थिक तथा कलामंच की सामग्री हेतु मदद करना चाहते हैं। मैं अपने चार सहयोगियों को आपके इस सहयोग के लिए नियत कर रहा हूँ।

यह हमारा सौभाग्य है कि हम अब अकेले नहीं बल्कि आप भी हमारे साथ हैं। हम जब आपस में एक-दूसरे की समस्या, तकलीफ, सुख-दुख बाँटने लग जाते हैं, तो समाज का अदृश्य ताना-बाना सुदृढ़ होने लगता है। हालाँकि दिखने में कुछ भी नहीं आता, परन्तु समाज हरा-भरा होने लगता है। फलस्वरूप, लोगों की

जिंदगानी में नई ताजगी आने लगती है; परेशानियों और मुसीबतों का हँसकर मुकाबला करने की ताकत आ जाती है। फिर जब खुशी के पल हों, तो फिर कहना ही क्या! मेरी आपसे गुज़ारिश है कि आप लोगों द्वारा हमारी मंडली को आए सहयोग की जानकारी भी, आप जरूर लें।

(जनता अब भी टकटकी लगाकर बैठी है। लोग सोच रहे हैं– काश, यह प्रोग्राम रात भर चलता रहता! कितनी नई–नई बातें सुनने और देखने को मिल रही हैं...)

दान सिंह : शेरूदा, अगला प्रोग्राम अब कब होगा?

शेरूदा : हमें उम्मीद है कि ढेर सारे प्रश्न आपके मानस पटल पर उभर रहे होंगे। हम आपको याद दिला दें कि हमारा अगला प्रोग्राम, पूरे एक माह बाद होगा। हम आपसे अपेक्षा करते हैं कि इस एक माह के भीतर, आप हमारा मार्गदर्शन करें। हमें बताएं कि किधर, कैसे और कब जाना है। ये धरती, वो आसमाँ और हम सभी इस भूमंडल के वासी; आख़िरकार सभी को सोचना तो होगा ही–गर हमें जिंदगी को मुस्कुराते देखना है....।

(एक वॉलन्टियर, कापी लेकर आता है और शेरूदा सभी सहयोग करने वालों के नाम, आर्थिक व सामग्री के सहयोग का ब्यौरा सुनाकर, लोगों का धन्यवाद करते हैं)

शेरूदा : सज्जनो, आपके अपार स्नेह के साथ–साथ, इतने बड़े सहयोग को पाकर, हमें पक्का विश्वास हो गया है कि हमारा अगला कार्यक्रम कहीं ज्यादा अच्छा होगा। कार्यक्रम के समापन से पूर्व हम पुनः उस परवरदिगार को याद करते हैं, जिसकी कृपा से हमारे चेहरों पर नूर और मुस्कुराहट नज़र आ रही है।

***

दृश्य–11

(पर्दा अब पूरा खुल चुका है)

सारे कलाकार, जिन्होंने प्रोग्राम में हिस्सा लिया, अब एक साथ मंच पर नज़र आ रहे हैं। साथ में वे लोग भी हैं, जिन्होंने कलाकारों को अपना सहयोग दिया। (लोग सभी कलाकारों का, तालियों से अभिनंदन कर रहे हैं)

हारमोनियम के मधुर स्वर, तबले की धिन-धिनक-धिन धिन-धिन थाप, बाँसुरी की सुरीली आवाज़, वीणा का मंत्रमोहिनी छन-छन स्वर, हृदय में मिठास भरने लगे। देखते ही देखते मधुर संगीत का यह आनन्द, आँखों और कानों से होता हुआ, हृदय में समाने लगा। अब तन-मन झूमने लगा और आत्मा भी जागकर, आनन्ददायिनी रस पीने लगी।

जनता झूम रही है। कुछ लोग दोनों हाथों से चुटकी भी बजा रहे हैं। कुछ धीरे-धीरे तालियाँ बजा रहे हैं, कुछ खुद भी गुनगुना रहे हैं और कुछ आँखें बन्द किए मन्द-मन्द मुस्कुरा रहे हैं, शायद मधुरस का पान कर रहे हैं।

(अब मालिक के पुनीत शब्द गूंजने लगे...)

ओ मालिक ओ अन्तर्यामी,
ओ परब्रह्म अपारा।
कोटि नमन तेरे चरनों में,
बहा अमृत रस धारा।।

....

अनगिनत नाम से तुझे पुकारे,
यह जग यह संसारा।
एक शक्ति तू महाशक्ति,
तू सर्व दर्द दुख हारा।।

....

सुमति हमें दो दयामयी,
ओ जग के पालनहारा।
बाँट सकें सुख-दुख आपस में,
दे - दे ज्ञान अपारा।।

....

ओ मालिक ओ अन्तर्यामी.....

....

समापन के साथ-साथ लोग; निराले आनन्द, अनोखी मिठास, अनूठी शान्ति का प्रसाद पा लेने का सा अहसास कर रहे हैं। लोग इस आनन्द को गूंगे के गुड़ की तरह महसूस कर, बड़े खिले-खिले दिख रहे हैं।

बाहर गाँवों से आए लोग सोच रहे हैं, काश! इस गाँव की जैसी सद्बुद्धि सभी में आ जाती। अगर ऐसा हो जाता, तो जन्नत जमीं पर उतर आता।

रात के 2 बज चुके। धीरे-धीरे लोग चर्चा करते, धन्यवाद करते, पैलाक-ज्यूजाग करते हुए; विदाई ले रहे हैं। कुछ लोग बुजुर्गों के पाँव छूकर विदाई ले रहे हैं। आमा-बूबू बड़ी दुआएं दे रहे हैं। वालन्टियर दर्शकगणों को राह दिखा रहे हैं, दिशा निर्देश दे रहे हैं और टोली में जाने को कह रहे हैं। रात्रि में आराम की व्यवस्था भी है। महिला आराम निवास व पुरुष आराम निवास की पूरी व्यवस्था है। बन्द टेन्ट का इन्तजाम किया गया है।

करते-कराते 2:30 बज चुके हैं। देखते ही देखते लोग, न जाने कितने प्रश्न अपने दिमाग में समेटे, चर्चा करते; अपने-अपने घरों या आराम निवास में जा चुके हैं। अब सिर्फ शेरूदा और शेरूदा की नन्ही मंडली, मंच पर मौजूद हैं।

शेरूदा : प्यारे बच्चो, आपके बेहतरीन प्रदर्शन ने मेरा ही नहीं, पूरी पब्लिक का दिल जीत लिया। यह जीत सिर्फ आपकी और हमारी ही जीत नहीं; बल्कि पूरे समाज की जीत है। हमने मंच के माध्यम से जो मथने को

पैलाक-प्रणाम; ज्युजाग-जुग-जुग जियो (आशीर्वाद); आमा-दादी; बूबू-दादा

दिया है, लोग उससे जो कुछ भी मथकर बाहर निकालेंगे; हमें फायदा ही होगा। सबसे अहम बात है—हम अपनी भावनाओं, अपने व्यवहार व अपनी सोच का कितना मंथन कर सकते हैं। भौतिक दुनिया में हमें जो कुछ भी नज़र आ रहा है, वह लोगों की सोच के मंथन का ही नतीजा है।

वक़्त काफी हो चुका, आप सभी आराम करो। हम आने वाले इतवार, सुबह 10 बजे चर्चा कर, आगे की रूपरेखा बनाएंगे।

(मंडली के सभी कलाकार, शेरूदा को प्रणाम करते हुए विदाई लेते हैं, परन्तु हरकू काका चुपचाप बैठे हुए हैं)

हरकू काका : शाबाश बेटे! तुमने और तुम्हारी मंडली ने तो कमाल ही कर दिया। (गले से लगाते हैं)

शेरूदा : काका, आप चुपचाप यहाँ पर बैठे थे?

हरकू काका : मैं भला कैसे जा सकता था, तुमसे गले लगे बगैर! अब रात काफी हो गई है, चलते हैं।

(शेरूदा, हरकू काका के पैर छूते हैं)

हरकू काका : तुम्हारा मार्ग प्रशस्त हो और देश-प्रदेश में मान-सम्मान व यश फैले, यही मेरी दुआएं हैं, उस परवरदिगार से।

....

कुछ ही देर पहले कितनी रौनक, कितनी चहल-पहल, कैसा माहौल हो रहा था! अब माहौल एकदम शान्त और ख़ामोश है। पूर्णिमा का चाँद आज मुस्करा रहा है और बड़ा खुश भी नज़र आ रहा है। आसमान में तारे, अलग-अलग झुरमुटों में अठखेलियाँ कर रहे हैं। गुरमायों की सरपराहट भी मन में गुदगुदी सी पैदा कर रही है।

धरती माँ भी आज गर्व महसूस कर, कह रही है : मेरे मन की बातें मेरे बच्चों ने मंच पर कह दीं। मुझे पूरी उम्मीद है, बदलाव जरूर आएगा। उम्मीद ही क्यों, मेरी दुआएँ भी तो इनकी राहों की बाधाएं दूर करेंगी। हर समस्या का कुछ न कुछ हल तो निकलता ही है। जब मुझे

इतना अच्छा लग रहा है, तो मेरे देखने-सुनने वाले बच्चों को भी अच्छा लग ही रहा होगा। तब फिर इसका परिणाम भी अच्छा ही होगा।

इसमें कोई शक नहीं, इंसान अच्छा या बुरा जो कुछ भी करता है, वह बादल बनकर इंसान पर ही बरसता है। कभी यह जल्दी बरस जाता है तो कभी देर से।

■■

भाग–2

पहला अंक

दृश्य–1

स्वर्णिम आभा लिए, पूरब में सूर्यदेव पधार चुके और देखते ही देखते पूरे आसमान का चेहरा खिलकर गुलाबी हो गया है।

खनरूखाव में सारा सामान समेटा जा रहा है। सारा सामान जिसे जहाँ जाना था, जहाँ पहुँचाना था, चला गया या पहुँचा दिया गया। पूरे कार्यक्रम को वैज्ञानिक तरीके से अंजाम दिया जाना, 'मंच मंथन' की ख़ासियत थी। खुद प्रशासन के लोग, व्यवस्था व व्यवस्था के नवीन तरीकों को देख, हैरान थे।

शेरूदा और उनकी नन्ही मंडली के इन दो दिनों के कार्यक्रम ने पूरे इलाके में हलचल पैदा कर दी। जहाँ देखें, वहीं 'मंच मंथन' की चर्चा, कोई हल चलाते गा रहा है–

"किस जीवन को सफल कहेंगे, किसको निर्मल धारा!
मुस्कान लिये कोई खोकर भी, कोई पाकर हारा!"

रमोती, जो सुबह-सुबह पारा डना (दूर पहाड़ी) जंगल में, घास काटने गई हैं, मुस्कुराते हुए गा रही हैं–

"जीवन की लीला अलबेली, अनगिनत हैं इसके रंग!
कोई निकाल लेता तरंग है, कोई समझे जंग!"

मैं ना समझू जंग। मैं तो अपनी जिंदगानी में, बस रंग भरूँगी।

अपने बच्चों को भी रंग भरना सिखाऊँगी।

पर रंग कैसे भरेगी?

हाँ-हाँ, बारह रंगों की डिबिया मेरी कीर्ति के पास है। कीर्ति, अपनी कापी में रंग भरेगी और मैं अपनी अलग सफेद कापी लाकर रंग भरूंगी।

गोलू, 11 साल, छटवीं कक्षा का बच्चा, बड़ा गुमसुम सा रहता है। उसके दिमाग में एक ही गीत गूंजता है–

"मैं सागर में एक बूँद हूँ, लड़ पाऊँगा कैसे?
राग-द्वेष को अमन चैन में, बदल सकूँगा कैसे?"

इतनी छोटी जान, इतनी बड़ी सोच! धरती माँ भी अपने ऐसे सपूतों पर गर्व करती है। आसमाँ का मस्तक और भी ऊँचा हो जाता है, जब जमीं पर ऐसी आत्मायें, शरीर के भीतर शुद्ध विचार धारण करती हैं। सोचता है, मास्टरजी से पूछुँगा, उनको सब पता है। (दूसरे दिन स्कूल जाकर, क्लास में गुम-सुम बैठा है)

मास्टरजी : (*गोलू को शान्त देख अचम्भित होकर*) गोलू! क्या हो गया आज बड़े चुपचाप से हो? घर पर डाँट पड़ी थी क्या? बताओ क्या बात है?

गोलू : (*खड़े होकर*) सर!

"मैं सागर में एक बूँद हूँ, लड़ पाऊँगा कैसे?
राग-द्वेष को अमन चैन में, बदल सकूँगा कैसे??"

(मास्टर जी बड़े स्तब्ध हैं)

मास्टर जी : गोलू! तुम तो मानो शायर व दार्शनिक बन गये! इतनी बड़ी बात कहाँ से लेकर आए हो?

दूसरे बच्चे : (*तपाक से*)

मास्टर जी, ये बोल गोलू के नहीं हैं, यह तो हमारे गाँव में 'मंच-मंथन' के प्रोग्राम में एक कलाकार ने गाया था।

मास्टर जी : ठीक है-ठीक है, पर आप लोगों में से इस बात का असर किस पर हुआ? आप सब लोगों ने उस बात को हँसी-मजाक में टाल दिया, पर गोलू ने इस बात को बड़ी गम्भीरता से लिया। कुछ कर गुजरने की चाह का बीज अगर अंकुरित हो रहा है, तो वह स्थान है गोलू का हृदय। गोलू पास आओ।

(गोलू पास आता है, मास्टर जी गले लगाते हैं)

गोलू, हम सभी इस भवसागर यानी संसार में, एक बूँद की तरह ही हैं। जब तक हम अलग-अलग हैं, हमारा

कोई अस्तित्व नहीं हैं पर अगर हम मिल जाएं तो धारा बन जाते हैं। वही धारायें, एक साथ मिल जाने पर नदी बन जाती है। नदी बनते ही इसमें इतनी ताकत पैदा हो जाती है कि अपने साथ सब कुछ बहा ले जाती है। चींटियों के झुंड को देखा, किस तरह किसी भी खाने-पीने की चीज को चट कर जाती हैं और अपने से 50 गुना या अधिक सामान को बेख़ौफ़ उठाकर ले जाती हैं। एकता, सहयोग, संगठन और सही दिशा इंसान को कामयाबी की ओर ले जाती है।

सोनल : मास्टरजी, हमें कोई उदाहरण देकर बताइए।

मास्टरजी : खड़खेत में 50 बल्लियाँ रखी हैं। अगर हमारी 50 बच्चों की क्लास इन बल्लियों पर टूट पड़े, तो हम 2 बच्चे मिलकर प्रति बल्ली के हिसाब से दो बार में, आधे घंटे के भीतर सारी बल्लियाँ स्कूल में ले आएंगे। जबकि, इसी काम को एक बच्चा कभी सोच भी नहीं सकता। बहुत शक्तिशाली बच्चा भी, 2-3 बल्लियाँ लाने में पस्त हो जाएगा।

इन दो पंक्तियों में जीवन की दार्शनिकता मौजूद है, और इन्हीं दो लाइनों में समाधान की भी दार्शनिकता मौजूद है। तब मैं अकेले नहीं बल्कि सब को साथ ले, संगठित होकर इस काम को अंजाम दूँगा।

गोलू यह सब सुनकर मुस्कराने लगा। उसके आजू-बाजू के बच्चे उसे गुदगुदाने लगे। गोलू हँस पड़ा, मानो उसे एक नई राह मिल गई और अपनी चिन्ता का हल मिल गया। मास्टर जी भी हँस पड़े।

मास्टरजी : बच्चो, आज से गोलू इस क्लास के मॉनीटर होंगे।

(बच्चों ने खुशी में पहले तालियाँ बजाईं और फिर गोलू को कंधों पर उठा लिया। गोलू फूला न समाया, मानो उसके मन की मुराद पूरी हो गयी)।

....

कितनी बड़ी बात है, 'मंच मंथन' के छोटे से प्रोग्राम ने, नया लीडर पैदा कर दिया।

***

दृश्य-2

(कोई धार पर बैठा, बाँसुरी में उत्तराँचली गीत की मधुर धुन निकाल रहा है)

रंग रंगीलो मेरो कुमाऊँ, रंगीलो गढ़वाला
उत्तराँचला ....

ठंडो-ठंडो और माठू-माठू पौन,
उसमें बाँसुरी के मीठो मधुर स्वर...!

कुछ बुजुर्ग कह रहे हैं– साबै-साबै मुरूलि बजणिया! तू कतू भलि मुरूलि बजाण मैछै!

10-12 बच्चों की टोली, अब सुबह-सुबह रोज नहा-धोकर मन्दिर व धूनी के सामने, भक्ति गीत गाया करती है :

ओ मालिक ओ अन्तर्यामी,
ओ परब्रह्म अपारा।
कोटि नमन तेरे चरनों में,
बहा अमृत रस धारा।।

....

इसके बाद, बच्चे मंदिर में मत्था टेककर, अपने बुजुर्गों के चरण स्पर्श करते। बुजुर्ग आशीर्वाद देते, गले से लगाते। फिर बच्चे, अपने घरों व स्कूल का काम करते, उसके बाद अपने स्कूल जाते।

दूसरे गाँवों में भी प्रोग्राम का असर दिखने लगा और वहाँ भी अब इसी तर्ज पर 'मंच मंथन' की तैयारियाँ होने लगीं। जहाँ देखो, वहाँ शेरूदा की चर्चा। लोग कहते हैं–इसमें कोई शक नहीं, एक बहुत बड़े लीडर की क्वालिटी उनके अन्दर है। ऐसा लगता है, उनमें हृदय परिवर्तन कर देने का जादू है।

कुछ हाई स्कूल और इन्टर कालेज के अध्यापक, जो कार्यक्रम में आए थे, अब अपने स्कूल व कॉलेजों की शिक्षा को तार्किक रूप देने की पेशकश करने लगे हैं, ताकि शिक्षा असरदार हो सके। उन्होंने, अपने

ठंडो-ठंडो–ठंडा-ठंडा; माठू-माठू–होले-होले; मीठो-मीठा; मुरूलि-बाँसुरी; साबै-साबै-शाबाश-शाबाश; बजणिया-बजाने वाले; कतू भल-कितना अच्छा; बजाण मैछे-बजा रहा है।

प्रिंसिपल से भी चर्चा की कि किस तरह शेरूदा और उनकी मंडली ने प्रश्न पैदा कर, पूरी पब्लिक में हलचल पैदा कर दी। प्रिंसिपल आर.डी. वर्मा में भी सुनते-सुनते बड़ी उत्सुकता पैदा होने लगी। पूछते हैं, तो फिर उनका अगला प्रोग्राम कब होगा? मुझे भी जरूर बताना, हम सभी उस प्रोग्राम में शामिल होंगे। हो सका, तो मैं डी.आई.ओ.एस.साहब को भी आमंत्रित कर लूँगा। हमें, शिक्षा को एक नया आयाम देने में बड़ी मदद मिलेगी।

शमशेर सिंह, फौज से छुट्टी लेकर घर आए थे, बड़े जोशीले पलों की याद साथ लिए, वापस अपनी पलटन लौट गये हैं। उन्होंने अपने यार-दोस्तों को बताया कि 'आज़ाद देश के गुलाम नागरिक' गीत ने, किस तरह धमाल मचा दिया था। उनके दोस्तों ने उन्हें गाने को उकसाया, तो शमशेर गाने लगे :

"पहुँच प्राण अर्पण शहीद, कर कश्ती लिए मुकाम!
होकर भी आज़ाद क्यों, दिखता देश गुलाम!!"

....

गीत सुनकर शमशेर के दोस्तों में भी देश प्रेम के भाव उमड़ आए। बड़ी उत्सुकता से कहने लगे–

शमशेर, हमें अगले प्रोग्राम में, अपने गाँव जरूर ले चलना। हम भी उसी दर्मियान, अपनी छुट्टियों के लिए, सी.ओ.साहब से गुज़ारिश करेंगे।

सचिन *(बी.टेक.इंजीनियरिंग छात्र)* ने वापस कॉलेज पहुँच, अपने अन्य साथियों से चर्चा की कि क्यों न हम अपनी सिविल इंजीनियरिंग का दिमाग, शेरूदा के सपनों को साकार करने में लगा दें, जिससे गाँवों का विकास आसान हो जाएगा।

सोबनसिंह, मुम्बई वापस पहुँचकर, "बार-बार दिल उसे पुकारे, आखिर वह है, कौन!" गीत को बहुत याद करते हैं।

सोचते हैं, परवरदिगार की देन को हमने कैसा कर दिया!

मुम्बई की हालत देखकर कहते हैं–

पैसा-पैसा, हाय पैसा कहते-कहते पूरी जिंदगी गुजर गई। हम न खुद सुकून से रहे और न लोगों को ही सुकून से रहने दिया और साथ-साथ

धरती की भी क्या हालत कर दी! आखिर कौन सा ऐसा काम हमने किया जिस पर फ़ख़्र कर सकें। 'भूमंडल से भूला रिश्ता', उन्हें पूरी रात जगाता रहा। कभी धरती की आवाज़ सुनाई देती तो कभी सूरज की। माना कि बच्चों ने नाटक ही दिखाया, पर इसमें कितनी सच्चाई है! क्या कोई इस बात को झुठला सकता है? मैं तो शेरू की सोच की दाद देता हूँ, कितनी बड़ी सोच है! इतनी बड़ी सोच कि उसमें पूरी धरती समा जाय। कभी-कभी तो लगता है, शेरू को पूरे जहाँ से प्यार है। पर इसमें शक की बात कहाँ से आ गई? ये भी कोई शक की बात है!

गाँव के बुजुर्गों में भी बड़ी प्यारी सी मिठास है। जिंदगी का इतना बेहतरीन नजरिया, उन्हें पहले कभी नज़र न आया। सरोप काका कहते हैं—मैं इतनी लम्बी जिंदगी से गुजरा, कई उतार चढ़ाव भी आए, एक से एक सुनहरे पल भी आए, पर इन दो दिनों के अहसास ने तो मानो जिंदगी का गंगा स्नान ही करा दिया। बुजुर्ग, जो कभी-कभार किसी समस्या के हल के लिए एक साथ बैठ जाया करते थे, अब अक्सर शाम को हुक्का-चिलम पीते हुए 'मंच मंथन' की चर्चा करते। कभी कहते, कलाकारों की कई बातों का हल कितना मुश्किल है; तो कभी लतीफ़ों, चुटकुलों की चर्चा कर, बड़े ठहाके लगाते। ऐसा लगता, मानो जिंदगी को जीने का नया मकसद मिल गया।

कितनी बड़ी बात है—एक छोटा सा गाँव, एक छोटा सा मंच, मंच पर कलाकार और कलाकारों के विचार। फिर विचारों से 'मंच मंथन' और मंथन का इतना असर! जिधर देखें 'मंच मंथन' की चर्चा, जिधर देखें कार्यक्रम का प्रभाव। यह प्रभाव, चर्चा तक ही सीमित नहीं था बल्कि व्यक्ति के व्यक्तित्व पर भी पड़ चुका है। लोगों में आज, अपने व्यक्तित्व को वह दिशा देने की चाह पैदा हो गयी है, जिसे उन्होंने छोटी मंडली की कला से जाना और अब दिशा ढूँढने में लगे हैं। ***आज शेरूदा को खुद नहीं मालूम कि उन्होंने कितना बड़ा काम किया है। उन्होंने, सोए हुए बीजों को जगा दिया है, जो अलग-थलग पड़े खर्राटे मार रहे थे। सिर्फ जगाया ही नहीं, बल्कि उनमें से अब नन्हीं बेल की तरह लम्बे तन्तु भी निकलने लगे हैं, जो राह ढूँढ रहे हैं कि किधर को जाएं, किधर पकड़ें कि सही राह में आगे बढ़ सकें।***

व्यक्ति खुद अपने आप से बातें करने लगा है–क्या वह सही कर रहा है? क्या सही हो रहा है? क्या दिशा सही है? क्या यही मकसद है–जीवन का?

हिन्दुस्तान के दूर-दूर शहरों से आए लोग भी मानो बीज की तरह दूर-दूर पहुँच गये हैं, जहाँ वे अंकुरित होकर नए वृक्ष बनेंगे और साथ-साथ कई वृक्षों को जन्म भी देंगे।

कुछ लोग, जो अक्सर भौंहें चढ़ाये रहते थे और दूसरों को बढ़ते देख ईर्ष्या-द्वेष से जले-भुने रहते थे, वे भी अब बदले-बदले से नज़र आ रहे हैं। ऐसा लगता, मानो उन्हें भी इस कार्यक्रम से दुनिया को नए अन्दाज में देखने के चश्मे मिल गए। इन चश्मों से अब उन्हें, दुनिया कुछ अच्छी सी दिखने लगी है।

किमुली देवी जो अक्सर गालियाँ देती रहती थीं, **अब कहती हैं–**

दा नि हय पढ़ी लिखी पे। इतुके समझ है। शेरू द्योरैक भलि बात सुणि बेर, अब गाई दयोंण भल नि लागोंन।

(किमुली देवी जी कहती हैं, मैं पढ़ी-लिखी नहीं हुई। मुझे इतनी सी ही समझ हुई। परन्तु शेरू देवरजी की अच्छी बातें सुनकर, अब गाली देना अच्छा नहीं लगता)

मंच मंथन से हृदय परिवर्तन, एक उपलब्धि नहीं तो और क्या है। यहाँ तक कि शेरूदा ने भी कभी नहीं सोचा होगा कि प्रोग्राम से इंसान के भीतर का शैतान भी भाग जाएगा।

***

दृश्य–3

देखते-देखते इतवार भी आ गया। 10 बजे सुबह, शेरूदा ने अपनी मंडली को खनरूखाव में बुलाया था। बच्चों को भी इस दिन का इन्तजार था। अब बच्चे सुबह 4 बजे से ही चहल-कदमी, कसरत, योग आदि में जुट जाते हैं।

बच्चे अब जिधर भी जाते हैं, बड़े सम्मान भाव से देखे जाते हैं।

बुजुर्ग उनका सर पलासकर चूमते हैं। बड़ा ही सुखद अहसास! बच्चे खुद असमंजस में हैं कि क्या सचमुच उन्होंने इतना बड़ा काम किया है? ये तो इनाम पर इनाम मिलते जा रहे हैं।

वाकई, इंसान जब परवरदिगार की राह पर चलता है, तो मालिक राहों पर फूल बिछा देता है, काँटों को भी फूल बना देता है और मंजिल आसान कर देता है। आखिरकार, सभी चर-अचर उसकी छाया में ही तो साँस ले रहे हैं।

सारे बच्चे 10 बजने से पहले ही खनरूखाव में एकत्र हो चुके हैं। वालन्टियर रोल-कॉल भी ले चुके हैं। उनको मालूम है कि शेरूदा समय के बड़े पाबंद हैं, देरी उन्हें बर्दाश्त नहीं और अनुशासन का विशेष ख्याल रखते हैं।

(10 बजने को हैं, शेरूदा सामने से नज़र आते हैं। पूरी मंडली उठ खड़ी हुई और बड़े अदब से सभी ने सिर झुकाया। शेरूदा ने भी सभी को सलाम किया व सिर झुकाया)

शेरूदा : क्या आपने कभी दुआ-सलाम के मकसद पर गौर किया?

जुगली : नहीं शेरूदा; हम बड़ों को आदर देने के लिए ऐसा करते हैं।

शेरूदा : दरअसल में हम; दुआ-सलाम, आदाब, राम-राम, नमस्कार, सतश्रीअकाल, गुडमार्निंग आदि जो भी करते हैं, वह उस व्यक्ति को नहीं बल्कि ईश्वर को समर्पित होता है। असल में हम सब एक माध्यम मात्र हैं। यह ऐसा पूजा भाव है, जो एक इंसान से दूसरे इंसान के प्रति समर्पित होते हुए ईश्वर तक पहुँचता है। अब चूँकि सभी ईश्वर के अधीन हैं, अतः जिसे प्रणाम किया जा रहा है, उसके द्वारा भी सलाम किया जाना जरूरी है। सलाम के बाद आशीर्वाद दिया जाना भी ईश्वरीय भाव का ही रूप है। यदि ऐसा न करें तो ईश्वर का अपमान होगा, जो ईश्वर को भी सहनीय नहीं।

हरकू काका : शेरू ने बहुत गहरे राज की बात सभी को बताई।

शेरूदा : प्यारे बच्चो, हमें बड़ा फ़ख्र है आप सभी पर। आप लोगों ने कल्पना को हक़ीक़त में बदल दिया। पूरे गाँव व इलाके में 'मंच मथन' की चर्चा होना और कलाकारों को सम्मान की नज़रों से देखा जाना, अपने आप में बड़ी सफलता है। लेकिन हमें यह न भूलना है कि हमने अभी सिर्फ एक पड़ाव पार किया है। जिसमें हमने सिर्फ प्रश्न व हलचल पैदा किए हैं। हमारा असली पड़ाव ठीक 25 दिनों बाद आने वाला है। इस पड़ाव में हमें पैदा किए गये प्रश्नों के हल सुझाने हैं, जो बहुत कठिन काम है। हमें हर एक प्रश्न का हल भी ढूँढ़ना है।

मोहन : शेरूदा, हम हल कैसे ढूँढ़ पाएंगे?

शेरूदा : आप लोग अपने बुजुर्गों से मिलें, ***जिनके पास अनुभव का भंडार होता है।*** *परन्तु इसे पाने के लिये हमारे भीतर सहनशीलता और आदर भाव होना जरूरी है। हालाँकि हमारे अधिकतर बुजुर्ग पढ़े लिखे नहीं हैं, परन्तु उनके पास जो जिंदगी का तर्जुबा है वे किसी पी.एच.डी. धारक के पास भी नहीं मिलता। हमें इसका अहसास भी न होगा कि कितना कीमती ज्ञान वे बड़ी सहजता से अपने भीतर छुपाए हुए हैं। अध्यापकों से मिलें और जानकारी लें। सबसे बड़े ज्ञान का भंडार प्रकृति है। प्रकृति को ध्यान से देखें, समझें, मनन करें और महसूस करें।* ***हमारा प्रकृति के साथ कितना गहरा रिश्ता है, परन्तु यह दुर्भाग्यपूर्ण है कि हम रिश्तेदारी निभाना भूलते जा रहे हैं। थोड़ी रिश्तेदारी निभाकर तो देखें, हल निकलने लगेंगे।***

जुगली : शेरूदा, क्या कोई समाधान का और भी तरीका हो सकता है?

शेरूदा : हाँ जरूर। ***समाधान का भंडार आप स्वयं हैं। दिमाग सवालों की बँधी कुंजी है।*** *हम स्कूल-कॉलेजों में जो*

कुछ भी पढ़ते, जानते व अध्ययन करते हैं, उनसे बस अपने बँधे दिमाग को खोलते जाते हैं। दरअसल, हमारे पास सारा हल पहले से ही मौजूद होता है, परन्तु वह बँधी हालत में होता है। ठीक उसी तरह—मानो भोजन का सामान मालगोदाम के अन्दर रखा हो और बाहर से ताला लगा हो। इसके लिए सबसे पहले हमें ताला खोलना पड़ेगा फिर सामान बाहर निकालना होगा। फिर देखना होगा क्या-क्या है और उनका इस्तेमाल कैसे-कैसे किया जाएगा। फिर, क्या बनाएं और कैसे पकाएं। अन्त में परोसने और खाने की बारी आती है। ज्यों-ज्यों हम अध्ययन करते जाते हैं, हमारे अन्दर मौजूद ज्ञान नज़र आने लगता है और हमें नए-नए नज़ारे दिखने लगते हैं। वही दुनिया जो हमें बड़ी बेकार सी लगती थी, ज्ञान-प्रकाश में खुशनुमा लगने लगती है। हम अध्ययन के माध्यम से दिमाग के बँधे बंडल को खोलते जाते हैं। अर्थात, आपके अन्दर पहले से ही ज्ञान का भंडार मौजूद है, सिर्फ जरूरत है तो उसे खोलने की।

भोला : (*तपाक से*) शेरूदा! यानी आत्मज्ञान!

शेरूदा : बिल्कुल ठीक, आत्मज्ञान!

(सभी लोग भोला को देखते हैं। सोचते हैं; अब भोला, भोला नहीं रह गया, यह तो ज्ञानी हो गया है। जिसे हम सबसे कम समझ का लड़का समझते थे, उसके अन्दर ज्ञान का भंडार भी है। भोला मन ही मन मुस्करा रहा है। उसकी मुस्कान, उसके चेहरे पर साफ झलक रही है)

रामी : शेरूदा, क्या खनरूखाव में हमारे अगले कार्यक्रम की जगह पर्याप्त होगी?

शेरूदा : 'मंच मंथन' के लिए खनरूखाव में जगह कम पड़ जाएगी, अतः हमें खनरूखाव के बजाए अपना प्रोग्राम मर्चीबगोड़ में करना होगा। मर्चीबगोड़ में जगह की कोई कमी नहीं है। आप लोग क्या कहते हैं?

सभी : *(एक स्वर में)* शेरूदा, यह बिल्कुल ठीक रहेगा।

गिरधर : शेरूदा क्या हम अगले प्रोग्राम को अच्छी तरह निभा पाएंगे?

शेरूदा : हमारे आने वाले प्रोग्राम में लोगों की संख्या काफी बढ़ सकती है, हमारी छोटी मंडली और गाँव के लोग इस व्यवस्था को कार्यरूप देने के लिए अपर्याप्त होंगे। हमें अन्य गाँवों से भी मदद लेनी होगी। हमें ग्राम प्रधानों से मिलना होगा। साथ-साथ ब्लॉक प्रमुख व एस.डी.एम. से भी बिजली, पानी, सुरक्षा आदि-आदि में मदद लेनी होगी। अपने कार्यक्रम को सही बनाने के लिये हमें हर पहलू पर विचार करना होगा।

सभी : *(एक स्वर में)* आप बिल्कुल ठीक कहते हैं।

शेरूदा : हम अपने गाँव के साथ-साथ अन्य गाँवों के विशेष व्यक्तियों से मिलकर एक कमेटी का गठन भी करेंगे। जिसके उपरान्त, हमें सभी जरूरी बातों पर चर्चा कर, सही निर्णय ले पाने में मदद मिलेगी।

मोहन : शेरूदा, इतने बड़े काम को कैसे अंजाम दिया जाए?

शेरूदा : पहले कार्यों की रूपरेखा तैयार करनी होगी फिर कार्यों का वितरण। कार्यों को व्यक्ति की क्षमता, कौशल व रुचि अनुसार दिया जाए। कार्य का नियमन हो। कार्य की गुणवत्ता का विशेष ध्यान रखना होगा। कार्यों में किसी प्रकार की हाबड़-ताबड़ न हो। काम में मन व शरीर का एक साथ होना जरूरी है। एक-दूसरे के प्रति आदर भाव होना जरूरी है। मन में अहसास हो कि हम सभी का एक ही मकसद है—सामाजिक खुशहाली की खोज; जिसके साथ-साथ सहयोग, संगठन, सेवा!भाव हमेशा हमारे मन में कायम रहे। परन्तु इसके अलावा हमें, काम करने के वैज्ञानिक तरीकों व मैनेजमैंट के मंत्र को भी उपयोग में लाना होगा।

गिरधर : शेरूदा ऐसा करने से क्या होगा?

शेरूदा : इससे दो काम एक साथ होने लगेंगे–

1. काम करने में रूचि पैदा होने के साथ-साथ आनन्द आएगा।

2. काम करने में हमारी ऊर्जा व समय की बचत तो होगी ही साथ-साथ हमारा पूरा नियंत्रण भी रहेगा, जिससे परिणाम अच्छे और जल्दी निकलेंगे।

(सभी बच्चों ने इस नई जानकारी का तालियों से स्वागत किया। सभी के खिलते चेहरों से ऐसा लगता, मानो खनरूखाव में एक नई रोशनी पैदा हो गई)

जुगली : शेरूदा हमें अपनी तैयारी के लिए भी कुछ दिशा ज्ञान दीजिए।

शेरूदा : आपको अपनी रिहर्सल की तैयारी खुद ही करनी होगी। अपने-अपने रोल आपको खुद तैयार करने हैं। आपस में तालमेल खुद कायम करना है। क्योंकि हमारे पास इतने संसाधन नहीं हैं कि आपको जरूरी सुविधा भी दे सकें। हमारे पास न तो कोई संगीत विशेषज्ञ है, न ही कोई नाट्य विशेषज्ञ, जो हमें दिशा और कार्यक्रम का सही-सही ज्ञान दे सके।

जैसा कि भोला ने कहा, *स्वयं के आत्मबल का प्रयोग करें। आत्मज्ञान से रोशनी लें और आगे बढ़ें। बस, मन में संकल्प करें कि हमें आगे बढ़ना है और बढ़ते जाना है। आप अपने आप में एक शक्ति हैं। जब आप स्वयं अपनी शक्ति को पहचान कर जगाएंगे तो उस महाशक्ति की शक्ति, अदृश्य रूप से अपने आप आपके भीतर आने लगेगी। बस, अपने दृढ़ संकल्प को उसे समर्पित कर दें।*

(बच्चों के चेहरों से फिर एक उजली चमक नज़र आने लगी। ऐसा लग रहा था, मानो शेरूदा के भीतर से निकली अदृश्य चमक ने बच्चों में कई प्रकाश पुंज एक साथ प्रकाशित कर दिए हों)

शेरूदा : (*अपनी बात आगे बढ़ाते हुए*) मैंने अपनी सभी बातें

कह दी हैं। अगर आप बदलाव चाहते हैं, कुछ जोड़ना या घटाना चाहते हैं तो बताएं।

मोहन : मर्चीबगोड़ में पूरे एरिया को बराबर करने के लिए श्रमदान की जरूरत पड़ेगी। गाँव के लोगों से हम इसकी अपेक्षा करते हैं।

शेरूदा : एकदम सही सुझाव है। गिरधर इसे नोट करो। (गिरधर अभी ग्रेजुएट के छात्र हैं, शेरूदा ने उन्हें सेक्रेटरी का कार्यभार सौंपा है)

कौशल्या : महिलाओं से सहयोग लेने की जिम्मेदारी के लिए मेरा नाम लिख लीजिए।

जुगली : इतने मेहमान बाहर से आएंगे, हमें लंगर की व्यवस्था करनी होगी। साथ-साथ देर रात होने पर, उनके रहने की व्यवस्था भी करनी होगी।

शेरूदा : जुगली का अच्छा सुझाव है; गिरधर इसे नोट करो। (इस तरह, छोटे-बड़े कई प्रकार के सुझाव आते गये। आने वाले कार्यक्रम की रूपरेखा तैयार कर, अन्त में सारांश सभी को सुना दिया गया)

शेरूदा : बच्चो, पिछली बार की तरह इस बार भी हमें अपने कार्यक्रम को तीन चरणों से गुजारना होगा।

प्रथम चरण—पात्रों द्वारा स्वयं की तैयारी।

द्वितीय चरण—पात्रों का सेमीफाइनल टेस्ट।

तृतीय चरण—पात्रों का फाइनल टेस्ट।

परन्तु इस बार सेमीफाइनल टेस्ट में, हमारे गाँव में से तथा फाइनल टेस्ट में बाहर गाँवों से, गणमान्य व्यक्ति भी बुलाए जाएंगे। यह हम इसलिए कर रहे हैं, ताकि प्रोग्राम को कारगर और असरदार बना सकें।

हरिया : शेरूदा, इस बार तो और भी मनोरंजन होगा?

शेरूदा : एक बात का विशेष ध्यान रखें; हमारा कार्यक्रम न सिर्फ मनोरंजन का साधन मात्र है अपितु इसमें बहुत बड़ा संदेश छिपा है, जिसके माध्यम से हम समाज में

नई दिशाओं को उजागर करने की अपेक्षा कर रहे हैं।

गिरधर : शेरूदा, पब्लिक से जो हमें आर्थिक व कलामंच की सामग्री हेतु सहयोग मिला है, उसका उपयोग कैसे करें?

शेरूदा : अपनी जरूरतों की सूची बना ली जाए। कुछ धन, आने वाले प्रोग्राम के लिये निर्धारित कर लिया जाय। कार्यक्रम के लिए चटाइयाँ, दरियाँ, वाद्ययंत्र आदि जो सामान हमारे पास नहीं है, खरीदा जा सकता है। आपका क्या ख्याल है?

(सभी ने अपना समर्थन दिया। सभी की सहमति के बाद दो छात्र और दो छात्राओं को हरकू काका के मार्गदर्शन में, इस कार्य के लिए नियुक्त कर दिया गया)

शेरूदा : हमने लगभग सभी पहलुओं पर चर्चा कर ली है। हम अगले इतवार; आज ही की तरह, फिर यहीं मिलेंगे। इस बीच; मैं, कौशल्या, गिरधर, हरकू काका व जुगली अन्य गाँवों के ग्राम प्रधानों व गणमान्य व्यक्तियों से मिल लेंगे। हो सकेगा तो ब्लॉक प्रमुख से भी चर्चा कर लेंगे। आजकल वैसे भी स्कूल-कॉलेजों की छुट्टियाँ चल रही हैं। आप लोगों पर घर के काम का भी बोझ रहेगा, परन्तु हमें सब संतुलित करते हुए आगे बढ़ना होगा। फिर भला, संघर्ष बिना सफलता मिल भी कैसे सकती है। हमें इस संघर्ष में आनन्द महसूस करना होगा। किसी को और कुछ कहना हो तो बताएं।

(किसी का कोई प्रश्न न था)

शेरूदा : अच्छा, तो अब हम सब विसर्जन करते हैं।

भोला : (*जोर से नारा लगाते हुए*) इंसानियत की!

सभी बच्चे : जय हो।

भोला : संसार में!

सभी बच्चे : सच्चा प्यार फले-फूले।

शेरूदा : वाह मेरे बच्चो! पूरे जहाँ को हृदय से लगाने की इस सोच ने मुझे गद्गद कर दिया। अब हम यही नारा लगाया करेंगे। (भोला को गले से लगाते हैं)

(धीरे-धीरे सभी अपने-अपने घरों को जाते हैं)

कार्यक्रम के मुताबिक, शेरूदा ने ग्राम प्रधानों, ब्लॉक प्रमुख, गणमान्य व्यक्तियों व विशेष कलाकारों को शुक्रवार के दिन भोजन पर आमंत्रित किया है। उसी दिन, आगे की रूपरेखा तय करने का निश्चय भी किया गया है।

समय कितनी जल्दी बीता जाता है। पल-पल, दिन-दिन बस यूँ ही सरकते जाते हैं, परन्तु 'मंच मंथन' की चर्चा बरकरार है। लोग दिन गिन रहे हैं कि अब और कितने दिन बाकी रह गये।

दूसरी तरफ कलाकारों की स्थिति कुछ ऐसी है–

कभी बड़ी खुशी महसूस करते हैं, तो कभी दबाव की सी हालत। कभी बड़ा उल्लास महसूस करते हैं तो कभी चिन्ता। ऐसा होना भी स्वाभाविक है, एक तरफ बड़ी जिम्मेदारियाँ हैं तो दूसरी तरफ लोगों की बड़ी-बड़ी उम्मीदें; परिस्थितिवश, ऐसी हालत हो जाना सहज है।

***

दृश्य-4

आज शुक्रवार भी आ गया। लगभग 50 गणमान्य व्यक्तियों की सूची, शेरूदा ने बनायी है। कुछ व्यक्तियों को छोड़कर, लगभग सभी को 'मंच मंथन' की धमाकेदार खबर मिल चुकी थी। शेरूदा का निमंत्रण, सम्मान रूप में पाकर गणमान्य व्यक्तियों में बड़ा हर्ष है। हालाँकि 2-3 अपवाद भी थे, जिनका कहना था; सब समझते हैं–नेतागिरी की तैयारी चल रही होगी, मन में बड़े नेता बनने की लालसा पैदा हुई होगी, इसीलिए यह सब किया जा रहा है।

दरअसल; प्रकृति ने फूल-काँटे, सद्‌बुद्धि-दुर्बुद्धि सभी जन्माये हैं। इंसान के भीतर भी अलग-अलग सोच मौजूद हैं। जैसी सोच, वैसी दुनिया नज़र आने लगती है। परन्तु यह बात, काफी मायने रखती है कि नकारात्मक सोच को सकारात्मक सोच की पटरी पर लाने का हमेशा प्रयास किया जाना चाहिए, अन्यथा जिंदगी उलझते जाएगी।

(तलबाखली पटाण में मीटिंग की व्यवस्था की गई है। 11 बजने के साथ-साथ लोगों का आना शुरू हो गया है। शेरूदा और सरोप काका सभी अतिथियों का बड़े सम्मान के साथ गले मिलकर स्वागत कर रहे हैं। गाँव के खास-खास लोग और स्वयंसेवी नौजवान, पूरी व्यवस्था बनाये हुए हैं। धीरे-धीरे लगभग सभी लोग पहुँच गए। 2 गणमान्य अतिथि अपने स्वास्थ्य की गड़बड़ी की वजह से नहीं आ पाए। चाय-पानी आदि के बाद, शेरूदा ने आए मेहमानों का अभिवादन किया)

शेरूदा :

माननीय गणमान्य सज्जनो,

यह हमारा सौभाग्य है कि आज हम पूरे इलाके के मुख्य प्रतिनिधियों के साथ हैं। हालांकि दिल तो चाहता था कि पूरे इलाके के लोग भी हमारे साथ में होते, परन्तु अभी यह सम्भव न था। हमने अपने गाँव में बुजुर्गों, युवाओं व बच्चों के सहयोग से 10 दिन पूर्व, 2 दिन का प्रोग्राम रखा था, जिसे गाँववासियों के सहयोग से भली भाँति सम्पन्न किया गया। अब हमने अपना अगला कार्यक्रम, ठीक 20 दिनों बाद रखना निश्चित किया है। हमारा अनुमान है कि दर्शक गणों की संख्या पाँच हजार या इसके ऊपर जा सकती है। इतने बड़े कार्यक्रम को कार्यरूप देने के लिये हमें लगभग दो सौ वालंटियरों की जरूरत पड़ेगी। कार्यक्रम को साकार रूप देने के लिए हम आप सभी से सहयोग की गुज़ारिश करते हैं। आपके सहयोग व मदद के बिना, हम इस काम को अन्जाम देने की सोच भी नहीं सकते।

डुँगरसिंह : (*ग्राम डोव के प्रधान*) शेरूदा, यह तो हमारा सौभाग्य है कि आपने हमें इतना बड़ा सम्मान देकर, इस लायक समझा है। यह कार्य अब सिर्फ आपके गाँव का ही नहीं बल्कि पूरे इलाके का बन चुका है। आपके नेक इरादों की चर्चा, मैं लोगों की जुबाँ से रोज सुनता हूँ। खुद हमारे गाँव वाले कहते हैं कि हमें शेरूदा से सीख लेनी चाहिए। आप पूरे इलाके की शान हैं। आपका सामाजिक नेतृत्व हमें सहर्ष स्वीकार्य है।

(अन्य ग्राम प्रधानों ने भी सहयोग का पूरा आश्वासन दिया)

/शेरूदा ने एस.डी.एम. महोदय को भी निमंत्रण दिया था, उन्होंने ब्लॉक प्रमुख डी.सी.पन्त जी के हाथों अपना पत्र लिखकर संदेश भेजा है।/

डी.सी.पन्त : सज्जनो, शेरूदा के इस नवीन जागरूकता 'मंच मंथन' पर, मैं एस.डी.एम. महोदय का पत्र, सभी के सामने पढ़कर सुनाता हूँ–

माननीय,

शेरूदा एवं समस्त सज्जनो!

मुझे, पूर्व निर्धारित सरकारी कार्यों की वजह से, इस सुअवसर पर आप लोगों के बीच मौजूद न हो पाने पर बड़ा अफ़सोस हो रहा है। सामाजिक चेतना व जागृति के इस पावन मंथन प्रोग्राम का मैं तहे दिल से स्वागत करता हूँ। बिजली, पानी, सुरक्षा, सफाई, चिकित्सा आदि के निर्देश मैंने पहले ही सम्बन्धित विभागों को दे दिए हैं। परन्तु, शेरूदा के इस कार्यक्रम में, मैं स्वयं पहुँचने का आश्वासन आप सभी को देता हूँ।

'धन्यवाद'

बी.डी.जोशी

एस.डी.एम.

(सभी लोगों ने तालियाँ बजाकर, शुभ-संदेश का स्वागत किया)

डी.सी.पन्त : इसके अलावा यदि और कोई सरकारी सहायता की जरूरत हो तो मैं आपको सहयोग का आश्वासन देता हूँ।

शेरूदा : (*गद्‌गद होकर*) शुक्रिया जोशी साहब, शुक्रिया पंत साहब।

चर्चा के बीच में गुलाटी सिंह व रोलासिंह अपवाद खड़ा करने की सोच रहे थे; परन्तु शेरूदा की सौम्यता, सहजता और व्यवहार कुशलता के आगे मानो उनका स्वभाव खुद-ब-खुद बदल गया। परवरदिगार के राहों पर चलने वालों के रास्ते में, भला व्यवधान बनने की गुस्ताख़ी कौन कर सकता है। यदि कोई करने की सोचता भी है, तो परमशक्ति अपने भक्त की ख़ातिर, उसकी सोच ही बदल कर रख देती है।

इसी तरह, सलाह-मशविरे, महत्वपूर्ण निर्णय, रूपरेखा आदि का सिलसिला चलता रहा। इस बड़े ही अहम कार्य के साथ-साथ घड़ी की सुई ने भी अपने आप को, दिन के 1:00 पर पहुँचा दिया।

प्रधान, श्री डुंवरसिंह जी ने पूरी कार्यवाही का सारांश, सभी को पढ़कर सुनाया। इसमें हर एक गाँव को काम व जिम्मेदारी सौंपी गई। दो दिन पूर्व से ही कार्य, किस तरह मर्चीबगोड़ में शुरू होगा, उसकी पूरी रूपरेखा बतायी गई।

आख़िर में, शेरूदा ने गुज़ारिश की कि यदि कोई शंका या सुझाव आप देना चाहें तो बताइएगा। सभी ने एक साथ सहमति दी कि सब एकदम साफ व स्पष्ट है, कहीं कोई शंका नहीं। तब, सभी ने जोरदार तालियों के साथ मीटिंग का समापन किया।

(दोपहर भोज भी, बड़ी बेसब्री से सभी अतिथियों का इन्तजार कर रहा था। हरकू काका ने प्रार्थना की कि कृपया भोजन करने की कृपा करें)

महानुभावों के चेहरों पर क्या खुशी है! क्या चमक है! एक साथ इलाके के इतने सारे खिले चेहरे! ऐसा लग रहा था, मानो पूरे इलाके का नया सूर्योदय होने वाला है।

हर प्रधान के गाँव वालों को भी इन्तजार था कि मुखिया क्या खबर लाते हैं। वे अब सोचने लगे थे कि अपने गाँव में भी, ऐसा ही कुछ करेंगे ताकि कार्यक्रम के माध्यम से खुशियाँ गाँव में आने लगें। ऐसी सोच पैदा होना, एक सकारात्मक प्रतिस्पर्धा है, जो विकास के लिये जरूरी है।

(भोजन करते, दोपहर के 2 बज गए। परस्पर कई चर्चाएं हुईं, जिनमें एक-दूसरे को करीब से समझने का अच्छा मौका भी मिला। कुछ प्रधानों की आपस में ठनी-ठनी सी रहती थी, परन्तु शेरूदा ने जब दोनों को एक साथ जोड़ा, तो तनाव, सौहार्द में बदल गया)

वाह! बड़ा मजा आ गया, बड़ी-बड़ी पार्टियों में भी ऐसा आनन्द नहीं आता! ऐसे कई शब्द, गणमान्य व्यक्तियों की जुबाँ से गूंज रहे थे। अपवादी सज्जन भी आज मुस्कराते से दिख रहे थे। कहते हैं; वैसे ठीक ही लग रहा है, हमारे बच्चों को भी तो मिलेगा—कुछ सीखने को।

(आपस में बातचीत करते, चटकारे लेते लगभग 2:30 बज चुके हैं। लोग अपनी-अपनी घड़ी की सुइयाँ देखने लगे हैं, शायद उनके और काम भी होंगे। फिर मुखिया ऐसे ही थोड़े बन जाते हैं, उनमें कोई न कोई ख़ासियत तो होती ही है)

शेरूदा : (*मेहमानों को सम्बोधित करते हुए*) हम आप सभी के बड़े आभारी हैं। आप लोगों ने अपना कीमती वक़्त निकालकर व आने वाले कार्यक्रम में पूरे सहयोग का आश्वासन देकर, हमें चिंतामुक्त कर दिया।

गणमान्य लोग: शेरूदा, आप हमें अपने से अलग न समझें। अब आप समझें कि यह पूरे इलाके का प्रोग्राम है, हम सभी इलाके वालों का प्रोग्राम है।

(एक साथ कई आवाज़ें.....)

हाँ-हाँ, हम सभी इलाके वालों का प्रोग्राम है।

शेरूदा : आपके हृदयस्पर्शी विचारों से मैं नतमस्तक हूँ। हाँ, मैं एक बात कहना तो भूल ही गया; आप अपने गाँवों के ख़ास कलाकारों को पहले ही हमारे गाँव भेजने का कष्ट करें। गिरधर, इसके लिये आपसे सम्पर्क करेगा।

एक बार फिर, "आप सभी का बहुत-बहुत धन्यवाद।"

(गले मिलकर, हाथ मिलाकर, हाथ जोड़कर, गाँव के लोग; महानुभावों को, सस्नेह विदाई देते हैं।)

***

दृश्य-5

आज इतवार भी आ गया। शेरूदा ने मात्र एक घंटे के लिए अपनी नन्ही मंडली को खनरूखाव में 1 बजे बुलाया था। तलबाखली में, कई गाँवों के मुखियाओं के साथ हुए वार्तालाप व सहयोग की अच्छी ख़बर की चर्चा, पूरे गाँव भर में जोरों पर थी। लोग बड़े खुश और उत्साहित थे। आज लगभग सभी बुजुर्ग, महिलाएँ, युवा व बच्चे पहले से ही खनरूखाव में बैठ गये। ठीक एक बजे शेरूदा खनरूखाव पहुँचते हैं।

शेरूदा : आप सभी लोग! हमने तो 'बाल-मंडली' को ही बुलाया था। आप सभी लोग भी अपना सारा काम छोड़कर यहाँ!

हरकू काका: हाँ बेटा, तुमने ऐसा जादू कर दिया है कि अब दिन पर दिन बेसब्री बढ़ती जा रही है। चारों तरफ तुम्हारे प्रोग्राम का जादू सा छा गया है। ये सभी लोग कहते हैं कि काम तो जिंदगी भर कितना किया-कितना न किया, परन्तु यह काम तो अमृत बेला की तरह लगता है। हमें ऐसा लगता है, कहीं कुम्भ के स्नान में पीछे न छूट जाएं! हमारा भी तो कुछ फ़र्ज़ बनता है, हमें भी तो कुछ करना चाहिए।

शेरूदा : (आँखों में पहली बार आँसू आ गये और आँख पोछते हुए) ***इतना ज्यादा लगाव! इतना ज्यादा प्रेम! इतनी चेतना!***

(आसमान की ओर देखते हुए)

ओ परम् शक्तिमान, आप कितने कृपालु हो!

मार्ग मानो खुद-ब-खुद बनता जा रहा है!/

(शेरूदा को शान्त देखकर, सारे लोग शेरूदा को बड़े ध्यान से देखने लगे)

हरकू काका: शेरू क्या हुआ।

शेरूदा : हैं... माफ कीजिएगा। (अलौकिक प्रेम के आनन्द में, कुछ समय के लिए खो से गये थे)

हाँ, आप सभी लोगों के सहयोग से हमारा कार्यक्रम; सही दिशा में, सही रूपरेखा के साथ बढ़ रहा है। अब हम अकेले नहीं, बल्कि पूरा इलाका हमारे साथ है। यहाँ तक कि प्रशासन से भी हमें पूरा सहयोग मिलेगा। पूरे इलाके के कलाकार हमारे गाँव के कलाकारों से जुड़ेंगे और एक नया संगम होगा। *जब कला से कला का संगम होगा तो एक नई कला उभरेगी। तब, नई कला से नई-नई, रंग-बिरंगी रोशनी पैदा होगी; जो हमारी जिंदगानी में नया रस घोलकर, जिंदगी को मधुर व सुहावना बना देगी।* ज्यों-ज्यों शेरूदा खुशख़बरी देते जाते, तालियों पर तालियाँ बजती जातीं और लोगों के

खिलखिलाते चेहरों पर रौनक देखते ही बनती।

(इस तरह एक-एक कर सारी बातें गाँव वालों को बताई)

रामू : *(प्रफुल्लित होकर)* शेरूदा! हम कितना अच्छा कर रहे हैं!

शेरूदा : हमें इतना भी खुश नहीं होना है कि हम खुशी में दिशाभ्रमित हो जाएं और फिर अपने कर्म, कर्तव्य व समय के ज्ञान से कहीं दूर भटक जाएं। खुशी के साथ-साथ, हमें अपने लक्ष्य का बराबर ध्यान रखना होगा।

अब हमारे पास सिर्फ 18 दिन बचे हैं। कार्यक्रम से 2 दिन पूर्व हम लोग मर्चीबगोड़ में मंच, लोगों के बैठने का इन्तजाम, खान-पान व रहने की व्यवस्था आदि का कार्य शुरू कर देंगे।

अगले इतवार तक हमारे साथ अन्य गाँवों के कलाकार भी जुड़ जाएंगे। गिरधर, आप मेहमान कलाकारों को हमारे प्रोग्राम से अवगत कराना तथा उनके द्वारा अभिनय किए जाने वाले प्रोग्राम को समझकर, सभी कलाकारों के बीच परस्पर तालमेल बनाने में मदद करना। कलाकारों का एक-दूसरे से भली-भाँति परिचय कराना और आपस में सलाह-मशविरा भी कर लेना ताकि परस्पर अच्छी समझ व मेल बन सके। आखिर में, अपने बुजुर्गों के साथ मिलकर, हम अपने मंच के कार्यक्रम को अन्तिम रूप दे देंगे। अगले इतवार हमारे प्रोग्राम का सेमीफाइनल टेस्ट तथा दूसरे इतवार को फाइनल टेस्ट होगा। इसी के मुताबिक, आप अपनी तैयारियाँ करें। 2:30 बजने को है, अब सभा विसर्जित करते हैं। हम सभी, आपस में एक-दूसरे को अपनी-अपनी शुभकामनायें देते हैं।

बच्चे जोर से नारा लगाते हैं :

इंसानियत की........................जय हो।

संसार में........................सच्चा प्यार फले-फूले।

***

दृश्य-6

दिन पर दिन बीतते जा रहे हैं, लेकिन 'मंच मंथन' की चर्चा बरक़रार है। सभी लोग अपनी-अपनी सोच के मुताबिक, 'मंच मंथन' द्वारा पैदा किए गए प्रश्नों का हल सुझाने में लगे हैं। अपना-अपना अनुमान लगा रहे हैं। कई लोग 'मंच मंथन' से उनके दिमागों में हो रही उथल-पुथल का हल, शेरूदा से ही पूछने की कोशिश कर रहे हैं। शेरूदा मुस्कराकर कह देते, भई मैं भी तो आप जैसा ही हूँ। आपके साथ-साथ उठता-बैठता, खाता-पीता हूँ। मैं तो खुद, आप लोगों से दिशा व 'ज्ञान-दर्शन' की अपेक्षा कर रहा हूँ। तब लोग, शेरूदा को बड़े आश्चर्य से देखते, उन्हें लगता-मानो सर्वज्ञाता उनसे मजाक कर रहे हों।

(एक दिन तो हरकू काका से भी न रहा गया, तो पूछने लगे)

हरकू काका : शेरू! तुमने बड़ी हलचल पैदा कर दी। आजकल तुम्हारे गीत, कविता, नाटक आदि की ही चर्चा है। लोग अलग-अलग अनुमान लगा, अलग-अलग सुझाव दे रहे हैं और रात-रात भर सोच रहे हैं। यह तुमने कैसा जादू कर डाला? बेटा मुझे बता दे, मुझे भी आजकल नींद नहीं आ रही है। रात को कई बार मेरी नींद खुल जाती है। सोचता रहता हूँ, इतनी लम्बी उम्र गुजारी, दिमाग पर इतना जोर कभी नहीं पड़ा।

शेरूदा : काका, बस 12 दिनों की ही तो बात है। समाधान तो हम सभी को मिल-जुलकर निकालना है। मैं तो बस आप सभी लोगों के सहयोग से प्रयास मात्र कर रहा हूँ। सभी को साथ-साथ लेकर, हम जन-समाज को उस दिशा में बढ़ने के लिए प्रेरित कर रहे हैं, जो सर्वहित में हो। ऐसी दिशा, जिस ओर बढ़कर हम सभी को

प्रदूषण, दुखों, समस्याओं, वेदनाओं आदि से मुक्त कर सकें। पर काका नाराज न होना, इसका हल यानी मेरी समझ से जैसा मुझे लगता है, आपको भी नहीं बताऊँगा। अगर बता दूंगा तो आपकी नसीहत, आपका मार्गदर्शन कैसे पाऊँगा; जिसे आप सोचकर मुझे और समाज को दे सकते हैं।

हरकू काका: बेटा तुम बुद्धिमान के साथ-साथ नीति विशेषज्ञ भी हो। मुझे बड़ा गर्व है तुम पर। तुम्हारा 'मंच मंथन' हिन्दुस्तान में ही नहीं, पूरे विश्व में हलचल पैदा करने की सामर्थ्य रखता है।

शेरूदा : काका, मैं आपके आशीर्वाद से गद्‌गद हूँ। आपके ही आशीर्वाद से हमारी नन्ही मंडली, अब पूरे इलाके की प्यारी मंडली बनने लगी है। नन्हीं मंडली, अब मंडली ही नहीं बल्कि पूरे इलाके का 'मंडल' बनने जा रही है।

■■

दूसरा अंक

दृश्य–1

सारा काम बड़े जोर-शोर से चल रहा है। योजना के मुताबिक, वैज्ञानिक तरीके से कार्य किए जा रहे हैं, ताकि कम समय में ज्यादा से ज्यादा गुणवत्तायुक्त नतीजे निकलें। पहले प्रश्न, फिर हल सुझाकर कार्य करने की शैली ने जहाँ एक ओर कार्य को सुगम व सुलभ बना दिया है, वहीं दूसरी तरफ लोगों में जिज्ञासाएं व कौतूहल भी पैदा कर दिए हैं। संगठन के भाव ने तो कार्य कुशलता के स्वरूप को ही बदल दिया है। अब कार्य पूरा होने में अधिक वक़्त लगता ही नहीं। कार्य यूँ शुरू किया और बस यूँ हो गया। शायद लोहे में जब संगठन होने लगता होगा तो चुम्बकीय धारा इसी तरह बहने लगती होगी! चुम्बक में यह साफ तौर से देखा जा सकता है कि जहाँ उसके महीन कण सुसज्जित और संगठित होकर निश्चित क्रम में नियमबद्ध हो जाते हैं, वहाँ चुम्बकीय क्षेत्र पैदा कर, चुम्बक अपने भीतर चुम्बकीय बल हासिल कर लेता है।

पुल के ऊपर जब जवानों की टोली मार्चिंग करते हुए गुजरती है, तो मजबूत पुल जवानों से दया की भीख माँगता है और क़दमों को न मिलाने की गुज़ारिश करता है। तब जवानों का कमान्डर पुल पर तरस खाकर, जवानों को कदम न मिलाने का आदेश देता है ताकि पुल सलामत रह सके और चैन की साँस ले सके।

नई चेतना! नया प्राण! व्यक्ति नहीं, पूरा गाँव!

गाँव ही नहीं, अब पूरा इलाका मानो एक तंत्र बन गया हो, चुटकी बजाई और काम हो गया। एक साथ काम करने का परिणाम ही कुछ और है।

अब सिर्फ गाँव के ही कलाकार नहीं अपितु पूरे इलाके के कलाकार

आपस में जुड़ चुके हैं। हर कलाकार के पास अपना विचार, अपनी सोच व अपना हुनर है। *एक कलाकार की सोच जब दूसरी, तीसरी और फिर कई सोचों से संगम करती हुई गुजरती है, तो कई नई सोचों का जन्म खुद-ब-खुद होता चला जाता है।*

शेरूदा को भी अब प्रश्नों के हल **ढूँढ़ने** में ज्यादा कठिनाई नहीं हो रही है।

हल ढूँढ़ना, समस्या का समाधान देना, वाकई सबसे बड़ा काम है। प्रश्न तो कोई भी कर देगा; ऐसा क्यों नहीं हुआ, वैसा क्यों नहीं हुआ, इसमें ये कमी है, इसमें वो कमी है, कितना घटिया है.........और न जाने क्या-क्या!!

पर हल या समाधान देने वाले कितने होते हैं?

योजना के मुताबिक कलाकारों ने सेमीफाइनल टेस्ट भी पास कर लिया है। फिर बच्चों ने दिन-रात की कड़ी मेहनत जो की है, परिणाम अच्छा होना ही था।

अगले इतवार को फाइनल टेस्ट होना है जिसमें दूर गाँवों से गणमान्य व्यक्तियों को भी बुलाया गया है। फाइनल टेस्ट खनरूखाव में रखा गया है।

***

दृश्य-2

दिन कितनी जल्दी गुजर जाते हैं। देखते ही देखते फाइनल टेस्ट वाला इतवार भी आ गया। दिन के 3 बजे से कलाकारों को कठिन परीक्षा से गुजरना है। पहले अपने भीतर कला का जुनून पैदा करना और फिर पब्लिक के दिलों में कला की छाप छोड़ देना, अपने आप में बड़ी चुनौती है।

परीक्षा अन्य गाँवों से आए संगीत, गीत, नाटक आदि विशेषज्ञों के बीच होनी है। साथ-साथ लोगों की प्रतिक्रियाएं व उनसे मिलने वाले अंकों की भी बड़ी अहमियत है।

ठीक 3 बजते ही परीक्षा शुरू हो गयी, जो 7 बजे तक लगातार चलती रही। इसके बाद 1 घंटे का विराम रखा गया। परीक्षा की परख प्रक्रिया को इस तरह रखा गया कि रहस्य पर्दे में ही रहे।

8 बजे से परीक्षा फिर शुरू हो गयी और रात 12 बजे तक लगातार चलती रही। महसूस भी न हुआ कि 12 कब और कैसे बज गये।

कुछ तब्दीलियाँ की गयीं, कुछ सुझाव दिए गए और आख़िर में कलाकारों ने फाइनल टेस्ट भी पास कर लिया।

लोगों में खुशी की लहर साफ दिख रही है। कई लोग तो यहाँ तक कहने लगे; यह तो दिल्ली के 23 जनवरी का सा रिहर्सल हो गया। यह सुन शेरूदा, मंद-मंद मुस्कुरा रहे हैं, भला इतनी इज़्ज़त! नहीं-नहीं यह तो अतिशयोक्ति हो गई। लेकिन पब्लिक की अपनी इच्छा है, अपना-अपना नज़रिया है और खुशी जाहिर करने का अपना-अपना तरीका है। भला खुशी कौन रोक सकता है, प्रजातंत्र है, फिर अपना-अपना अहसास है।

(खुशी-खुशी सारे लोग अपने-अपने घरों को चले गए। मेहमानों के लिए रहने की व्यवस्था पहले से ही गाँव में कर रखी थी। मेहमान भी अब आराम फरमाने चले गये)

आने वाले दिनों में, मर्चीबगोड़ में सारी व्यवस्था का काम एक चुनौतीपूर्ण था, परन्तु अब शेरूदा को भरोसा हो गया कि पूरा इलाका ही नहीं बल्कि प्रशासन भी उनके साथ है।

***

दृश्य-3

काल या समय की सिर्फ और सिर्फ एक ही दिशा में गति को भला कौन रोक पाया। समय के आगे, क्या राजा क्या फकीर; क्या सोना क्या पत्थर; सब एक-सा है। बड़े-बड़े सन्तों, बड़े-बड़े महात्माओं ने भी इसका अहसास किया, और वे भी काल के नियम के मुताबिक, दुनिया से चल बसे। अगर कुछ छोड़ गए तो बस अपनी बोल-वाणी और अपने विचार; जिन्हें हम किताबों में पढ़ते हैं, कहानियों में सुनते हैं। लोग

अपनी जुबानी बताते हैं; उन्होंने ऐसा कहा था, उन्होंने ऐसा बताया था। कुछ लोग उनके आदर्शों को अपने जीवन में ढालने की कोशिश भी करते हैं।

धरती पर छोटा सा गाँव और इसमें गुजर रहे काल में, कुछ ऐसी हलचल होने की उम्मीद है, जो सुनहरे भविष्य को जन्म देगी। लगभग एक महीना बीतने को है, अहसास ही न हुआ कि वक़्त कैसे गुजर गया। परन्तु दूसरी तरफ अगर परेशानियाँ व मुसीबतें हों, तब हर दिन साल की तरह बीतता हुआ सा महसूस होता है।

दरअसल, पूरी दुनिया में समस्त जीवों की गतिविधियाँ, मनोवज्ञैनिक रूप से नियंत्रित हैं। हमें क्या और कैसा महसूस होगा, यह मस्तिष्क की अवस्था पर निर्भर है। मस्तिष्क की हालत के मुताबिक ही, हमें अपना संसार नज़र आता है और उसी के अनुसार हम महसूस करते हैं।

आख़िर में, 'मंच मंथन' से पूर्व के वे 2 दिन भी आ गये, जिनका सभी को बड़ी बेसब्री से इन्तजार था। गाँव वालों ने अपने सारे काम पहले से ही पूरे कर लिए थे और इन 2 दिनों के लिए अपना पूरा समय 'मंच मंथन' की तैयारी के लिये निकाल रखा था। खाने-पीने की पूरी व्यवस्था मर्चीबगोड़ में रखी गयी थी, जिसे एक बड़े भंडारे का रूप दे दिया गया। अगर समस्या थी, तो मवेशियों की देख-रेख व सुरक्षा की। यह काम भी वालंटियरों को सौंप दिया गया था। बुजुर्ग जो चल फिर नहीं सकते थे, आज कमांडर बने हुए थे, चबूतरे में बैठे हुक्का पीते व गप-शप लगाते और बड़े जोर का ठहाका लगाते। उनके लिए चाय-पानी व खाने-पीने की व्यवस्था गाँव में ही कर दी गयी थी। फिर भी अगर, ऐसे बुजुर्ग प्रोग्राम में चलना चाहें, तो उनके लिए डोली की व्यवस्था भी थी।

कई लोग जो अक्सर अपने घरेलू काम में ही जुटे रहते थे, उन्हें आज ऐसा लग रहा था, मानो 2 दिनों की छुट्टी लेकर किसी शिविर में जा रहे हों। कोई कहता; भई, हमें तो ऐसा लगता है, मानो कुंभ स्नान के लिए जा रहे हों। कोई कहता; हम तो फौजी जैसे बन गए हैं–**लेफ्ट-राइट-लेफ्ट!**

निःसंदेह, सामूहिक कार्य (टीम वर्क) का आनन्द ही कुछ और है।

इसमें जोश व आनन्द अपने आप आता चला जाता है। शेरूदा ने भी कभी न सोचा होगा कि जोश के साथ जोश और उमंग के साथ उमंग मिल जाने पर, पूरा माहौल तरंगों से भर जाएगा।

कैसा बुलंद अहसास है यह! शायद, राजा-महाराजाओं की सेना, जब युद्ध के लिए निकलती होगी, तब ऐसा ही कुछ नज़ारा होता होगा।

***

दृश्य-4

सुबह 4 बजे से ही मर्चीबगोड़ में चहल-पहल होने लगी। कुछ लोगों को तो रात में नींद भी न आयी। **कुछ बुजुर्ग कहते हैं**-चीन पर नीन क्या (यदि चिंता हो तो नींद कहाँ)

अब धीरे-धीरे पौ फटने लगी और लोगों की आवाज़ाही भी बढ़ने लगी। कोई पानी ला रहा है, कोई लकड़ी तो कोई चूल्हा लगा रहा है। कोई सब्जी काट रहा है तो कोई हिसाब-किताब लिखने में लगा है। सारा काम सुचारु रूप से हो रहा है। यहाँ तक कि आर्किटेक्ट से बनवाया मर्चीबगोड़ का पूरा मानचित्र भी एक बड़े स्टैंड पर लगा दिया गया है। इसकी एक कापी शेरूदा ने अपने पास सुरक्षित रखी है। प्रतिनिधियों को भली-भाँति समझा दिया गया है कि सारा काम प्लान के मुताबिक ही होना है।

काम जब वैज्ञानिक तरीके से किया जाता है तो कितना आसान हो जाता है। काम व समय का बराबर तालमेल! भले ही थोड़ी देरी से हो, परन्तु एक काम को एक बार में पूरा कर लिया जाए। उसी काम को दोबारा करने की नौबत न आने पाए । क्या कार्य का वितरण है! क्या कार्य नियंत्रण है! गाँव वालों को इस नए अंदाज व नये सिस्टम से काम करने में बड़ा आनन्द आ रहा है। लोग बड़े ही खुश हैं। कम काम करना पड़ रहा है और ज्यादा काम हो जा रहा है, साथ में समय भी बच रहा है। लोगों को बड़ा आश्चर्य भी हो रहा है, कहते हैं-***इसको कहते हैं शिक्षा का असली इस्तेमाल!***

शेरूदा : (*वैज्ञानिक विधि का खुलासा करते हुए*) *विकसित देश*

ऐसे ही तो विकसित हुए हैं, अन्यथा काम व मेहनत तो हम उनसे ज्यादा करते हैं। हम एक ही काम को कई बार करते, परन्तु ठीक तरीके से फिर भी पूरा नहीं कर पाते हैं। हमारा काम करने का तरीका भी बेतरतीब होता है और हम आलतू-फालतू कार्यों व बातों में बेमतलब उलझकर रह जाते हैं। दूसरी तरफ, विकसित देश के लोग अपने काम करने की दिशा और स्थान पहले से ही निश्चित कर लेते हैं और फिर काम को फटाफट कर लेते हैं। जबकि हम बिना स्थान, लक्ष्य व दिशा निर्धारित किए ही चल पड़ते हैं और सोचते बाद में हैं।
गाँव वालों को भी काम करने का नया अन्दाज सीखने को मिल रहा है–**मैनेजमेंट ऑफ वर्क!**
वाह! काम का काम और **फल इतना सहज!**

(इलाके के अन्य गाँवों से भी लोग, अब धीरे-धीरे आने लगे हैं। कोई दूध ला रहे हैं, कोई दही, कोई सब्जी तो कोई फल। भला खाली हाथ, इतने बड़े प्रोग्राम में जाना भी तो ठीक नहीं, ऐसी सुन्दर सोच है आने वाले मेहमानों की। कितनी अच्छी सोच है)

तैयारियाँ जोरों पर हैं–कोई दरी ला रहा है, कोई चटाइयाँ, कोई तिरपाल तो कोई कलाकारों का सामान।

बहुत बड़े लंगर का सा नज़ारा है। अक्सर ऐसा भाव बड़े-बड़े लंगरों, गुरुद्वारों में देखा जा सकता है, जहाँ निःस्वार्थ भाव स्वतः बनता चला जाता है। परवरदिगार की यही तो अनोखी छिपी शक्ति है, जो नज़र तो नहीं आती, पर है बड़ी ही असरदार! हर व्यक्ति को वह शक्ति मस्त कर देती है; जिसे सेवा, संगठन, निःस्वार्थ भाव के रूप में देखा व महसूस किया जा सकता है।

सुबह के 10 बजने को हैं। 5 सरकारी व्यक्तियों की टोली भी आ पहुँची है। शेरूदा ने उन्हें बड़े सम्मान से कुर्सियों पर बिठाया। इनमें ब्लॉक प्रमुख डी.सी.पंत जी के साथ बिजली विभाग के जूनियर इंजीनियर, जल विभाग के जूनियर इंजीनियर, सरकारी अस्पताल के डॉक्टर और पुलिस इंस्पेक्टर हैं। इन्हें एस.डी.एम. साहब ने कार्यक्रम की व्यवस्था के लिए विशेष रूप से भेजा है।

(शेरूदा, हरकू काका व मौजूद दो प्रधानों ने मेहमान टीम के साथ अपने इस कार्यक्रम व्यवस्था की संक्षिप्त चर्चा की)

डी.सी.पंत : शेरूदा! बिजली, पानी, सुरक्षा व सफाई की ओर से आप बेफिक्र रहें। हम मर्चीबगोड़ का पूरा जायजा ले रहे हैं। आपको टेन्ट, बैठने का सामान, कुर्सियाँ, गद्दे आदि में यदि कोई कमी लग रही हो तो हम ब्लॉक या धर्मशाला से मँगवा देते हैं।

शेरूदा : पंत साहब, हम आप सभी, एस.डी.एम. साहब तथा पूरे प्रशासन के शुक्रगुजार हैं। आपने हमारी चिंताओं को चुटकियों में दूर कर दिया।

डी.सी.पंत : शेरूदा, इसमें प्रशासन के शुक्रगुजार की सी कोई बात नहीं है। प्रशासन, पब्लिक की सेवा के लिए ही तो होता है। अगर गहराई से देखा जाय, तो आप हमारा ही तो काम कर रहे हैं। जो काम सरकार को करना चाहिए, वह आपने कर दिखाया। आपकी ऊँची सोच ने पूरे इलाके में ही नहीं बल्कि पूरे ब्लॉक में नई चेतना जगा दी है।

(शेरूदा बड़ी विनम्रता से शुक्रिया अदा करते हैं और अन्दर ही अन्दर 'नौ डल फूलों का सा अहसास' कर रहे हैं। प्रशासन की टीम चाय-पानी के बाद मर्चीबगोड़ का पूरा जायजा लेने में जुट गई। शेरूदा ने जब मर्चीबगोड़ का पूरा मानचित्र व प्लान दिखाया तो डी.सी.पंत जी बड़े खुश हुए)

डी.सी.पंत : शेरूदा, आपने तो हमारा काम एकदम आसान कर दिया है। आपका बनाया प्लान एकदम सही है। इसमें परिवर्तन की कोई जरूरत नहीं है। डॉक्टर कहाँ बैठेंगे, सिक्युरिटी कहाँ पर रहेगी, पानी का टैंक कहाँ पर होगा, बिजली की लाइन, जनरेटर व कंट्रोल रूम सब एकदम सटीक हैं।

नौ डल फूल–नौ फूलों की भरी हुई बड़ी-बड़ी टोकरियाँ (मुहावरा) यानी ढेर सारी खुशियाँ एक साथ मिल जाने का सा अहसास।

(प्रशासन के पाँचों अधिकारियों ने अपने-अपने लोगों को निर्देश दिए कि क्या-क्या सामान लाना है और कहा कि दोपहर 12 बजे तक मर्चीबगोड़ पहुँच जाएँ)

काम विधिवत् तरीके से एकदम साफ-सुथरा चल रहा है। न कोई फालतू हरकत और न ही किसी काम की पुनरावृति। ऐसा लगता, मानो काम को स्वचालित सेट कर दिया गया हो।

प्रशासन के सारे लोग यह सब देख दाँतों तले उँगली दबा रहे हैं। आपस में खुसर-पुसर बातें हो रही हैं—हम तो मैनेजमेंट में सिर्फ पढ़ते थे कि मैनेजमेंट का साइंटिफिक तरीका (काम करने का बेहतरीन तरीका) भी होता है, पर यहाँ तो हमारे सामने नज़र भी आ रहा है। यदि ऐसा ही तरीका पूरे देश में सभी जगह आ जाए, तो हिन्दुस्तान खुद-ब-खुद विकसित हो जाएगा। यहाँ तो हमें भी सीखने को मिल रहा है। हमें भी अपने-अपने विभागों में ऐसे तरीके अपनाने चाहिए, जिससे काम एकदम साफ सुथरे व नियमबद्ध हों। हमें अपने स्टाफ को ट्रेनिंग देकर समझाना होगा कि काम में किसी प्रकार की हाबड़-ताबड़ व लीपा-पोती न करें।

(लगभग 12 बजने को हैं, 40 लोगों की सरकारी टीम भी सामान आदि के साथ आ पहुँची है। उन्होंने, जरूरी निर्देश लेकर, तुरन्त अपना काम शुरू कर दिया है)

दरअसल, इंसान वही होता है, परन्तु अलग-अलग परिस्थितियों में उसके अलग-अलग भाव उभरकर सामने आते हैं। जब वह घर पर होता है तो परिवार का भाव, जब समाज में तो समाज का भाव और जब सरकार में तो सरकारी भाव। यानी ***इंसान एक; जबकि काल, परिस्थितियों, माहौल आदि के अनुसार उसके भीतर गुण आते और जाते रहते हैं। परन्तु, एक बात निश्चित है—असली इंसान वही है, जिसमें इंसानियत के भाव हमेशा प्रधान रहें;*** फिर चाहे वह घर पर, समाज में, ऑफिस में, किसी भी महकमे में, सरकार में या कहीं भी क्यों न हो।

पब्लिक व सरकार के बीच एक रिश्ता है, परन्तु रिश्तेदारी या रिलेशनशिप अक्सर गायब सी रहती है। अगर यह स्थापित हो जाए तो फिर कहना ही क्या! इस रिश्ते को पनपने और स्थापित होने के लिये विश्वास, आस्था, ईमानदारी, सहिष्णुता आदि की खुराक देनी पड़ती है।

मर्चीबगोड़ में भी ऐसा ही कुछ लग रहा है, जिसमें इंसानियत के भाव अंकुरित होते हुए से नज़र आने लगे हैं। ऐसा लग रहा है कि इन नन्हें अंकुरित से दिखते बीजों में, एक मिसाल कायम करने की ताकत छुपी हुई है।

***

दृश्य–5

एक बड़ी टीम के रूप में सामूहिक कार्य अब रफ़्तार पकड़ने लगा है। लोग एक–दूसरे से प्रेरणा ले रहे हैं और नई–नई बातें सीख रहे हें। नई–नई बातों को जानते और सीखते–सीखते, कुछ और नई बातें व तरीके, खुद–ब–खुद पैदा हो रहे हैं।

एक तरफ भोजन तैयार हो रहा है, दूसरी तरफ मंच, तो कहीं कटान करके मैदान बनाया जा रहा है। चूने और रंगोली से अच्छे–अच्छे चित्र भी बनाये जा रहे हैं। महिलाओं और पुरुष वर्ग के अलग–अलग बैठने की व्यवस्था भी की जा रही है।

मंच के विशाल प्रांगण को पीछे से ऊँचा और आगे से नीचा किया जा रहा है। इसमें आगे की मिट्टी को पीछे किया जा रहा है और सिनेमा हॉल का सा ढ़लान दिया जा रहा है, ताकि पीछे बैठने वाले लोगों को देखने में दिक्कत न हो।

लाउडस्पीकरों की जाँच व ध्वनि परीक्षण की जा रही है ताकि आवाज़ हर जगह बराबर हो। रात्रि की रोशनी का भी बढ़िया इन्तजाम किया जा रहा है।

मर्चीबगोड़ अब पूरा सजने संवरने में लगा है, फिर मात्र दो दिनों में, अपने भीतर पूरी खूबसूरती समाकर लोगों के दिलों पर जादू चलाना शुरू कर देगा।

यह सब कला ही तो है, जिसके जादू से लोग वशीभूत होने लगते हैं। लोग कला के यूँ ही कायल नहीं हो जाते। निर्जीव को सजीव करने का हुनर अगर किसी के अन्दर है तो वह बस कला है। मर्चीबगोड़ ने

कभी सोचा भी न होगा कि उस पर एक साथ इतनी बहार आ जाएगी।

दिन के 1 बज चुके हैं। भोजन का समय हो गया और भोजन तैयार भी है। एक तरफ गणमान्य व्यक्तियों के खाने की व्यवस्था की गयी है, दूसरी तरफ बच्चों को बिठाया जा रहा है। दरियाँ व चटाइयाँ बिछाई जा रही हैं। लोगों को शान्ति व प्रेमपूर्वक नीचे बिठाकर खाना खिलाने का काम शुरू हो गया है। तिमिल व माव के पत्तों से बनी थालियों में भोजन परोसा जा रहा है। भोजन परोसने पर विशेष ध्यान दिया गया है। उससे भी ज्यादा अहमियत दी गयी है खाना खिलाने वालों द्वारा खिलाए जाने की विनम्र, विनम्रता पर। खाना खिलाने वालों को विशेष हिदायद दी गयी है कि वे साफ सफेद कपड़ों में हों, उनके सिर ढके हों और प्रेम-पूर्वक लोगों को भोजन करायें।

इसमें कोई शक नहीं, खाने से ज्यादा परोसना महत्त्वपूर्ण *है। उससे भी ज्यादा अहमियत रखता है* ***खाना खिलाने वाला;*** *क्योंकि खाना खिलाने वालों का* ***प्रेम रस, जब खाने में मिलता है तो खाने का आनन्द कई गुना बढ़ जाता है।*** *यह रस नज़र तो नहीं आता, परन्तु महसूस जरूर किया जा सकता है।*

(धीरे-धीरे सभी लोग 2:30 बजे तक खा पी चुके हैं)

बीच में 1:30 घंटे का विराम रखा गया है और 4 बजे काम फिर शुरू किया जाएगा।

विराम क्या मिला, लोगों को गुफ़्तगू करने का बड़ा अच्छा मौका जो मिल गया। अक्सर लोग अपने-अपने कामों में जुटे रहते थे, भला इतनी फुर्सत में कहाँ किसी से मिलने का मौका मिल पाता था। आज मौका मिला है तो कहीं चटपटे चुटकुलों के बाद जोर-जोर से ठहाके लग रहे हैं, तो कहीं गीत गाए जा रहे हैं। कोई अपनी कविताएँ याद कर रहा है तो कोई परेड सा करता दिख रहा है। कोई ऊपर धार के बड़े आम के पेड़ पर चढ़कर मर्चीबगोड़ को निहार रहा है तो कोई खर्राटे भी मारने लगा है।

दूसरी तरफ कलाकारों की स्थिति उस **परीक्षार्थी की तरह है**, जिसे परीक्षा में बैठने से पहले थोड़ा-सा समय मिल गया हो; जिसमें वह पूरी किताब पलट कर देख लेता है।

***

दृश्य-6

ठीक 4 बजे **रामू काका ने आवाज़ लगाई–**

आओ बबा आओ! पैजै अन्यार है जाँछ। बघत पारि काम करि ल्योंल। (आओ मेरे प्यारो आओ, बाद में अँधेरा हो जाएगा, वक़्त रहते काम कर लेते हैं)

रामू काका के अपनेपन भरे शब्दों को सुनते ही, मानो स्वचालित बटन दब गया हो और देखते ही देखते सभी अपने-अपने कामों में जुट गये। कहीं बिजली के तार खींचे जा रहे हैं तो कहीं पर बाक्स टाइप के लाउडस्पीकर रखे जा रहे हैं। कहीं खम्बों पर हार्न टाइप के लाउडस्पीकर बाँधे जा रहे हैं। कहीं पर शामियाने ओढ़े जा रहे हैं तो कहीं तिरपाल। मेकअप रूम को सजाया जा रहा है। मंच पर 3-4 प्रकार के पर्दे लगाये जा रहे हैं, जिन पर अलग-अलग प्रकार के दृश्य प्रदर्शित हैं। मंच के ऊपर कई रंगों के बल्ब लगाये जा रहे हैं, जिन्हें रिमोट से नियंत्रित किया जाएगा। कुछ लोगों को अपनी दुकान लगाने की इजाज़त भी दी जा रही है। बगल में एक मेडिकल रूम की व्यवस्था भी की जा रही है, जिसमें 1 डॉक्टर, 1 नर्स तथा एक वार्डबॉय बैठेंगे। इसमें 2 बेड भी लगाये जा रहे हैं। एक कंट्रोल रूम भी बनाया गया है, जिसे टेलीफोन तथा वायरलैस सैट से लैस किया जा रहा है। सिक्यूरिटी मैनेजर इसके इंचार्ज हैं। फायर फाइटिंग टीम भी कंट्रोल रूम के ही बगल में आग बुझाने की सामग्री के साथ लैस है। इसके अतिरिक्त मैदान के हर तरफ, हर कोने में फायर फाइटिंग के सिलिंडर पहले से ही रख दिये गये हैं। यह सारी व्यवस्था प्रशासन की तरफ से की गई है।

प्रशासन द्वारा दिए गए इतने बड़े सहयोग को देखकर पूरे गाँव वाले व अन्य गाँवों से आए लोग भी हैरान हैं। कहते हैं, क्या ऐसा भी हो सकता है? क्या सरकार इतना खर्च भी कर देती है?

शेरूदा : (*लोगों के मन की स्थिति भांपते हुए*) जनाब, सरकार क्या है? किसके लिए और क्यों है? सरकार केवल जनता के लिए ही तो है। हम कहते हैं, हम प्रजातंत्र देश के नागरिक हैं। 'प्रजातंत्र' शब्द में खुद ही मंत्र

छुपा है। प्रजा का तंत्र ही तो प्रजातंत्र है। अगर हमें जरूरत है तो वह है सिर्फ तालमेल की। तालमेल और सम्बन्ध अमूमन बन नहीं पाते, परन्तु उन्हें बनाना पड़ता है, अन्यथा कौन बुरा है। जो सरकार में बैठा है–वह भी तो किसी का भाई, किसी का ताऊ, किसी की बहन आदि-आदि ही हैं। फर्क इतना है कि वे सरकार में बैठे हैं। यदि हम उन्हें अहसास करा सकें कि उनका और हमारा कितना गहरा रिश्ता है, और उन्हें महसूस होने लग जाए कि वाक़ई रिश्ता है। फिर वे धीरे-धीरे रिश्ते को निभाने लग जाएं, तब सब कुछ कितना आसान हो जाएगा। लेकिन हम ऐसा कुछ प्रयास करते ही नहीं। बस दोष लगाने में ज्यादा वक़्त खो देते हैं। यहाँ हम लोगों ने कुछ प्रयास किया है तो परिणाम आपके सामने है।

(**किसी दर्शक की आवाज़....**वाह, क्या जादू है शेरूदा का!)

शेरूदा : मेरा नहीं, हम सभी का जादू! भला आपके बगैर मेरा अस्तित्व ही क्या है?

....

तीसरा अंक

दृश्य–1

शाम के 6 बजने को हैं। कुछ समय बाद अँधेरा भी होने लगेगा। कई लोग दूर-दूर गाँवों से आए हैं, जिनको अपने घरों को भी जाना है।

शेरूदा : मेरी उन सभी सज्जनों से प्रार्थना है, जो दूर गाँवों से अपने जरूरी कामों को छोड़कर आए हैं और अपने घरों को लौटना चाहते हैं; कृपया, अँधेरा होने से पहले, प्रस्थान करने की कृपा करें। जो लोग यहीं रहना चाहते हैं, उनके लिये खाने-पीने, रहने आदि की पूरी व्यवस्था है। हम रात में भजन-कीर्तन, रियाज़ आदि करेंगे। आपस में गप-शप, चर्चा आदि का भी हमें अच्छा अवसर मिल जाएगा।

हमारे आज के कार्य की रफ़्तार को देखते हुए अनुमान है कि हमारा सारा काम कल दोपहर 1 बजे तक पूरा हो जाएगा। आपके सहयोग के लिये आभार प्रकट करने के साथ-साथ, मैं कहना चाहूँगा कि हम कल पुनः यहीं मिलेंगे।

(जाने वाले सज्जनों ने आपस में दुआ-सलाम की और अपने-अपने घरों को प्रस्थान कर गए। परन्तु काफी लोग आज मर्चीबगोड़ में ही हैं। रात होने लगी, ठंडी हवा बहने लगी। तेरहवीं का चाँद भी अपनी चाँदनी बिखेरने लगा। कई लोग जब चाँद को निहारने लगे तो चाँद खुद भी मुस्कराने लगा। मर्चीबगोड़ आज पूरा जगमगा रहा है और मंच भी क्या खूब खिल रहा है)

ऐसा लगता, मानो जन्नत जमीं पर आ गई। जमीं वही, पर जमीं के लोग; ख़ासकर मालिक का बुद्धिजीवी जीव इंसान, अगर अपनी बुद्धि सही दिशा में लगाना शुरू कर दे तो जन्नत जमीं पर नज़र आने लगेगा।

काश! ऐसा कुछ हो पाता। परन्तु इतना जरूर है—आज यहाँ, लोगों के भीतर पवित्र भावनाओं ने जन्म लेकर, शायद ऐसा ही कुछ करने का प्रयास किया है।

मर्चीबगोड़ की रात, पूरी महफिल की रात बन गई है। पुरानी बातें, पुरानी यादें, बचपन की मधुर यादें, पूर्वजों की आवाज़ों की नकल और फिर ठहाकों पर ठहाके के साथ-साथ महफिल की रात, ख़ास यादगार बनने की तैयारी में है। कहीं रियाज़ चल रहा है तो कहीं संगीत की मधुर धुन भी गूंज रही है।

(रात्रि के 12 बजे तक यह सब बिना रुके चलता रहा, जिसमें खाना-पीना, गाना-बजाना, लतीफ़े, गप्प-शप, रियाज़ आदि सब कुछ शामिल है। धीरे-धीरे 1 बजे रात तक पूरा माहौल शान्त हो गया और सभी लोग, रात्रि के आगोश में सो गये)

***

दृश्य-2

दूसरा दिन भी आया, जिसमें पहले दिन की तरह कार्य चलता रहा। दोपहर के लगभग साढ़े 12 बजे तक मंच व सम्पूर्ण व्यवस्था का सारा काम वैज्ञानिक तरीके से बखूबी पूरा कर लिया गया।

लोगों को वैज्ञानिक तरीके के काम करने पर बड़ा आनन्द आया। ऊर्जा कम, समय कम, परन्तु काम ज्यादा। कई लोगों की समझ में अब थोड़ा-थोड़ा आने भी लगा कि विकसित देश सायद ऐसा ही कुछ करते होंगे। भले ही इस क्षेत्र में नहीं, किसी अन्य क्षेत्र में ही सही।

दिन के 1 बजने को हैं, लोगों को कहा गया कि दोपहर भोजन के उपरान्त जिन्हें अपने घरों को जाना है, मवेशियों को देखना है या अन्य काम है, वे जा सकते हैं। कलाकारों को कहा गया कि भोजन उपरान्त

कुछ आराम करें। आराम के बाद योग, कसरत, ध्यान के साथ-साथ शारीरिक व मानसिक संतुलन का अभ्यास करें और बेफिक्र रहें।

शेरूदा : (कलाकारों को याद दिलाते हुए) *चूँकि आपकी कला के माध्यम से समाज को नई दिशा व राह मिलनी है अतः आप लोग प्रेरणासूत्र का काम करने जा रहे हैं। आपके द्वारा प्रदर्शित की गई सोच, आने वाले कल के लोगों की सोच बन जाएगी। इसलिए आपकी सोच व प्रदर्शन, 'आदर्श रूप' में होना जरूरी है। आपके द्वारा कलात्मक तरीकों से सामाजिक समस्याओं का हल, समाज में नया परिवर्तन ला देगा।* यह तभी सम्भव है जब स्वयं आपके भीतर ऐसी खूबी मौजूद हो; आपकी योग्यता के साथ-साथ ऐसी कला का असरदार व कारगर होना भी जरूरी है।

अन्य गाँवों व दूर से आए लगभग आधे से ज्यादा लोगों ने भरपूर सहयोग देकर, दोपहर भोजन के बाद अपने-अपने घरों को प्रस्थान किया। उन्होंने आश्वासन दिया कि वे अगले दिन दोपहर के बाद मर्चीबगोड़ पहुँच जाएंगे और रात्रि भोज साथ-साथ करेंगे। (शेरूदा, हरकू काका व गाँव वालों ने अतिथि गाँवों से आए लोगों को बड़े प्रेम से विदा किया)

लगभग 200 लोग आज भी मर्चीबगोड़ की रौनक बढ़ा रहे हैं। खाने-पीने, रहने आदि की पूरी व्यवस्था है। आज यहाँ कलाकारों की अलग-अलग कलाएं नज़र आ रही हैं। कोई हारमोनियम पर राग अलाप रहा है तो कोई तबले पर नृत्य, कोई लेफ्ट-राइट करता नज़र आ रहा है, तो कोई कव्वाली गाते।

सिक्यूरिटी, बिजली, स्वास्थ्य, संचार, मंच व्यवस्था आदि के लोग भी यहीं पर थे, ताकि किसी प्रकार की रुकावट बीच में न हो। बिजली की निर्बाध आपूर्ति हेतु दो बड़े जनरेटर की भी व्यवस्था की गई है।

दूर से मर्चीबगोड़ ऐसा लगता, मानो किसी शहर में जश्न हो रहा हो। आज चौदहवीं की रात भी है। लोगों को आने-जाने में इतनी मुश्किल नहीं हो रही है। लोग इस सुहावने मौसम का, रात्रि के पहर का और

साथ में चाँद की चाँदनी का भरपूर लुत्फ़ ले रहे हैं। दूसरी तरफ, आने वाले दिन के बारे में **लोग रात-रात भर सोच रहे हैं कि कल की रात कैसी होगी, जब हमें पूरे महीने भर की हलचल, उथल-पुथल का समाधान मिलने लगेगा! कैसी होगी वो घड़ी...!**

हालाँकि रात्रि की बेला, लोगों को मधुर सपनों के संग सुलाने का पूरा माहौल बनाए हुए है, पर उन लोगों को भला नींद कैसे आती, जिन्हें कल के आने का इन्तजार था। उनकी हालत उस परीक्षार्थी जैसी हो रही है, जिनका पहली बोर्ड परीक्षा का रिजल्ट निकलने वाला हो।

***

दृश्य-3

आख़िर वह दिन भी आ ही गया जिसका सभी को था बेसब्री से इन्तजार। सुबह के 4 बज चुके थे; रामू, भोला, हरिया, सलीम एक साथ परेड करते हुए गुजरते नज़र आ रहे हैं....।

लेफ्ट-राइट-लेफ्ट!

थोड़ी देर बाद भोला, मिट्टी को माथे से लगाते व चूमते हुए नज़र आ रहा है।

कोई भक्ति गीत गा रहा है–**ओ मालिक ओ अन्तर्यामी..........**

ब्रह्म मुहूर्त की इस अमृत बेला में, अलौकिक ईश्वरीय आनन्द का वर्णन कर पाना मुश्किल हो रहा है। सभी अन्दर ही अन्दर महसूस कर रहे हैं, मुस्कुरा रहे हैं, मधुर आनन्द ले रहे हैं, पर कह कुछ न पा रहे हैं। वास्तव में होता भी ऐसा ही है, उस अपरम्पार परब्रह्म को भला कौन जान सका। जिसने भी किया, महसूस किया, पर सही-सही बखान न कर सका। हालाँकि, जिसे जैसा लगा, उसने अपने हिसाब से लोगों को बताया, परन्तु उसका पार कौन पा सका!

सुबह 5 बजे से ही कई गाँवों से आते पुरुष, महिलाएं व बच्चे अपने साथ दूध की बाल्टी, दही का ठेका, घी का बर्तन, अलग-अलग किस्म के फल व किस्म-किस्म की तरकारियाँ लाते नज़र आ रहे हैं।

वाह! क्या नज़ारा है। किताबों में पढ़ते थे, कहानियों में सुनते थे कि कभी हिन्दुस्तान में दूध-दही की नदियाँ बहा करती थीं। शायद इसी तरह, ऐसा ही कुछ होता होगा। लोगों में तब एक-दूसरे के प्रति शायद बड़ा ही लगाव व प्यार होता होगा।

वाह! मर्चीबगोड़ में दूध-दही, फल-सब्जियाँ आदि-आदि का भंडार किस तरह बढ़ता जा रहा है। ***भंडार से लोगों का भंडार भरे, यही तो अनजाना रहस्य है मालिक का! आपका दिल जितना उदार बनता जाता है, उतना ही मालिक उपलब्ध कराता चला जाता है। कितना बड़ा राज छुपा है इसमें!*** *शायद, हम इस राज को जानने की कभी कोशिश करते ही नहीं! अगर किए होते, तो* ***आज दुनिया की इतनी ख़स्ता हालत नहीं हुई होती।***

***

दृश्य-4

देखते ही देखते 10 बजे सुबह तक चारों तरफ हर मोर्चा संभला हुआ नज़र आ रहा है। जिसे जो जिम्मेदारी सौंपी गयी, वह अपने कार्य में एकदम तैनात है। कार्य की जिम्मेदारी भी, व्यक्ति या टोली के सामर्थ्य का आंककर ही सौंपी गई है। परस्पर तालमेल बनाने व तुरन्त समाधान सुझाने वाली टोली का भी, विशेष रूप से गठन किया गया है। लोगों में सकारात्मक प्रतिस्पर्धा भी नज़र आ रही है। हर व्यक्ति अपने काम को बढ़िया से बढ़िया व दिलोजान से करने की कोशिश कर रहा है। दरअसल, हर व्यक्ति के भीतर प्रकृति की दी हुई अनमोल ताकतें छुपी होती हैं, जिसे वह परिस्थिति, माहौल व उपयुक्त वातावरण मिल पाने पर विकसित व प्रकट कर पाता है। जैसे किसी में वैज्ञानिक ज्ञान, तो किसी में कला का ज्ञान होता है। किसी में फौजी ताकत, तो किसी में साहित्यकार के गुण छुपे होते हैं। इसके साथ-साथ आनुवांशिक तत्वों को भी नकारा नहीं जा सकता, जिसका तात्पर्य है कि व्यक्ति विशेष, पीढ़ी दर पीढ़ी किन-किन परिस्थितियों या हालात से गुजर कर आया

है, जिनका प्रत्यक्ष या परोक्ष प्रभाव व्यक्ति के व्यक्तित्व पर पड़ चुका होता है।

दूर-दूर शहरों से लोगों का आना भी शुरू हो गया है। लोगों को दूर-दूर से आता देख, लोग फूले न समा पा रहे हैं। वही लोग जो 1 माह पहले गाँव आए थे, अब विशेष रूप से इसी प्रोग्राम के लिए छुट्टी लेकर गाँव आए हैं।

सोनिया जयपुर से 2 दिनों के लिए गाँव आई हैं, साथ में टॉफी-चॉकलेट लाई हैं। भोला को पास बुलाकर कहती हैं–सभी बच्चों में बाँट दो। बच्चे खुश होकर उछलते हुए कह रहे हैं–सोनिया दीदी आई, चॉकलेट-टॉफी लाई।

सामने से सोबनसिंह जी भी आते हुए नज़र आ रहे हैं। साथ में देशी घी में बने तिल के लड्डू बाँट रहे हैं। हरकू काका से गले मिल रहे हैं।

हरकू काका : (*हाल-चाल जानते हुए*) सोबन कैसा लग रहा है? तुम्हारी मुम्बई नगरी अच्छी है या हमारा मर्चीबगोड़?

सोबनसिंह : मर्चीबगोड़ ददा मर्चीबगोड़। जो बात यहाँ है वो बात वहाँ कहाँ। यहाँ ईश्वरीय आत्मा का अहसास होता है, परन्तु वहाँ सिर्फ भौतिक ढाँचा। वहाँ सिर्फ चमक-दमक है पर यहाँ रसधार का प्रवाह है, जो रूह को तृप्त कर देती है।

(सामने से बलवान सिंह, जो लेह-लद्दाख इन्फेन्टरी में हवलदार हैं, पीठ में पिट्ठू लटकाए हुए चले आ रहे हैं)

बच्चे फिर उछल रहे हैं–बल्लू भइया आए! बल्लू भइया आए!

बल्लू ने सभी को दुआ-सलाम किया।

हरकू काका : बल्लू, छुट्टियाँ आसानी से मिल गई थीं क्या?

बलवानसिंह : नहीं काका, मुझे अपने सी.ओ.साहब से ख़ास गुजारिश करनी पड़ी कि हमारे गाँव में ऐसा प्रोग्राम होने जा रहा है, जिसमें हम फौजियों को भी नई राह मिलने की उम्मीद है। सी.ओ. साहब को जब मैंने अपने पिछले प्रोग्राम के बारे में बताया, तो बड़े खुश हो रहे थे। कहने

लगे, वाकई तुम्हारा गाँव कितना अच्छा है। उन्होंने आप सभी को दुआ-सलाम भेजी है। कह रहे थे, बड़े ध्यान से देखना और सुनना फिर आकर बताना। हम आपसे, आपके गाँव के प्रोग्राम की दिशा व नई राहों का ज्ञान समझकर अपने प्लाटून में भी लागू करेंगे।

(शमशेर सिंह भी अपने आसाम राइफल्स के साथियों के साथ आ पहुँचे। बड़े खुश होकर सभी बुजुर्गो, बच्चों व सभी गाँव वालों से मिल रहे हैं और अपने साथियों का परिचय करा रहे हैं)

अब दिन के 12 बजने को हैं। अन्य गाँवों से तथा दूर-दूर शहरों से लोगों का आना जारी है। पैलाक-ज्युजाग जारी है और मर्चीबगोड़ की रौनक बढ़ती जा रही है। ऐसा लग रहा है, मानो राष्ट्रीय खिलाड़ी, अलग-अलग प्रदेशों से राष्ट्रीय खेल प्रतियोगिता में पहुँचकर, खुले खेल के मैदान पर, अपने-अपने अन्दाज़ में जलवे बिखेर रहे हों।

***

दृश्य-5

अब दिन के 1 बज चुके, भोजन का वक्त भी हो चुका। फिर दूर-दूर से आए लोगों ने न जाने नाश्ता किया भी होगा कि नहीं।

सबसे पहले बाहर से आए लोगों को बैठने की धात पड़ गई। जमीन पर दरियाँ, चटाइयाँ बिछाई गई हैं। खाना भंडारे के तर्ज पर ही परोसा जा रहा है।

बड़े प्रेम से हाथ धुलाना, फिर बिठाया जाना; पहले पानी और बाद में भोजन परोसा जाना, उसके बाद खाना खाने की प्रार्थना करना; कितने पवित्र विचार और कितना सुन्दर आतिथ्य सत्कार...!

भोजन का आनन्द उठाने वाले कितने खुश हैं! सत्कार भाव देखकर ही वाह बोलते; फिर जब खाना, खाना शुरू किया तो क्या स्वादिष्ट खाना! क्या आनन्द! लोग अँगुलियाँ चाट रहे थे, कहते-बड़ा मजा आ गया।

धीरे-धीरे अन्य लोगों ने भी भोजन किया और खाना-पीना 2:30 बजे तक पूरा हो गया। शाम का खाना भी सांय 07:30 बजे तक पूरा कर लेने का प्रयोजन रखा हुआ है, क्योंकि फिर 8 बजे से कार्यक्रम भी तो शुरू किया जाना है।

(शेरूदा ने 3 बजे विशेष मीटिंग रखी थी।)

प्रोग्राम के मुताबिक, ठीक 3 बजे भवानदा ने धात लगायी–

सज्जनो, हमारे 3 बजे की विशेष मीटिंग का समय हो गया है। आप कृपया जल्दी से जल्दी आने का कष्ट करें।

(लोग, जल्दी इकट्ठे हो गए और मीटिंग शुरू हो गई)

शेरूदा : सज्जनो, वह वक़्त हमारे एकदम करीब है, जिसका हम सभी को बड़ा इन्तजार था। पूरे माह भर, हमारे दिलों में बड़ी हलचल व उथल-पुथल रही। हलचल न सिर्फ हमारे बच्चों व युवाओं में रही बल्कि हमारे बुजुर्गों में भी देखने को मिली। (बुजुर्ग लोग यह सुनकर एक-दूसरे को देख रहे हैं)

पूज्यनीय बुजुर्गों में यह हलचल देखकर, ख़ासकर मुझे, अपार आनन्द का अहसास हुआ। ऐसा लगता, मानो आनन्दमय पुष्पों की बरसात हो रही हो। मात्र 2 दिनों के कार्यक्रम से इतना हलचल होना, हमारी जागृति की ओर बढ़ते कदम और सभी की कामयाबी के लक्षण ही तो हैं।

(सभी ने तालियाँ बजाकर सबूत दिया कि निःसंदेह यह बड़ी उपलब्धि है)

(शेरूदा कार्यक्रम की चर्चा जारी रखते हुए.....)

सज्जनो,

हमें, मंच के माध्यम से जो भी हलचल पैदा करने का मौका मिला और जो भी प्रश्न पैदा हुए, अब हम उनका समाधान देने का प्रयास, इन 2 दिनों के प्रोग्राम में करेंगे। हम मात्र प्रयास कर सकते हैं, क्योंकि न कोई इतना विद्वान है और न ही इतना बड़ा ज्ञाता कि सारा समाधान दे सके। हमने जो थोड़ा बहुत समाधान पूरे इलाके भर के महानुभावों से

मिलकर निकाला है, उसे समेटकर दर्शकों के सामने रखने का प्रयास करेंगे। ***इस दिशा में हमारी प्रगति और हमारा विकास भी, वैज्ञानिक खोज की तरह ही होगा।*** यह उसी तरह, जिस तरह विज्ञान ने पहले अणु को अविभाज्य यानी न तोड़े जा सकने वाला मान लिया। परन्तु जब खोज आगे बढ़ी, तो पता लगा कि अणु में परमाणु मौजूद हैं। तब, परमाणु को अभिभाज्य मान लिया गया। परन्तु जब खोज और आगे बढ़ी तो पता चला कि परमाणु में इलेक्ट्रॉन, प्रोटॉन, न्यूट्रॉन आदि मौजूद है। यानी परमाणु के अभिभाज्य होने की धारणा भी ख़त्म हो गयी। कहने का तात्पर्य है कि जिन्हें हम आज खोजकर सत्य मान लेते हैं, जरूरी नहीं कि चिर काल तक सत्य ही बने रहें। खोज तो निरंतर जारी रहने की प्रक्रिया है। आज जिसे हम एकमात्र समाधान के रूप में स्वीकारते हैं, हो सकता है कल वह मात्र विकल्प रह जाए और आने वाले समय में उससे कहीं अच्छा समाधान मिल जाए।

इस जीवन में हम दो प्रकार के संसार से गुजर रहे हैं।

1. भौतिक संसार–जिसकी चमक-दमक की मायावी जकड़ से हम बच नहीं सकते और अपनी कई प्रकार की इच्छाओं की पूर्ति के लिए तरह-तरह के बदलाव लाते रहते हैं।

2. सूक्ष्म संसार–जो नज़र नहीं आता, परन्तु है बड़ा ही कारगर। इस सूक्ष्म संसार के जरिए ही हमारा सामाजिक ताना-बाना जुड़ा है। हमारी भावनाएं, हमारी सोच, सब इस सूक्ष्म संसार की वजह से ही एक-दूसरे से जुड़ी हैं।

सूक्ष्म संसार के माध्यम से ही भौतिक संसार नियंत्रित व संचालित हो रहा है। अगर हमें भौतिक संसार को बेहतर बनाना है, तो इस सूक्ष्म संसार को सुन्दर बनाना होगा। अलग-अलग धर्मों में कई प्रकार की पूजा-भक्ति आदि सब सूक्ष्म संसार को सुन्दर बनाने की प्रक्रियाएं हैं।

(तालियों की पुनः जोरदार गड़गड़ाहट......)

(लोगों की आवाज़ें...) वाह, क्या खूब! सोच की गहराई और ऊँचाई को आंकना कितना मुश्किल है........!!! सभी की नज़रें शेरूदा की विद्वता को स्वीकारते हुए....

शेरूदा : (*अपने विचार जारी रखते हुए*) हमारा मुख्य लक्ष्य

मानव के भीतर इंसानियत को जगाना और उसे इंसानियत की दिशा देना है। मानव जब इंसान बन जाएगा, तो हमारी भौतिक जगत की समस्यायें खुद-ब-खुद सुलझ जाएंगी।

(कई लोग जो एक माह से जिज्ञासा की प्यास से व्याकुल थे, उन्हें आज शेरूदा की बातें सुनकर ऐसा लगा, मानो पहाड़ के झरने का मीठा और ठंडा, लेकिन थोड़ा-सा जल पीने को मिल गया और अब, बड़े सुकून का अहसास कर रहे हैं। उन्हें भरोसा हो गया कि इन्तजार की घड़ियाँ ख़त्म हुई और अब जो भी होगा अच्छा ही होगा)

(शेरूदा के विचार जारी हैं.....)

मेरी आप सभी से विनती है कि हम सभी एक बड़ी टीम की तरह, काम करते हुए इस उपलब्धि को हासिल करने में कामयाब होवें। मैं आपसे अनुरोध करूँगा कि आप कार्यक्रम को सफल बनाने के लिये अपने सुझाव दें और यदि कहीं, किसी भी प्रकार की कमी दिखे तो दूर करने के लिए निःसंकोच जरूर कहें।

(सभी गणमान्य व्यक्तियों ने अपने-अपने सुझाव दिए तथा सभी सुझावों को जोड़कर नई रूपरेखा के साथ कार्यक्रम को निर्णायक रूप दे दिया गया)

इस प्रकार महत्त्वपूर्ण निर्णायक बैठक का समापन हुआ।

***

दृश्य-6

समय कब किसका इन्तजार करता है, अब शाम के 5 बजने को हैं। ठीक एक माह पूर्व की भाँति, कार्यक्रम के शुभारम्भ का समय 8 बजे रखा गया है। सभी कार्यकर्ताओं, वालंटियरों, कलाकारों आदि को स्पष्ट निर्देश दिए गए हैं। योजना के मुताबिक सब कुछ एकदम स्पष्ट है। फिर भी यदि किसी को कहीं पर, कोई दुविधा या आशंका हो तो संचालन कक्ष में बैठे विशेषज्ञ द्वारा तुरन्त समाधान का पुख़्ता इंतजाम किया गया है।

लोगों के अपने निजी काम, जैसे: नहाने-धोने आदि सभी कार्य, व्यवस्थित तरीके से चल रहे हैं। ऐसा लग रहा है, मानो किसी तीर्थाटन पर आए हों। लोगों के चेहरों पर हर कार्य को करने में एक अलग जोश व उमंग साफ देखे जा सकते हैं।

दूसरी तरफ मंच की शोभा देखते ही बनती है। जो भी देखता, कहता "वाह! इतना सुन्दर, बहुत खूब!" मंच को सफेद पर्दों से सजाया गया था। जगह-जगह, अलग-अलग रंगों के बल्ब लगा दिये गये थे। यह सब इसलिए किया गया था कि दृश्य के अनुसार पर्दों पर रंग छोड़े जा सकें ताकि नज़ारा मनभावन हो और हलचल पैदा कर सकें।

पिन्टू : (यू.के.जी. में पढ़ता है, अपने चाचा मंटू से)
चाचा तिरंगा कलर बना कर दिखाओ।

मंटू ने बिजली वालों से आग्रह किया। ऑपरेटर ने हिन्दुस्तान के झंडे के तीनों रंग; केसरी, सफेद व हरा जब मंच के सफेद परदों पर छोड़े तो मंच खिल उठा। बच्चे किलकारी मारते हुए-हमारे झंडे के तीनों रंग! और फिर उछलने लगे।

मर्चीबगोड़ आज दुल्हन-सा सजा-संवरा नज़र आ रहा है। लगभग 5 हजार लोगों के बैठने की व्यवस्था की गई है। वालंटियरों ने सफेद टी शर्ट पहनी है जिस पर गुलाबी रंग में आगे-पीछे बड़े अक्षरों में **'वालंटियर'** लिखा हुआ है।

सम्पूर्ण नियंत्रण का प्रावधान नियंत्रण कक्ष में रखा गया है जहाँ से चारों तरफ का नियंत्रण किया जा रहा है। कहाँ पर क्या हो रहा है, कहाँ क्या होने वाला है, इसकी पूरी ख़बर नियंत्रण कक्ष के पास है। सूचना का तंत्र इतना दुरुस्त बनाया गया है कि हर सूचना, नियंत्रण कक्ष के पास पहुँच रही है। साथ-साथ जरूरतों की पूर्ति, उचित समाधान के साथ, तुरन्त कर दी जा रही है।

कहाँ पर क्या है, पूछने की जरूरत नहीं; सब कुछ लिखा हुआ है। जिन्हें पढ़ना नहीं आता, उनके लिए चिन्ह भी बनाए गए हैं। चिन्हों के बारे में पहले ही बता दिया गया है। पहली बार आए लोगों को समझाने व बताने के लिए वालंटियरों को स्पष्ट निर्देश दिए गए हैं।

वालंटियर, लोगों की सेवा में एकदम तत्पर हैं। जब लोग वालंटियरों

से सेवा लेकर उन्हें धन्यवाद करते हैं तो वालंटियर्स कहते हैं–धन्यवाद आप नहीं हम कहेंगे, क्योंकि आपने हमें सेवा का मौका देकर कृतार्थ किया है। लोग यह सुन बड़े गद्‌गद हो जाते, उनसे कुछ भी कहते नहीं बनता और सोचते–कितने अच्छे संस्कार हैं इनमें! लेकिन उनके दिलों से अपने आप बड़ी दुआएं निकलतीं; इनका भला हो और ये फलें-फूलें।

दूसरी तरफ रात्रि भोज 06:30 बजे से ही शुरू हो चुका है।

अब फिर धात पड़ चुकी है–

सवा सात बज चुके हैं, जिन लोगों ने खाना नहीं खाया है वे कृपया भोजन स्थान पर पहुँचकर भोजन करने का कष्ट करें। 07:30 बजे तक हमारा खाने-पीने का कार्यक्रम पूरा हो जाएगा।

मंच के प्रांगण में अब लोग, धीरे-धीरे गुणमुणाते (कानाफूसी करते) आते जा रहे हैं और वालंटियर उनको बिठाते जा रहे हैं।

■■

चौथा अंक

दृश्य–1

कार्यक्रम शुरू होने में सिर्फ 15 मिनट बचे थे। मंच से वीणा, सारंगी के मीठे स्वर तथा तबले की थिरकन पैदा करने की थाप, अब गूँजने लगी है।

जिस पल का था इंतजार, वो पल अब आने वाला है...!

(लोगों में ऐसी ही बातें चल रही हैं और चेहरों पर मुस्कान साफ दिख रहा है)

लेकिन कुछ लोगों की हालत ऐसी भी है–जैसे क्रिकेट के मैदान में खेल एकदम बराबरी का चल रहा हो, जिसमें एक टीम अपनी भी हो, तब जिस तरह दिलों की धड़कनें बढ़ने लगती हैं, वैसा ही कुछ हाल यहाँ भी देखने को मिल रहा है। उनके चेहरे देखकर, यह साफ पढ़ा जा सकता है।

(शेरूदा मंच पर आते हैं)

शेरूदा : सज्जनो, पूरे एक माह बाद आपसे पुनः इतनी भारी संख्या में मिलने पर बेहद खुशी हो रही है। आज पूरा इलाका परिवार बन चुका है। आज प्रशासन भी हमारी जरूरतों को अपनी जरूरत समझकर, हमारे परिवार का सहभागी सा बन चुका है। हालाँकि, अगर हम प्रशासन को गहराई से देखें तो इसमें अपने ही भाई–बन्धु, बहनें व समाज से जुड़े महानुभाव ही हैं। सिर्फ एक अलग मानसिक सोच है, जो उनको अलग रूप में देखती है। आप सभी के सहयोग और अपार प्रेम का परिणाम,

हम सभी के सामने मौजूद है। आपके दिलों में व मानस पटल पर तरह-तरह की उथल-पुथल, नई-नई सोच व नए-नए विचार उभर रहे होंगे। दरअसल हम, चाहते भी यही थे कि हम सिर्फ अनुगामी न रहकर-विचारक, चिन्तनशील व लीडर भी बनें।

(इंसान जब सोचने लगता है तभी उसे सही और गलत राह का ज्ञान हो पाता है। अक्सर हमें जो कहा गया या बताया गया होता है, हम उसे पीढ़ी-दर-पीढ़ी गाँठ बाँधकर सरकाते चले जाते हैं। मानसिक संकीर्णताएं, हमारी जिंदगी पर कई गाँठ लगाकर रख देती हैं। ***हमारी पूरी जिंदगी, बँधी-बँधायी गाँठों के साथ समाप्त हो जाती है।*** दूसरी तरफ, अगर हम खुले विचारों को लेकर सही राह पर गुजरते चलें, तो यही विचार हमारी जिंदगी में नई रोशनी डालकर, हमें खुशहाली भरी जिंदगी दे सकते हैं।)

शेरूदा : शायद पूरे माह भर आप सोचते रहे होंगे, आपकी रातों की नींद व दिन का चैन भी गड़बड़ा गया होगा। परन्तु, दिन-प्रतिदिन जिज्ञासाओं का बढ़ना, तरह-तरह के प्रश्नों का उभरना, पूरे इलाके और अन्य प्रदेशों तक ख़बरों का फैलना, हमारे लिए बहुत फख़्र की बात है। ठीक उसी तरह, जिस तरह खाना खाने का आनन्द तभी है जब भूख हो। बिना भूख स्वाद भला कैसे आ सकता है, चाहे खाना कितना ही अच्छा क्यों न हो। /(लोगों के बीच से आवाज़.... भूख मीठा कि भोजन मीठा) यह कहावत अक्सर बुजुर्ग लोग कहा करते थे। कहते थे- बच्चो, भोजन कितना ही अच्छा क्यों न हो, अगर भूख नहीं तो भोजन अच्छा नहीं लगेगा। दूसरी तरफ भोजन कैसा भी हो, अगर भूख हो तो स्वादिष्ट लगेगा।/

हमारे इस प्रोग्राम में पूरे इलाके के कलाकार शामिल हैं। हमने एक माह पूर्व जो हलचल अपने कार्यक्रम के जरिए पैदा करने की कोशिश की थी उसका हल-हमने पूरे इलाके भर के विचारकों, बुजुर्गों, कलाकारों आदि

के साथ मिलकर निकालने का प्रयास किया है। हम अपने प्रयासों को मंच के माध्यम से इन 2 दिनों के भीतर प्रस्तुत करेंगे।

मानव जीवन में इतने प्रश्न है कि उनका जवाब देना बेहद कठिन है। हम कुछ नमूनों पर ही चर्चा कर पाएंगे। असली हल तो आप और हम सभी को एक साथ मिलकर ढूँढ़ना है।

हमारे बीच में आज **एस.डी.एम.** बी.डी.शर्मा जी, ब्लॉक प्रमुख डी.सी.पन्त जी, **एस.पी.** एम.के.मीणा जी व अन्य प्रशासनिक महानुभाव भी मौजूद हैं। **डी.एम.** जे.के.राणा जी किसी विशेष कार्य की वजह से नहीं आ पाए। हमने एस.डी.एम. साहब को इस प्रोग्राम के उद्‌घाटन के लिए कहा, परन्तु उनके उच्च विचार ने हमें गद्‌गद कर दिया, जब उन्होंने कहा कि मैं और हमारी टीम; मात्र एक पब्लिक की तरह यहाँ आयी है, हमें आप प्रशासन की तरह नहीं बल्कि एक सेवक की तरह समझें। परन्तु हम उनसे पुनः बीच में दो शब्द कहने की गुज़ारिश करेंगे।

क्षमा कीजिएगा, हमारा प्रोग्राम हमारी राह देख रहा है। हमारे कार्यक्रम की शुरूआत अब परमशक्ति वंदना से शुरू होती है।

***

दृश्य–2

(धीरे-धीरे पर्दा उठता है....)

(हारमोनियम, तबला, वीणा, बाँसुरी के धुनों का धीरे-धीरे मधुर संगम।)

बीच में बहुत बड़ा ग्लोब रखा हुआ है। ग्लोब को चारों

तरफ भांति-भांति के फूलों से सजाया गया है। साथ में धूप-अगरबत्ती भी महक रही है और पूरी गोलाई में कई दीप एक साथ जगमगा रहे हैं। मंच पर हर प्रदेश की वेष-भूषा में नर-नारी ध्यान में लीन हैं।

बीच में से एक कलाकार उभरकर आगे आकर **कहने लगी–**

आप आश्चर्यचकित न होवें यह ग्लोब नहीं, यह हमारा विश्व है। विश्व कल्याण, विश्व शान्ति व मानव मात्र की भलाई हेतु, हम सभी उस परवरदिगार से प्रार्थना कर रहे हैं।

(पब्लिक द्वारा तालियों की गड़गड़ाहट से स्वागत)

वाह! पूजा का क्या नया अन्दाज!

सब का भला हो!

वाह, विश्वबंधुत्व का भाव!

हम तो यह सब किताबों में पढ़ते थे, परन्तु यहाँ तो साक्षात् भाव उभरकर प्रत्यक्ष दर्शन हो रहे हैं। अब पूरा माहौल संगीतमय होता जा रहा है और भक्ति रस के मीठे बोल गूंजने लगे........

ओ मालिक ओ अन्तर्यामी,
ओ परब्रह्म अपारा।
कोटि नमन तेरे चरनों में,
बहा अमृत रस धारा।।

अनगिनत नाम से तुझे पुकारे,
यह जग यह संसारा।
जान सकें ऐसी शक्ति दो,
परमशक्ति दुखहारा।।

राग-द्वेष भौतिक जकड़न संग,
बन्धन मुक्त कराना।
मलय पवन मुस्कान बहा,
जग में रसधार बहाना।।

अविनाशी तू परमशक्ति है,
भेद तेरा किसने जाना।
अपनी माया के सूक्ष्म पिंड पर,
कृपा दृष्टि सदा रखना।।

ज्ञान नहीं है इसीलिये जग,
किया है हाहाकारा।
सद्बुद्धि हमें दो, सत्कर्म करें,
ओ जग के पालनहारा।।

वसुन्धरा में प्यार बहा दे,
सागर प्यार हमारे।
प्रेम की गंगा स्नान करा दे,
आए तेरे द्वारे।।

ओ परमशक्ति तू एक शक्ति,
है महाशक्ति का रूप।
हम अन्जाने तुझे बाँटकर,
कर देते कितने रूप।।

ना भटकें ऐसी शक्ति दो,
ओ ब्रह्मांड विधाता।
हृदय में अपने तुझे बसा लें,
शान्ति समृद्धि सुखदाता।।

ओ मालिक ओ अन्तर्यामी,
ओ परब्रह्म अपारा।
कोटि नमन तेरे चरनों में,
बहा अमृत रस धारा।।

....

ऐसा लग रहा है, मानो देवों की नगरी में परमब्रह्म की उपासना हो रही हो। देवमय दृश्य! ऐसा दृश्य, जिसे देखकर इंसान के भीतर देवों के विचार व भाव प्रकट होकर उसे सम्पन्न कर दें। आत्मा को अगर

उसका पसंदीदा भोजन मिल जाए तो वह कितनी प्रसन्न हो जाती है, लोग ऐसा ही कुछ अहसास कर रहे हैं।

लोग अपने आप नत मस्तक दिख रहे हैं।

परमशक्ति वंदना के बाद, बहुत बड़े थाल में जलती दीपमालाओं, साथ में धूप-अगरबत्ती व फूलों से सुशोभित ग्लोब को पूरी पब्लिक में घुमाया जा रहा है। तीन व्यक्तियों ने, बड़े थाल को सम्हाल कर पकड़ा हुआ है। ग्लोब जो पूरे विश्व का प्रतीक है, जब लोगों के पास पहुँचता है तो हर व्यक्ति कहता है–

हमारी वसुन्धरा!

फिर नत-मस्तक होकर कहते हैं–प्यारी वसुन्धरा, तुझे नमन् और उस परवरदिगार को नमन्; जिसने वसुन्धरा में जीवन देकर हमें धन्य कर दिया।

(शेरूदा मंच पर आते हैं)

शेरूदा : सज्जनो! भक्ति वंदना के बाद अब हमारा कार्यक्रम आगे बढ़ता है। दिलों में बढ़ती हलचल का कितना समाधान हम इन दो दिनों के प्रोग्राम में दे पाते हैं, यह तो आप ही बताएंगे। पर इतना जरूर कहूँगा कि जैसे हमने पिछले प्रोग्राम में भी विचार रखे थे कि हम मिठाई बनाने के मात्र गिने-चुने नमूनों की तरह, प्रश्न व हल आपके सामने रख पाएंगे। इन नमूनों को प्रयोग व व्यवहार में लाकर सैकड़ों प्रकार की मिठाइयाँ, आपसे खुद बनाने की अपेक्षा करते हैं।

प्रोग्राम आवाज़ दे रहा है.... कह रहा है, मैं आ रहा हूँ....। इसलिए मैं तो चला...।

***

दृश्य–3

(धीरे–धीरे पर्दा उठता है.....)

नौ कलाकार ठुमकते, थिरकते व घूमते हुए नज़र आने लगे। कुछ छोटे–छोटे बच्चे, कुछ युवा तो कुछ बुजुर्ग, सभी ठुमकते जा रहे हैं। शरीर पर फूली–फूली सी पोशाक पहने हुए हैं। कोई लट्टू सा घूम रहा है, तो कोई तितली सी दिख रही है। कोई फुदकता चल रहा है, तो कोई लंगड़ाते हुए।

धीरे–धीरे हारमोनियम की धुन व तबले की थाप के साथ आवाज़ गूँजने लगी........।

बुलबुले हैं, बुलबुले!
बुलबुले हैं, बुलबुले!

बुलबुलों के सिवा कुछ भी नहीं,
कुछ भी नहीं।
हम सितारों से आए इस जहाँ पर।
मकसद लिए कुछ आए करने।।
बुलबुले हैं, बुलबुले...!

अगर कदम मिला–मिलाके हो सफर,
दूर तक जा सकेंगे बुलबुले।
अगर भिड़ जाएं तो सफर ख़त्म,
धुंध में समा जाएं।।
बुलबुले हैं, बुलबुले...!

कभी न भूलना कि बुलबुले हैं;
नाजुक बड़ी कमजोर डोर।
हल्की सी चोट, हल्की सी मार;
बुलबुला अब नो मोर।।
बुलबुले हैं, बुलबुले...!

जब तक हैं बुलबुले, रंगी हैं हसीं हैं,
ग़ज़ब ढाते हैं, चाल निराली है, शरबती आँखें हैं।

जब न बुलबुले, न बुलबुले, तब न हसीं;
न चाल न मुस्कान, न रंगी मिजाज, बस सिर्फ यादें...!!
बुलबुले हैं, बुलबुले...!

बुलबुलों के सिवा कुछ भी नहीं...
कुछ भी नहीं...।
कुछ भी नहीं...।
बुलबुले हैं, बुलबुले...!
बुलबुले हैं, बुलबुले...!
बुलबुले हैं, बुलबुले!
बुलबुले हैं, बुलबुले...........!

(धीरे-धीरे पर्दा गिरता है। तालियों की जोरदार गड़गड़ाहट....)

(शेरूदा मंच पर आते हैं)

शेरूदा : हम सब बुलबुले हैं। सिर्फ बुलबुले! बुलबुले, जिनमें हवा भरी है। बुलबुले बेख़ौफ हैं, मानो अजर-अमर-अविनाशी हों। उन्हें अहसास ही नहीं कि वे मात्र बुलबुले हैं। क्या खूब कला बिखेर दी **कलाकारों ने! सचमुच!.....**

मैं भी एक बुलबुला हूँ। न जाने कब कहाँ खो जाऊँगा। कलाकारों ने क्या खूब, गूढ़ मंत्र को उजागर किया! उनका मकसद था कि हम–इस जमीं, उस आसमाँ को एक नए अंदाज में निहारें और इसे नूरानी रूप देने का प्रयास करें। इतने बड़े ब्रह्मांड में दूर-दूर तक हमारी प्यारी धरती जैसे जीवन का, अब तक अता-पता नहीं है। अनगिनत पिंड घूम रहे हैं, कोई बहुत गरम है तो कोई एकदम ठंडा। परन्तु हमारी धरती जितना खूबसूरत रूप धरे, किसी भी आकाशीय पिंड की जानकारी हमें अब तक नहीं। हम धरतीवासी कितने बड़े भाग्यशाली हैं, जिनकी प्यारी वसुन्धरा में परवरदिगार ने, अपने अनगिनत ख़जाने; जड़ व चेतन के रूप में उपजाकर, हम पर लुटा दिए।

योगी-महात्माओं ने इस बुलबुले रूप को जाना और अपने व्यक्तित्व में आश्चर्यजनक परिवर्तन लाकर, लोगों के सामने अपना आदर्श रूप प्रकट किया।

हम ब्रह्मांड की तरफ नज़र डालें तो ब्रह्मांड इतना बड़ा है कि अगर हम अपनी धरती को धूल का कण कहें तो कोई आश्चर्य नहीं होना चाहिए। परन्तु इतना जरूर कहूँगा कि इतनी मनभावन वसुन्धरा शायद ही कहीं हो। (ब्लॉक प्रमुख डी.सी. पंत जी से नहीं रहा गया, उठ खड़े हो गए)

डी.सी.पंत : वाह शेरूदा! गागर में सागर भरकर इतना बड़ा संदेश! थोड़े से शब्दों में आपने कितना बड़ा संदेश बयाँ कर दिया।

शेरूदा : पंत साहब, बस सिर्फ कोशिश की है। हम भी तो बस विद्यार्थी ही हैं, जो जिंदगी भर जानने और सीखने की कोशिश करते रहते हैं।

(अब हरकू काका उठ खड़े हो गए)

हरकू काका: इसमें तुमने "कौन हूँ मैं, हैं कौन हैं हम", का जवाब दिया है ना?

शेरूदा : बिल्कुल दुरुस्त, आपने ठीक समझा काका। हमने सिर्फ प्रयास किया है, पर जवाब को भी मथना होगा। यह सान्द्र अवस्था में है। जैसे–हमने पूरी बोतल भरकर रख दी है। आपको दी गयी पूरी बोतल में से सिर्फ 1 या 2 बूंदों से पूरी 20 लीटर की एक बाल्टी तैयार हो जाएगी।

हरकू काका: जियो मेरे शेरू, जुग-जुग जियो, कितना महान काम किया है।

(बड़ी जोरदार तालियाँ बजने लगी)

(लोगों को अब ऐसा लगने लगा–भले ही उन्हें एक माह का इंतजार करना पड़ा, पर अब धीरे-धीरे उनके दिलों में मौजूद; हलचल की गुत्थियाँ सुलझने लगेंगी। सोच रहे थे, न जाने क्या जवाब होगा। लेकिन अब, जब जवाब की दिशा मिलने लगी है, तो जवाब भी मिलने लगेगा और धीरे-धीरे हमारी सब समझ में आने लगेगा। हालाँकि जिंदगी का

रहस्य काफी गहरा है, परन्तु कुछ हद तक समझ लेने पर जिंदगी को बड़ा सुकून मिलने लगेगा)

शेरूदा : सज्जनो, अब हमारा अगला प्रोग्राम हमें पुकार रहा है। हमारा अगला प्रोग्राम है–**'सोच का जादू'**। इसे लिखा और गाया है, होनहार अदाकारा जुगनी ने। जुगनी की बुद्धिमता की जितनी भी सराहना की जाय, कम है। हमारे 'मंच मंथन' का विचार, जुगनी के ही दिमाग और जुबाँ से उत्पन्न हुआ। अब देखिए, जुगनी किस तरह अपनी कला का जादू, अपने 3 अन्य कलाकारों के साथ, मंच के माध्यम से, आप सभी लोगों पर बिखेरती है। इसमें भी, हमने अपनी पिछली हलचल का जवाब देने का प्रयास किया है।

***

दृश्य–4

(धीरे-धीरे पर्दा उठता है....)

कलाकार थिरकते और गाते हुए मंच पर नज़र आने लगे। फूलों जैसी सुन्दर, फूलों की डाली सा हिलते हुए, कमल के फूल की तरह मुस्कराते कलाकार! **बेहतरीन दृश्य!** लोग देखते ही भाव विभोर!

(तालियों की गड़गड़ाहट....)

वालंटियर हाथ जोड़कर लोगों को शान्त कराते हैं।

जुगली : *(अदाकारा बड़ा अफ़सोस जताते हुए)*
आज दुनिया प्रदूषण से प्रताड़ित है...!
जल प्रदूषण! वायु प्रदूषण! भूमि प्रदूषण! शरीर प्रदूषण! विचार प्रदूषण! राग-द्वेष प्रदूषण! संगीत प्रदूषण! और न जाने क्या-क्या प्रदूषण! और हम सब हैं, इनकी गिरफ़्त में। पर क्या, आपने कभी सोचा कि ये सारे प्रदूषण निकल कहाँ से रहे हैं?

सारे प्रदूषणों का उद्‌गम है सोच।

सोच! सोच! सोच!

सिर्फ सोच!

अन्य कलाकार :

वह कैसे? यह कैसे भला?

अब हारमोनियम के स्वर गूंजने लगे और संग में तबले की धिनक-धिन-धिन धिन-धिन..............।

साथ में कलाकारों के हाव-भाव की लचक!

वाह! वाह! लोगों की उत्सुकता बढ़ती जा रही है..........

जिज्ञासायें बढ़ती जा रही हैं.............आगे क्या होगा.........

गीत शुरू होता है..............

जीवन बदले, दुनिया बदले, अगर बदल लें सोच।
सुखमय मधुमय रंगी हो जब, सही दिशा में सोच॥

माहौल एक है, साथ एक है, खान-पान सब एक।
क्यों चेहरों पर शिकन अलग, क्यों दिखते भाव अनेक??
स्वत: अलग हो जाता है तब, अलग-अलग जब सोच।
सुखमय मधुमय रंगी हो जब, सही दिशा में सोच॥
जीवन बदले, दुनिया बदले....

मन बदले फिर तन बदले, फिर जहाँ बदल भी जाएगा।
बदल-बदल लें अगर सोच को, गगन बदल भी जाएगा।
जान सकें तो जान लें, यह जादू है सोच।
सुखमय मधुमय रंगी हो जब, सही दिशा में सोच॥
जीवन बदले, दुनिया बदले....

कितने खोए कितने पाए, क्या खोए क्या पाए!
नहीं जीतकर भी खुश कोई, कोई हारकर गाए।
काँटों को भी फूल बनाता, ऐसा अचरज सोच।
सुखमय मधुमय रंगी हो जब, सही दिशा में सोच॥
जीवन बदले, दुनिया बदले....

बाहर की भौतिक दुनिया का, जन्म स्थान है सोच।
यह बसाती दुनिया को या, सब कुछ लेती नोच।
प्रदूषण की जननी है जानें, यह भयंकर सोच।
सुखमय मधुमय रंगी हो जब, सही दिशा में सोच।।
जीवन बदले, दुनिया बदले....

सुख-वैभव के पीछे इंसां, फिरता मारा-मारा।
इस जहान में ही मिल जाए, जन्नत का सा नजारा।
गागर में सागर भर देता, मालिक का यह सोच।
सुखमय मधुमय रंगी हो जब, सही दिशा में सोच।।
जीवन बदले, दुनिया बदले....

जीवन फिर यूं नहीं सिसकता, राग-द्वेष की झुलसन में।
कितने सुन्दर फूल महकते, इसके सुन्दर गुलशन में।
क्या पाएंगे हम अपना, ऐसी मीठी सोच?
सुखमय मधुमय रंगी हो जब, सही दिशा में सोच।।
जीवन बदले, दुनिया बदले....

जीवन बदले, दुनिया बदले, अगर बदल लें सोच।
सुखमय मधुमय रंगी हो जब, सही दिशा में सोच।।

(वाह-वाह की आवाज़ें... तालियों की गड़गड़ाहट... धीरे-धीरे पर्दा गिरता है)

क्या खूब! क्या खूब! कितना सुन्दर!
'सोच का जादू'! लोगों में बड़ी चर्चा छिड़ गयी-
एक शब्द में पूरे प्रदूषण का हल बयाँ कर दिया।
सोच! सोच! सोच!
बस सोच!

(चर्चाएँ जारी....) सोच का इतनी गहराई से कभी अहसास न हुआ...

बी.डी.शर्मा : (*अपना अहसास बयाँ करते हुए*) हालाँकि पब्लिक डीलिंग में कई तरीकों को सीखा व अपनाया, परन्तु सोच पर केंद्रित दुनिया की जानकारी, इतनी गहराई से मिलने पर, एक अनोखे आनन्द का अहसास हो रहा है।

ऐसा लगता है, मानो एडमिनिस्ट्रेशन को नई फिलॉसफी का ख़जाना मिल गया हो।

डुंगरसिंह : *(अचम्भित होकर)* यानी इसका मतलब यह हुआ कि इंसान द्वारा रची दुनिया, सब सोच के कारण ही है! मतलब यह हुआ कि **हिन्दुस्तान अगर कभी सोने की चिड़िया थी तो सोच के कारण, और आज अगर दुनिया हाहाकार से पीड़ित है तो सब सोच ही के कारण।**

सरोप काका: प्रधान जी, आप एकदम सही कहते हैं। अब मुझे भी लगने लगा है कि हम सोचने लगे हैं। शायद मथते-मथते, कुछ-कुछ नज़र आने लगा है। शेरू ठीक कह रहा था कि हमें मथते जाना होगा।

लोगों के बीच चर्चाएँ जारी हैं...। जिसका जैसा व्यक्तित्व, उसकी वैसी बातें। लोग अपने-अपने महकमे और काम के हिसाब से; अपनी-अपनी सोच डालकर, नई सोच पैदा करने में लगे हैं। परन्तु अब यह खुशी की बात है कि जहाँ पहले लोग असमंजस व भ्रम में से रहते थे, वहाँ अब, वे स्वयं दिशा खोजने व हल निकालने में लग गए हैं।

(शेरूदा भी मंद-मंद मुस्करा रहे हैं और काफी खुश भी हैं। फिर हों भी क्यों ना, अपनी कोशिशें हक़ीक़त में बदलते जो नज़र आने लगी है।)

(शेरूदा मंच पर आते हैं)

शेरूदा : सज्जनो, हम आपके हार्दिक शुक्रगुजार हैं। यहाँ पर मौजूद लगभग 5 हजार लोगों के चेहरों पर हँसी, आपका और हमारा साथ, साथ में मिठास का अहसास; शब्द नहीं बन पा रहे हैं कि कैसे बयाँ करें...। हमें हमारा अगला कार्यक्रम आवाज़ दे रहा है, देखें क्या संदेश देकर जाता है।

शीर्षक है—अमर सपूतों को जननी हिन्द की आवाज़!

***

दृश्य–5

(पर्दा उठता है....)

बैंड की ढम-ढम-ढम!

साथ में बीन की मधुर धुन!

एक बालिका कलाकार, स्वयं हिन्दुस्तान का रूप धारण किये हुए हैं।

त्रिआयामी हिन्दुस्तान का मानचित्र लिए हूबहू जननी हिन्द लग रही हैं।

सिर्फ चेहरा नज़र आ रहा है।

सभी कलाकार जननी हिन्द के दोनों तरफ शीश झुकाए खड़े हैं।

बालिका कलाकार अब बालिका नहीं, जननी हिन्द हैं और अपने बहादुर सपूतों को आवाज़ देकर पुकार रही हैं।

दोनों तरफ वीर जवान व वीरांगनाएं तैनात हैं–कुछ तीनों सेनाओं व सीमा सुरक्षा की वर्दी में हैं तो कुछ सिविल वेष–भूषा में। कुछ, सिर पर पगड़ी या चुनरी बाँधे जननी हिन्द को सैल्यूट करते या नत मस्तक होते दिख रहे हैं।

धीरे-धीरे बैंड की ढम–ढम तेज!

जवानों व वीरांगनाओं की कदमताल तेज!

जयकारों की गूंज (भारत माता की जय)!

पब्लिक में भी जयकारों की गूंज!

अब जननी हिन्द की आवाज़ गूँजने लगी...

मेरे हिन्द की किस्मत को तुम, आगे बढ़ाना,
आगे बढ़ाना, आगे बढ़ाना।
मेरे हिन्द के मस्तक को तुम, ऊँचा उठाना,
ऊँचा उठाना, ऊँचा उठाना।।

तूफानी राहों से तुम्हें गुजरना होगा।
काँटों की राहों पर निर्भय चलना होगा।
पर हिम्मत में कभी कमी, न आने देना;
न आने देना, न आने देना।।

मेरे हिन्द की किस्मत को तुम, आगे बढ़ाना,
आगे बढ़ाना, आगे बढ़ाना...

मुश्किल की चट्टानें यदि राहों में आएं।
नदिया सागर यदि तुमको राहों में रोकें।
हर मुश्किल में भी मंजिल को, पाना होगा;
पाना होगा, पाना होगा।।

मेरे हिन्द की किस्मत को तुम, आगे बढ़ाना,
आगे बढ़ाना, आगे बढ़ाना...

शक्ति वतन की साथ तुम्हारे हर दम होगी।
आवाज़ वतन हर कदम तुम्हारे दामन होगी।
तुम इंसां के भेष में, मसीहा होना;
मसीहा होना, मसीहा होना।।

मेरे हिन्द की किस्मत को तुम, आगे बढ़ाना,
आगे बढ़ाना, आगे बढ़ाना...

मेरे हिन्द की किस्मत को तुम, आगे बढ़ाना,
आगे बढ़ाना, आगे बढ़ाना।
मेरे हिन्द के मस्तक को तुम, ऊँचा उठाना,
ऊँचा उठाना, ऊँचा उठाना।।

(धीरे-धीरे पर्दा गिरता है। तालियों की जोरदार गड़गड़ाहट.....)

पब्लिक में जयकारों की गूंज :

भारत माता की जय।

भारत माता की जय।

कई बाजुएं एक साथ उठती नज़र आयीं...।

पूरा जोश उमड़ता नज़र आया...।

ऐसा लग रहा है—मानो आज़ादी के मतवाले-रणबांकुरे, आज़ादी का संकल्प लिए जमीं पर प्रण ले रहे हों।

पानसिंह : (*80 वर्षीय वरिष्ठ नागरिक, अपना मन पसंदीदा प्रोग्राम देख, बेहद खुश होकर*) इसको कहते हैं प्रोग्राम, जो भावों से भरा है, जिसमें रसधार है और जिसमें संदेश

है। इस गीत ने पब्लिक में कितना जोश भर दिया! क्या ये काबिले तारीफ नहीं? **हमें फख़्र होना चाहिए कि हम हिन्दुस्तानी हैं।** राहें काँटों भरी हों या तूफानों भरी, हमें हर कीमत पर, 'माँ भारत' की शान को बरक़रार रखना होगा। अगर हम ऐसा नहीं करते **तो फिर कैसी संतान? कैसे सपूत?**

अपनी-अपनी पल्टनों से आए कई जवानों के चेहरों पर भी मुस्कान साफ नज़र आ रही है। कुछ अपनी मूछों पर ताव दे रहे हैं, तो कुछ अपनी बाजुएं बटोरते हुए भी दिख रहे हैं। जवानों की ऐसी हरकतों से साफ लगता है कि जननी हिन्द के लिए मानो सब कुछ करने के लिए तैयार हों...।

अपने-अपने महकमे के हिसाब से लोग देश-प्रेम का अद्‌भुत आनन्द ले रहे हैं।

कुछ गाने भी लगे हैं –

''जो भरा नहीं है भावों से, बहती जिसमें रसधार नहीं।
हृदय नहीं वह पत्थर है, जिसमें स्वदेश का प्यार नहीं।।''

भवानदा भी बड़े खुश नज़र आ रहे हैं। कहते हैं–हमारे प्रोग्राम का इतना असर! कभी सोचा भी न था कि इतना असर भी हो सकता है!

गाने लगे–

बूँद से बूँद मिले तो दरिया, बन सकता है सागर!

....

(शेरूदा मंच पर आते हैं)

शेरूदा : सज्जनो! वक़्त पुकार रहा है। हम 'मंच मंथन' के माध्यम से जो भी हल देने का प्रयास कर रहे हैं, वह काफी सान्द्र यानी गाढ़ेपन की अवस्था में है। आप यह मान सकते हैं कि अगर आपके सामने 1 लीटर की बोतल भर कर रखी गयी है तो इसकी मात्र 2-4 बूँदों से ही 1 जग भरकर पेय पदार्थ बन सकता है। परन्तु इसको मथना जरूरी है। आप इसके घोल को जितना

मथेंगे, घोल उतना ही अच्छा बनेगा और उतना ही आनन्द आएगा। अगर आप सीधे बोतल पीने की सोचेंगे, तो यह काफी भारी पड़ सकता है।

हमें हमारा, अगला प्रोग्राम आवाज़ दे रहा है। इस आने वाले प्रोग्राम का दावा है कि नब्बे प्रतिशत समस्याओं का हल उनके पास है। देखें, इनका दावा कितना सही है...।

/पब्लिक में खुसफुसाहट...अरे देखो-देखो! **सुनो-सुनो!** नब्बे प्रतिशत समस्याओं का हल! **ध्यान से सुनो!** पूरी पब्लिक चौकन्नी! **भला ऐसा मौका कौन चूकना चाहेगा!**/

***

दृश्य–6

(धीरे-धीरे पर्दा उठता है....)

हारमोनियम से संगीत की लहर निकलने लगी और तबलों से धिनक धिन! धिन-धिन-धिन की थाप!

एक छोटा बच्चा बौना बना हुआ है, सर पर पगड़ी है और मूँछों पर ताव दे रहा है। जनाब; धोती, कुर्ता और वास्केट पहने हुए हैं। देखने मे पूरे चौधरी साहब लग रहे हैं।

जनाब के पीछे महिलाएं, पुरुष हैं; जो कभी लड़ते हुए से नज़र आ रहे हैं, तो कभी उँगली व हाथों से एक-दूसरे पर इल्ज़ाम मढ़ते हुए। पूरे नौ लोगों की टीम मंच पर नज़र आ रही है।

चौधरी साहब : (*मूँछों पर ताव देते हुए*)
सुनो-सुनो-सुनो!
एक गूढ़ रहस्य का पर्दाफ़ाश कर जाता हूँ।
बूढा हो गया हूँ। जाते-जाते बता जाता हूँ, क्या पता कल रहूँ न रहूँ। मैंने आज तक जो देखा, जो सुना, जैसा मुझे लगा, बता जाता हूँ...।

/(लोगों की आवाज़ें.....) दसो चौधरी साहब दसो!
आज राज खोल ही दो।/

चौधरी साहब : तो ध्यान से सुनो...

सोच समझ लें गाँठ बाँध लें, दिल से हो अहसास।
गड़बड़ करता है भटकाता, अक्सर हम इसके दास।।
भोला बनकर बैठा रहता, कंठ देश के पास।
बत्तीसी के बीच में, दुबक के करता वास।।

कलाकारों की आवाज़ें ऊँची..... और स्वर तेज होने लगे.....।

अँगारे शोले बनकर, जब इससे निकले काल।
खाते-पीते घर हो जाएं, पल भर में कंगाल।।
यह भिड़ा दे गाँव-गाँव से, चाहे देश परदेश।
प्रोग्रेस सारी धूल मिला दे, धरकर शैतानी भेष।।

चौधरी साहब :

जिह्वा पर प्यारे प्यारो, बस इतना रखना ध्यान।
खूँखार ए तलवार है, छुपी हुई है म्यान।।
सही दिशा रख इस पर रखें, कसा-कसा लगाम।
नब्बे प्रतिशत कष्ट से, मिले बड़ा आराम।।

/(यह सुनते ही पब्लिक में बड़ी जोर की तालियाँ!)
वाह! वाह!
(वालंटियर हाथ जोड़कर लोगों को शान्त कराते हैं)/

कभी पूरी टीम गाती है, कभी आधी टीम तो कभी सिर्फ चौधरी साहब...

टी. वी. न्यूज या भाषण मंच में, देखें इसका रंग।
दुनिया कल्चर सभी बदल दे, देकर अजीब तरंग।।
चक्कर में जिह्वा के गर हम, इस कदर न आए होते!
पेट न रोता हास्पिटल के, इतने चक्कर न होते!!

भोजन शक्ति शरीर का, इससे कंचन काया।
सोच समझ व्यवहार सब, इसकी ही है माया।।
लेकिन भोजन पर पहरा है, जिह्वा का कंट्रोल।
क्या खाओगे क्या पीओगे, है मेन इन्हीं का रोल।।

चौधरी साहब :

यदि लगाम हो जिह्वा पर, अगर सख़्त कंट्रोल।
बैरी जग अपना हो जाए, होगा जीवन अनमोल।।

सभी लोग :

भौतिक कष्टों से मुक्ति मिलेगी, होगी कंचन काया।
मुस्कान-खिला चेहरा बोलेगा, जीवन धन्य बनाया।।

चौधरी साहब :

नफ़रत वैर बादल छटें, राग-द्वेष हों दूर।
धरती प्यार से भर जाए, आए चेहरों पर नूर।।

(धीरे-धीरे पर्दा गिरता है, तालियों की गड़गड़ाहट...पूरा मर्चीबगोड़ मानो झूम उठा)

मोहनचन्द्र : (*मनोविज्ञान के प्रवक्ता हैं, बड़े आश्चर्य से*) वाह! 90 प्रतिशत समस्याओं का हल...। वाह, क्या खोज है...! सचमुच, जिह्वा का इतना ग़हन अध्ययन शायद ही कहीं किया गया हो। बिल्कुल दुरुस्त फरमाया गया है। हमें इसे व्यवहारिकता में लाकर समस्यायें दूर करनी चाहिए।

डॉ.ए.जोशी : (*नए अहसास से*) हम तो जिह्वा को सिर्फ एक अंग के रूप में लेते हैं। हालाँकि, मस्तिष्क का भी रोल होता है; परन्तु कलाकारों के इस गीत ने तो मेरे भीतर भी एक नई हलचल पैदा कर दी है।

माँगई आमा : (*बड़ी खुश होकर*) पै, कतू भलि बात बतै ननौंल। दुनियक भल-नक सब अपण जिभण में हय। भल बुलाय, पुर दुनी अपण। नक बुलाय, त अपण घर बटि लै भ्यार निकालि दिनेर हय। (देखा, बच्चों ने कितनी अच्छी बात बताई है। सब कुछ अपनी जीभ में ही तो है। दुनिया का सारा भला-बुरा, बस इसी जीभ में ही तो है। अगर हम अच्छा बोलते हैं, तो पूरी दुनिया अपनी हो सकती है और बुरा बोलते हैं, तो हमारे अपने ही घर वाले भी, हमें अपने ही घर से बाहर निकाल देते हैं)

कई महिलाओं व पुरूषों को अक्सर बात-बात पर गाली निकालने

की आदत होती है। वे आज इस प्रोग्राम को देखकर व सुनकर बड़ा ही अफ़सोस जता रहे हैं। कुछ मीडिया के लोग भी आए हैं। घटनाओं व बातों को वे भी नमक-मिर्च लगाकर कृत्रिम तरीके से परोसकर, मशहूर कराने का प्रयास करते हैं; आज उन्हें इसका गहरा अहसास हो रहा है। वे भी अब जिह्वा के सही उपयोग की सोचने लगे हैं।

वरिष्ठ प्रशासनिक अधिकारी भी अपने महकमे में होने वाले असर का अहसास कर रहे हैं। कुछ लोग फिल्म के संवाद के बारे में, तो कुछ विज्ञापन के बारे में भी सोचने लगे हैं। कुछ बुजुर्ग, 'वन्दे मातरम्' की चर्चा कर रहे हैं कि किस तरह 'वन्दे मातरम्' की गूँज ने पूरे हिन्दुस्तान में आज़ादी की लहर फैला दी थी।

कुछ बुजुर्ग चर्चा कर रहे हैं–

*वाह! क्या खूब कहा–***यह भिड़ा दे गाँव-गाँव से, चाहे देश-परदेश...!**

इसमें कोई शक नहीं–ये बोल ही तो हैं, जो सब गड़बड़ कर देते हैं; दूर की बात तो दूर अपने घर में ही इस फार्मूले को आजमा लें। बेटे-बाप के बीच, पति-पत्नी के बीच, भाइयों के बीच, बहनों की आपस में; इसी भोली-भाली छुरी का साफ असर देख सकते हैं। यह अपना काम किस तरह चुपचाप कर डालती है और एक ही घर के लोगों को, घर होकर भी बेघर कर देती है..!

कुछ नेता लोग भी सोच में पड़े दिख रहे हैं। सोचते हैं, यह तो उनका प्रोफेशन है, भला इससे कैसे बचा जा सकता है? पर सोचने पर मजबूर हैं, और इन दो लाइनों का असर उनके मानस पटल पर बार-बार वीडियो रिप्ले की तरह हो रहा है–

''टी वी न्यूज या भाषण मंच में, देखें इसका रंग।
दुनिया कल्चर सभी बदल दे, देकर अजीब तरंग॥''

कॉलेज के छात्र इस प्रोग्राम को मार्गदर्शन के रूप में देख रहे हैं। कहते हैं; वाह! प्रोग्राम में, दिल व दिमाग के बन्द दरवाजों को खोलने की पूरी ताकत है। कुछ लोग, प्रोग्राम की वीडियोग्राफी करने में लगे हैं और सब रिकार्ड हो रहा है।

शेरूदा : हमें, आपके मनन-चिंतन, आचार-विचार और स्वयं दिशा खोजकर राह में बढ़ते कदमों को देख, बड़ी खुशी

हो रही है। परन्तु हम समय से बंधे हैं, वक़्त की पुकार, नज़र अन्दाज करना मुमकिन नहीं।
अगला कार्यक्रम हमें पुकार रहा है, सीटी बज चुकी है।
देखें क्या संदेश देता है, हमारा अगला प्रोग्राम....!

***

दृश्य–7

(धीरे-धीरे पर्दा उठता है.....)

(जोर-जोर से आवाज़ आती है...)

कर्म ही.............धर्म है।

धर्म ही...........कर्म है।

कर्म ही धर्म है, धर्म ही कर्म है।

कोई हाफ पैंट में है तो कोई धोती समेटे व कस के बांधे, तो कोई लुंगी में है। किसी के पास फावड़ा है, किसी के पास कुदाल, किसी के पास हथौड़ा है। कोई आरी से लकड़ी काट रहा है, कोई किताब पर जिल्द चढ़ा रहा है, तो कोई पढ़ा रही है। कोई कपड़ा धोते नज़र आ रहा है।

कलाकारों की जुबाँ से यही शब्द निकल रहे हैं–

कर्म ही धर्म है, धर्म ही कर्म है।

(जनता में वाह शब्दों की गूंज... तालियों की गड़गड़ाहट...)

कलाकारों की आवाज़ें अब गीत बनकर उभरने लगे.....

बिना कर्म के हासिल होगा, सिर्फ एक सपना है।
सिर्फ स्वप्न ही देखा करना, खुद को धोखा देना है।।
कर्म-कर्म ही धर्म है, धर्म-धर्म ही कर्म।
उज्ज्वल सफल जीवन तभी, जब कर्म-कर्म का धर्म।।

दूसरी जगह से :

आन-बान और मान का, रहे हमेशा ध्यान।
रहें क्यों निर्भर भीख पर, माँगें क्यों हम दान??

(अब आवाज़ और तेज होने लगी)

तीसरी जगह से :

नहीं भूलना हर पल रखना, एक बात का ध्यान।
दिशा सही हो राह सही हो, सही लक्ष्य का ज्ञान।।

चौथी जगह से :

सही कर्म ही पुण्य है, गलत कर्म है पाप।
कदम-कदम पर ध्यान रहे, बन पाए ना अभिशाप।।

पाँचवीं जगह से :

कर्म धर्म के बिना ही, करते हैं उपभोग।
इसीलिए तो उपज रहे हैं, भाँति-भाँति के रोग।।

पहली जगह से :

मुद्रा पर ही ध्यान है, या खान-पान पर ध्यान।
किया कर्म को बन्द पिटारे, कैसा है यह ज्ञान??

दूसरी जगह से :

हाथ दिए हैं पैर दिए हैं, संग में सारे सिस्टम।
काम न लेंगे जाम हो लेंगे, बिगड़ें सारे सिस्टम।।

तीसरी जगह से :

हाथ हिलायें, पैर हिलायें, सारा जिस्म हिलायें।
देह गरीब न होने पाए, कर्म पे ध्यान लगायें।।

चौथी जगह से :

कर्म ही पूजा, कर्म ही सेवा, बड़ा कर्म का ज्ञान।
कर्म ही सबका भाग्य विधाता, कर्म ही मान की खान।।

पाँचवीं जगह से :

कर्म-कर्म से स्वर्ग है, कर्म-कर्म से नर्क।
राहों का ही हेर-फेर है, दिशा लक्ष्य का फर्क।।

(अब सारे कलाकार साथ-साथ खड़े हो गए। अपने-अपने उपकरणों को उठा-उठाकर हाव-भावों के साथ, बड़े जोश में सभी मिलकर गाने लगे...)

आओ मिल सत्कर्म करें, मिलकर कर्म निभाएं।
असल धर्म को रूह बसा, कर्म योगी बन जाएं।।

(धीरे-धीरे पर्दा गिरता है। तालियों की गड़गड़ाहट....)

क्या बात है! क्या खूब! अति सुन्दर! ऐसे न जाने कितने शब्द निकलते सुनाई पड़ रहे हैं, दर्शकों के बीच.....।

लोगों में बड़ा जोश! इतना जोश कि अभी अगर कोई कर्म करना हो तो एकदम तैयार...!

(लोगों की आवाज़ें अब भी जारी.....)

कर्म ही पूजा! कर्म ही सेवा!

वाह, क्या खूब फरमाया...!

आत्मा एकदम बाग-बाग हो गई...।

पब्लिक महसूस कर रही है–मानो बहुत कुछ पा लिया और मालामाल होते जा रहे हों। क्यों न हों, पा लेना उतना अहमियत नहीं रखता, जितना कि महसूस करना कि पा लिया है। कुछ लोग पा लेने पर भी खाली-खाली सा महसूस करते हैं जबकि दूसरे लोग थोड़ा सा पाकर भी भरा-भरापन व बड़ा सुकून पा लेते हैं। यह तभी सम्भव है, जब रूह को उसका पसंदीदा भोजन मिल जाए।

अगर रूह खुश तो फिर सब खुश ही खुश है।

छोटे-छोटे बच्चों को आज नई बात सुनने को मिल रही थी। बड़े गौर से सुन रहे थे। कर्म भी धर्म हो सकता है, पहले अटपटा सा लग रहा था, परन्तु बाद में जब हाथ-पैर हिलाते, शरीर हिलाते व काम करते हुए कलाकारों को मंच पर देखा तो विचारों के साथ, समझ में भी आने लगा।

टिंकू : (*बड़े आश्चर्य से*) मैं तो अपने हाथों का इस्तेमाल सिर्फ खाने-पीने और लिखने में करता हूँ। स्कूल में थोड़ा पी.टी. कर लेता हूँ, बस। अगर हम हाथ, पैर व शरीर से काम न लेंगे तो क्या सचमुच कमजोर हो जाएंगे?

महेन्दर राम: (*बीते स्कूल के दिनों को याद करते हुए–जब उन्हें खुद की हिफ़ाज़त करना सिखाया जाता था*) बेटे, आप बिल्कुल सही सोच रहे हैं। मालिक का हमें दिया शरीर भी बहुत बड़ा ख़ज़ाना है। परन्तु यदि हम, इस ख़ज़ाने को इस्तेमाल में नहीं लाएंगे तो इसके भीतर मौजूद

अनेक सिस्टम, सुस्त होने लगेंगे। फिर शरीर, धीरे-धीरे कमजोर पड़ने लगेगा। जैसे, थोड़ा-सा मौसम बदलने पर या खान-पान में बदलाव आने पर बीमार होने लगेंगे। और आखिर में हम इस दुनिया से बिना कुछ किए ही चले जाएंगे। अगर हमारी जिंदगी कमजोर शरीर व बीमारी में ही गुजरती जाएगी, तब भला हम ईश्वर के उपजाए खूबसूरत आसमान और ख़जाने से भरी वसुन्धरा का आनन्द कैसे उठा पाएंगे?

रिंकू : (*कार्यक्रम से प्रेरित होकर*) हमारे पास में लोग, कूड़ेदान में कूड़ा डालने के बजाए, चुपचाप बाहर फेंककर चले जाते हैं। अब मैं अपने हाथों से बाहर बिखरे कूड़े को, कूड़ेदान में डालूँगा। अपने दोस्तों से भी कहूँगा कि अपने हाथों का इस्तेमाल करें। फिर हम, अपने पूरे इलाके को साफ रखेंगे।

खगोती : (*खेती-बाड़ी से मन ऊब सा गया था, नई बात जान, खुश होकर*) मैं खूब मेहनत करूँगी। अक्सर मैं मन्नू के बाज्यू से कहा करती थी, क्या रखा है इतनी मेहनत करने में। इतनी मेहनत करने से क्या होगा। परन्तु बच्चों ने तो मेरा हौसला ही बढ़ा दिया।

(हर व्यक्ति अपने-अपने क्षेत्र में अपने-अपने हिसाब से काम करने की सोच रहा है)

कितनी खुशी की बात है, कर्म के प्रति लोगों का रुझान, अपने आप में बड़ी कामयाबी नहीं तो और क्या है।

गाँवों से आए प्रधान, गणमान्य व्यक्ति, मननशील व बुद्धिजीवी वर्ग; 'मंच मंथन' को एक कामयाबी के रूप में देखने लगे हैं। एक-दूसरे से कहते हैं-एक छोटे से प्रोग्राम के द्वारा इतना बड़ा परिवर्तन भी लाया जा सकता है, कभी न सोचा। इस प्रोग्राम ने तो नई चेतना व नई जागृति ही ला दी!

प्रशासन के लोग भी इसे एक बड़ी कामयाबी के मूल मंत्र के रूप में देखने लगे हैं। **सोचते हैं**-इतने कम समय में इतना ज्यादा असर!

दरअसल, कला और विज्ञान का जब भी संगम होता है, विकास व उन्नति उभरने लगती है। यदि हम विज्ञान को शरीर के लिए भौतिक दुनिया के निर्माण में कामयाबी के रूप में देखें, तो कला को आत्मीय शक्ति सशक्त कर, कामयाब बनाने के रूप में देख सकते हैं। इसलिए हमें इस बात का ध्यान रखना जरूरी होगा कि शरीर के लिए भौतिक दुनिया की चमक-दमक जुटाने के चक्कर में, कहीं हमारी आत्मा सूख न जाए और उसकी दुर्दशा न होने लगे।

(शेरूदा मंच पर आते हैं)

शेरूदा : सज्जनो, हमें उम्मीद है कि शायद हमारे कदम कामयाबी की ओर बढ़ रहे हैं। लोगों द्वारा स्वयं हल निकालना, सोचना, समझना, तर्क-वितर्क करना, निष्कर्ष निकालना, फिर निश्चित करना कि निर्णय व दिशा दोनों सही हैं और तब आगे बढ़ना; यही तो हैं—**कामयाबी की तरफ बढ़ते कदम!**

हमारा अगला कार्यक्रम हमें पुकार रहा है। हम वक्त से बंधे हैं। फिर बंधना भी तो जरूरी है, अन्यथा मंजिल तक कैसे पहुँच पाएंगे।

इस कार्यक्रम के बाद इन्टरवल होगा, जिसमें चाय-पानी, मडुवे के बिस्कुट, तिल के लड्डू आदि का इन्तजाम किया गया है। आपके ही स्थान पर सेवा की सारी व्यवस्था की गई है। प्रसाधन या अन्य सेवा हेतु, हमारे महिला व पुरूष दोनों वालंटियर तत्पर हैं। आप सिर्फ अपना हाथ ऊपर उठा दें, हम आपका इशारा समझ, आपके पास पहुँच जाएंगे।

आएं देखें, हमारा अगला कार्यक्रम हमें किस मंजिल की राह दिखाता है।

***

दृश्य–8

(पर्दा धीरे-धीरे उठता है)

बाँसुरी की मीठी धुन। सारंगी, वीणा के मधुर स्वर व मृदंग की खनखनाती आवाज़। शंख के शंखनाद की गूँज भी...

साथ में आवाज़ आ रही है–

जय हो! जय हो!

पुरूष कलाकारों ने सफेद व नीले रंग के कपड़े पहने हैं। कमर में हरा कपड़ा बाँधा हुआ है। सर पर पीले रंग की टोपी पहन रखी है। महिला कलाकारों ने गुलाबी रंग के कपड़े पहन रखे हैं। कमर में बसंती रंग का कपड़ा और सिर पर हरे रंग की चुनरी बाँधी है।

कलाकार अब थिरकते और हाथ जोड़ते हुए आगे बढ़ते हैं।

कभी दाएं हाथ से आदाब करते हैं तो कभी बाएं हाथ से। कभी हृदय पर हाथ लगाकर जयकार करते हैं, तो कभी दोनों हाथों को चेहरे के सामने लाकर जय हो कहते हैं।

रेनू इस टीम का नेतृत्व कर रही हैं।

(देखते ही देखते सभी आवाज़ें एकदम शान्त हो जाती हैं)

सारे कलाकार, एक जगह पर स्थिर व शान्त।

रेनू : सुनो! सुनो! सुनो! हम जयकार करते हैं; उन अन्नदाताओं की, जिनकी बदौलत हमारे शरीर स्वस्थ, तन्दुरूस्त और जीवित हैं। **वे हैं**–अन्नदाता किसान! साथ-साथ हम जयकार करते हैं; उन जाबांज जवानों की, जिनके दम पर हम सुख-शान्ति और अमन चैन से जिंदगी बिता रहे हैं। हम कहीं गलत तो नहीं कह रहे.....?

(लोगों की आवाज़ें.....**एकदम दुरुस्त फरमाया।**

....एकदम सही, इसमें कोई शक नहीं)

तो आओ मिलकर नमन करें अन्नदाता किसान...!

साथ ही नमन करें जाबांज जवान...!

(संगीत की मधुर धुन पुनः गूंजने लगी। कलाकारों का थिरकन भरा नृत्य जारी...)

जय-जय-जय-जय ओ किसान!
जय-जय-जय-जय ओ जवान!

ओ किसान! मेरे किसान, तुझे नमन है बारम्बार।
खून पसीना एक-एक कर, तू जग का पालनहार।।
ओ जवान! मेरे जिगर, रक्षक प्रहरी, सच्चा सेवक,
प्रणाम है बारम्बार।
मातृभूमि भी ऋणी है तेरी, सब पर तेरा उपकार।।

जय-जय-जय-जय ओ किसान!
जय-जय-जय-जय ओ जवान!

बिन किसान खुशहाली आए, यह तो पागलपन है।
अमन चैन आए जवान बिन, बिल्कुल मूरखपन है।।

जय-जय-जय-जय ओ किसान!
जय-जय-जय-जय ओ जवान!

कण-कण माटी से किसान सन, खून पसीना तन-मन-धन।
पैदा करता खुशहाली, जग को देता जीवन धन।।
वीर सिपाही चौकस रहता, देश प्रेम पर मरता।
अमन चैन जन-जन की खातिर, जान भी कुर्बां करता।।

जय-जय-जय-जय ओ किसान!
जय-जय-जय-जय ओ जवान!

देश-देश ओ मतवालो, मौज. उड़ाते मतवालो।
जिनसे खुशहाली अमन चैन है, उन्हें न भूलो-उन्हें न भूलो।।
मान-शान गौरव राष्ट्र का, जय जवान है, जय किसान है।
एक खिलाता फूल प्यार से, दूजा रक्षा करता है।।

जय-जय-जय-जय ओ किसान!
जय-जय-जय-जय ओ जवान!

काबिल तुम हो पूजा के, नमन है बारम्बार।
मन हृदय में सदा बसे, जन-जन का प्यार अपार।।

जुबाँ-जुबाँ हर दिल से निकले, प्यार भरा इनका सम्मान।
खुशहाली संग बनी रहे, इनकी फूलों सी मुस्कान।।
जय-जय-जय-जय ओ किसान!
जय-जय-जय-जय ओ जवान!

(धीरे-धीरे पर्दा गिरता है तालियों की गड़गड़ाहट.......)

दर्शक गणों में मौजूद फौजी भाइयों की आँखें नम हो गईं। कुछ तो रोने भी लगे। शायद ये खुशी के आँसू थे। कभी न सोचा था कि उन्हें इतना सम्मान भी मिलेगा। अक्सर फौजियों को मात्र लड़ने वाले सिपाही के रूप में ही देखा जाता है। राष्ट्र के प्रहरी व रक्षक के रूप में शायद ही कभी महसूस किया गया हो।

शेभित पाल : *(आसाम राइफल्स में हैं, बड़े भावुक होकर)*

"मातृभूमि भी ऋणी है तेरी, सब पर तेरा उपकार!"

– कितनी बड़ी बात मंच के माध्यम से कह दी गयी..!

/फौजी भाइयों को अपने आप पर भी आश्चर्य हो रहा है कि क्या वे सचमुच इतना बड़ा काम करते हैं!/

श्री पानसिंह जी 80 वर्ष के बुजुर्ग, तो इतने गद्‌गद हो गए कि मंच के ऊपर ही आ गए और कहने लगे–बच्चो नाराज न होना, मुझसे रहा न गया, हालाँकि मैं काफी पहले रिटायर हो चुका, परन्तु आज मुझे लगा कि जवानों की कुर्बानियों को इस मंच ने बखूबी महसूस किया है। उन्हें जो सम्मान दिया गया, वह मेरी कल्पना से भी कहीं आगे है। मैंने कभी इतने सम्मान की उम्मीद न की थी।

गाँवों में तो लगभग सभी किसान ही होते हैं। फर्क बस इतना होता है कि किसी के पास कम जमीन तो किसी के पास ज्यादा जमीन होती है। इस प्रोग्राम को देखने के बाद हर कोई एक-दूसरे को देख रहा है।

माँगई आमा : *(आश्चर्य से)* हम लै के किसान होये?

रेवती : हाँ, आमां आप किसान छा। आपके लिए ही यह गीत गाया जा रहा था।

(आमा-दादी; हम लै के-हम भी क्या; किसान होये-किसान हुए; छा-है (एकवचन); छैं-हैं (द्विवचन/बहुवचन)

माँगई आमा : कतू भल नन छैं यों! हमर लिजी भल-भल गीत गहाण में। (बच्चे कितने अच्छे हैं, हमारे लिए इतना अच्छा गीत गा रहे हैं)

/पब्लिक में बड़ी खुसफुसाहट है। कुछ लोग कहते हैं, पर यह सब तो हम अपने लिए ही करते हैं, इसमें कौन सी इतनी बड़ी बात है?/

(लोगों की परस्पर वार्ता जारी...)

एक–हाँ भई, हाँ–हम जरूर सब अपने लिए करते हैं, परन्तु जिस अन्न को हम उगाते हैं, उसी पर तो मानव जीवन का भोजन निर्भर है।

कमराड़ से आए पं राधावल्लभ जी समझाते हैं–

हमें खुद नहीं मालूम कि हम कितना बड़ा काम करते हैं। यह वह कर्म है–" जिस पर सभी का भोजन निर्भर है और जो मानव की ही नहीं बल्कि समस्त प्राणियों की भी मूल आवश्यकता है।" बाक़ी तो सब शौक-इच्छाएं हैं, जो जिंदगी भर बढ़ती जाती हैं, शरीर के लिए भोजन तो सबसे पहले चाहिए।

दूसरा–हमारी शक्ति, हमारी सोच, हमारी प्रगति सब हमारे भोजन व खान-पान पर ही तो निर्भर है। हम उस भोजन को पैदा करते हें, जो सबको पालता है।

तीसरा–इस भौतिक जगत में सभी कर्म करते हैं, परन्तु कुछ लोग इतने अच्छे कर्म करते हैं कि दुनिया उनके कदमों में होती है। 'मंच मंथन' के कार्यक्रम ने हमें अहसास करा दिया कि हम कितना अच्छा कर्म कर रहे हैं।

भोपी : (*सिनार गाँव से आए हैं, भाव विभोर होकर*) हमने तो खेत जोतना कम सा कर दिया था, सोच रहे थे–क्या रखा है इन खेतों में। 4 बोरे गेहूँ और 2 बोरे चावल खरीद कर रख लेते हैं, पूरे साल भर का जुगाड़ हो जाएगा। पर इस प्रोग्राम ने मेरी आँखें खोल दीं। **मैं भूलने लगा था कि मैं भी एक किसान हूँ और खेती-बाड़ी छोड़ने की सोचकर, कितनी बड़ी भूल करने लगा था?** अगर मेरी जैसी सोच सभी की हो जाए तो अन्न कौन उगाएगा? जब अन्न ही नहीं उगेगा तो लोग क्या

खायेंगे। मैं सलाम करता हूँ, 'मंच मंथन' की पूरी टीम को।

चर्चाएं, फिर चर्चाओं पर चर्चाएं........ लगातार जारी........

दरअसल हर व्यक्ति का अपना नज़रिया होता है और वही नज़र आता है, जो काम किया होता है, कर रहा होता है, सीखा, देखा या सुना होता है।

इन्टरवल के साथ-साथ जलपान आदि भी शुरू हो गया है। सबसे पहले पीने का पानी एक दिशा से घुमाया जा रहा है, फिर शर्बत। पानी के गिलासों को एकत्र किया जा रहा है। अब शर्बत के खाली गिलासों को इकट्ठा किया जा रहा है। चाय दी जा रही है, साथ-साथ मडुवे के बिस्कुट व तिल के लड्डू भी। बुजुर्गों की आवाज़ें साफ सुनाई पड़ रही है–

जियो मेरे लाल! जियो मेरी गुड़िया!
हमें नाज़ है, अपने इन नौजवानों पर।
ईश्वर आपको ऐसी ही सद्बुद्धि दे।
आप लोगों के हर काम में बरकत हो, उन्नति हो।

इतना सारा प्यार पाकर वालंटियर अपने दिलों में 'नौ डल फूलों का सा अहसास' कर रहे हैं। मन प्रसन्नचित्त और हृदय आनन्दमय है।

प्रशासनिक पद्धति से काम हो रहा है। वितरण में न तो कहीं भीड़ नज़र आ रही है और न ही कहीं देरी। बिजली की सप्लाई की तरह मानो धारा हर जगह बह रही है। चाय के कप व साथ में प्लेट आदि यथास्थान पहुँच रहे हैं।

(देखते ही देखते 15 मिनट के भीतर ही चाय-पानी हो चुका है)

पब्लिक में बड़ी जोर-शोर से चर्चाएं भी जारी हैं...। कुछ विदेशों में रहने वाले लोग भी गाँव आए हैं, प्रोग्राम की वीडियो फिल्म बना रहे हैं और काफी खुश नज़र आ रहे हैं। कहते हैं–इतने अच्छे आइडिया तो डायरेक्टर के पास भी नहीं होते। यहाँ तो मानो थॉट ही थॉट है। इन पर न जाने कितनी फिल्में बन सकती हैं। कोई कहता है–हमें तो इसमें पूरी लाइफ फिलॉसफी नज़र आती है, यहाँ तक कि रिसर्च भी की जा सकती है।

(दिल्ली यूनिवर्सिटी के प्रोफेसर वी.के.गोयल, अपने दोस्त के साथ गाँव घूमने आए हैं। प्रोग्राम से प्रभावित होकर)

प्रो. गोयल : *प्रोग्राम इतना प्रभावशाली है कि कई मार्ग एक साथ खोलने की क्षमता रखता है। पहले प्रश्न उठाकर हलचल पैदा कर देना, फिर उनका हल सुझाना, कितनी बड़ी बात है।* ***यह ऐसा मंथन है, जो व्यक्ति विशेष के दिल में इस कदर बैठ जाता है कि उसकी जीवन शैली ही बदल सकता है।*** *मैं खुद को बहुत पढ़ा लिखा समझता था, परन्तु यह देखकर अब लगता है कि मुझे बहुत कुछ सीखना बाक़ी है। मुझे महसूस हो रहा था कि मैं एक बच्चे की तरह क्लास में बैठा सीख रहा हूँ। मैं शिक्षक जरूर हूँ, परन्तु असली शिक्षक वही है जो लोगों के जातिगत, धर्मगत, वंशगत, सामाजिक अज्ञानतावश पैदा हुए बन्धनों को खोल सके। यहाँ पर ऐसा ही कुछ हो रहा है।* ***लोगों को खुद नहीं मालूम कि उनके बन्धनों को खोला जा रहा है और उन्हें स्वतंत्र विचार की ओर बढ़ाया जा रहा है।*** *मुझे यह साफ नज़र आ रहा है क्योंकि रिसर्च में मुझे ऐसा ही मौका मिला था, जब मैं सवालों को गले लगाकर, जवाबों को ढूँढ़ा करता था।*

(शेरूदा मंच पर आते हैं)

शेरूदा : सज्जनो, उम्मीद है–सभी ने जलपान आदि कर लिया होगा।

/**जनता से आवाज़.....**शेरूदा, बहुत सुन्दर व्यवस्था थी जलपान की।/

शेरूदा : शायद आप, हमारे कार्यक्रम के हर भाग में पिछले प्रश्नों के हल ढूँढ़ रहे होंगे। **मैं आपको बता दूँ कि हमारे हल; गणित के वेन चित्रों की भाँति हैं–जिनमें कभी एक ही वृत के भीतर कई वृत होते हैं तो कभी-कभी कई वृत आपस में एक-दूसरे को काटते हैं। हमारे समाधान भी कुछ ऐसे ही हैं। कभी-कभी समाधान सीधा, कभी कई भागों में, तो कभी परस्पर जुड़ा हुआ होगा। परन्तु इतना जरूर कहूँगा, आप इसे जितना मथेंगे, हल उतना साफ नज़र आता जाएगा।**

हम समय को नहीं रोक सकते। समय से ही

वर्तमान, भूत व भविष्य सभी जुड़े हैं। हम सभी को भी निश्चित समय दिया गया है, चाहे उसे जिंदगानी कहें या उम्र! अगर चूक गए तो फिर न जाने कितनी दूर हो जाएंगे! हो सकता है, दोबारा मौका ही न मिले।

आइए देखें, अगला कार्यक्रम हमें कौन सा हल सुझाता है।

***

दृश्य-9

(धीरे-धीरे पर्दा उठता है.......)

नदी, पहाड़, खेतों का बेहतरीन दृश्य! मजदूर, किसान, की टीम है। जमीन है। जमीन में माटी है। हर व्यक्ति नंगे पैर है। कोई जमीन पर माथा टेक रहा है, कोई मिट्टी को माथे से लगा रहा है तो कोई मिट्टी को चूम रहा है। कोई मिट्टी को बड़े आश्चर्य से देख रहा है।

(धीरे-धीरे आवाज़ गूँजती है...)

ओ माटी, प्यारी माटी! मातृभूमि की माटी।
ओ माटी, प्यारी माटी! वसुन्धरा की माटी।
ओ माटी, प्यारी माटी! धरा पिंड की माटी।
सलाम! सलाम! सलाम! तुझे कोटि-कोटि सलाम!

साथ में मृदंग व तानपुरा के संगीत से वातावरण संगीतमय होने लगा। (कलाकारों के मधुर स्वर, गीत बनकर लोगों के दिलों में समाने लगे...)

इस माटी से तिलक करें, फिर मिलकर इसे सलाम।
मिलकर इसे सलाम।

इस माटी ने सबको पाला, यही है पालनहार।
इसने सबको जनम दिया, इसका सब पर उपकार।।
इस माटी से तिलक करें, फिर मिलकर इसे सलाम..
मिलकर इसे सलाम...

माटी से ही सभी उपजते, विचरण माटी में करते।
जीवन लीला पूरी कर फिर, माटी में मिल जाते।।
इस माटी से तिलक करें, फिर मिलकर इसे सलाम..
मिलकर इसे सलाम...

जरा चूमकर देखो माटी, लगा के इसको माथा।
सम्राट, वीर या महारथी की, लिखी है इसमें गाथा।।
इस माटी से तिलक करें, फिर मिलकर इसे सलाम..
मिलकर इसे सलाम...

दुनिया के सारे रिश्ते, इससे जुड़कर ही आते।
मालिक का है यह ख़ज़ाना, अनगिनत है रंग निकलते।।
इस माटी से तिलक करें, फिर मिलकर इसे सलाम..
मिलकर इसे सलाम...

तूफानी हो नूरानी, या माया भंडारी।
माटी की चक्की के आगे, सब बेबस लाचारी।।
इस माटी से तिलक करें, फिर मिलकर इसे सलाम..
मिलकर इसे सलाम...

क्या हमें भूलना जायज होगा, जनम-जनम के रिश्ते?
जीव-जीव मानव क्या कहना, इससे जुड़े फरिश्ते।।
इस माटी से तिलक करें, फिर मिलकर इसे सलाम..
मिलकर इसे सलाम...

राजा रंक फकीर हो योगी, चाहे हो अवतारी।
पाला गोदी में सुला दिया जब, देखा बेबस लाचारी।।
इस माटी से तिलक करें, फिर मिलकर इसे सलाम..
मिलकर इसे सलाम...

जीवन तो बहती धारा है, यह तो आए जाए।
जग से जाएं कर काम कि ऐसा, माटी में खुशबू आए।।
इस माटी से तिलक करें, फिर मिलकर इसे सलाम..
मिलकर इसे सलाम।

मिलकर इसे सलाम...।
मिलकर इसे सलाम...।

....

(धीरे-धीरे पर्दा गिरता है)

वाह! वाह! क्या खूब! क्या खूब! दर्शक भाव विभोर हैं। उनमें से कुछ जमीन चूम रहे हैं, कुछ माथा टेक रहे हैं।

कोई कह है–जिससे हमारा इतना गहरा रिश्ता, हम उसे ही भुला बैठे...!

कलाकारों ने हमें कितना बड़ा सच दिखाया है!

गणमान्य लोग भी अपनी कुर्सियों से उठ खड़े हो गए। शायद मन ही मन सोच रहे हों कि काश! हम भी जमीन पर ही बैठे होते–भले ही कुछ पल के लिए ही सही, माटी के करीब होने का मीठा अहसास तो करते।

कोई सन्त कबीर के गीत गा रहा है–

"माटी कहे कुम्हार से, तू क्या रूँदे मोहि।
इक दिन ऐसा आएगा, मैं रूँदुंगी तोहि।।"

समाज सेविका, राधिका बहन जी–

'मंच मंथन' ने हमें मूल तत्वों से जुड़ने का कितना बड़ा संदेश दिया है! पिछले महीने के कार्यक्रम में कलाकारों ने इंसान के कई कालों से गुजरने व मौजूदा काल के शोषणकाल के रूप में उभरने का संदेश देकर, लोगों में जो हलचल पैदा कर दी थी, आज उसका जवाब इस मूल तत्व से जुड़कर ढूँढ़ने का संदेश हमें मिला है। *अधिकतर हम; माया, मोह, लोभ, अहं आदि में डूबकर दिशाभ्रमित हो जाते हैं और जीवन के वास्तविक आनन्द से वंचित रह जाते हैं। हम उसी मिट्टी को भूल जाते हैं, जिससे उपजे हैं। जबकि वही माटी, हमारे हंस के उड़ जाने पर, हमें अपना प्यार का आँचल ओढ़ाकर अपने में समा लेती है। अफ़सोस! जिसका हम पर इतना बड़ा उपकार है, हम उसे ही भूले बैठे हैं।*

वाह, असल ज्ञान! वाह, सूक्ष्म ज्ञान!

मधुमिता घोष: *(यूनिसेफ में जनप्रतिनिधि हैं, अपनी मित्र के साथ हिल स्टेशन घूमने आई हैं, आज इस प्रोग्राम में मौजूद हैं)* वाह! मुझे इस गीत में वो भाव नज़र आए जो सम्पूर्ण मानव मात्र को एक सूत्र में बाँध सकते हैं। **विश्व में ऐसा कौन व्यक्ति है, जो इस माटी से अछूता है।** जब हम सब इस माटी से जुड़े हैं तो हमारे बीच में भी रिश्ता है। फिर रिश्ता होने के बावजूद भी न जाने क्यों हमारी सकारात्मक सोच उपज ही नहीं पाती? हम कूटनीतिक प्रयासों में लगकर, अपनी सारी ऊर्जा, बस यूँ ही बर्बाद कर देते हैं। यही ऊर्जा अगर हम सकारात्मक प्रयासों में लगाते, तो पूरा संसार कितना समृद्ध व आनन्दमय हो जाता। पर दुर्भाग्य है कि हम सिर्फ लड़ाने-भिड़ाने, कमाने और निजी स्वार्थ साधने की प्रवृति में लिप्त रहकर, अपना सारा कीमती वक्त नष्ट कर देते हैं। कभी उदार, सहिष्णु व दूसरों की तकलीफ बाँटने का प्रयास ही नहीं करते। परिणाम स्वरूप खुद तो परेशान रहते ही हैं, साथ-साथ जो लोग सुख-चैन से जी रहे होते हैं, उनका चैन भी उड़ा देते हैं। **दुनिया में अगर हम विनाश की तरफ बढ़ रहे हैं, दुनिया में अगर खतरे की संभावना बढ़ती जा रही है, तो उसका मुख्य कारण है कि हम अपने मूल रिश्ते को निभाना ही भूल चुके हैं। बस रिश्ते हैं, पर रिश्तेदारी गायब है।** मुझे इन कलाकारों से जो मूल मंत्र मिला है, उसे मैं अपने साथ लेकर जाऊँगी और पूरे जोर-शोर से इसकी वकालात मुख्यालय में करूँगी।

गाँव के कई बुजुर्ग बड़े गद्‌गद नज़र आ रहे हैं। उनके दिल, भीतर ही भीतर **धड़क कर कह रहे हैं**–*ओ मेरी मातृभूमि की माटी! तुझे नमन है बारम्बार।*

बुजुर्गों में चर्चा जारी है– माटी के प्रति प्रेम का उमड़ना अपने आप में कितनी बड़ी उपलब्धि है। यदि आप माटी से प्रेम करेंगे तो आप माटी

से प्रेम पाएंगे। फिर स्वयं महसूस करने लगेंगे कि आप प्रेममय होते जा रहे हैं और संसार, प्रेममय नज़र आने लगेगा। तब आप स्वत: ऐसे काम करने से परहेज करने लगेंगे जिससे किसी और को तकलीफ हो।

प्रोफेसर गोयल : मुझे तो इस प्रोग्राम में जीवन के दर्शन ही दर्शन नज़र आ रहे हैं। शोध में शोधकर्ता दिन-रात लगे रहते हैं कि कुछ बूँदें नज़र आ जाएं, पर यहाँ तो मानो जल-प्रपात ही निकल रहा है। जीवन दर्शन तुरन्त ही अपना प्रभाव भी छोड़ रहा है। सारा काम स्वत: व साथ-साथ चल रहा है। मैं अपनी यूनिवर्सिटी में जाते ही, इसे लागू करूँगा।

(लोगों के बीच चर्चाएं जारी हैं...)

(शेरूदा मंच पर आते हैं)

शेरूदा : हम समय से बंधे हैं। हम मानो रेलगाड़ी में बैठे हैं, जो थोड़ी देर स्टेशन पर खड़ी हुई है। परन्तु यह स्टेशन सभी की मंजिल नहीं है, गाड़ी को आगे बढ़कर लक्ष्य तक पहुँचना है।

माफ करना, अगला कार्यक्रम कह रहा है–मैं आ रहा हूँ, सावधान! देरी न करो! इसलिए, मैं तो चला...।

***

दृश्य–10

(धीरे-धीरे पर्दा उठता है)

रंगीन पोशाक में बालक व बालिकाओं के खिलखिलाते चेहरे...। बालकों के दोनों हाथों में एक-एक छड़ी और बालिकाओं के दोनों हाथों में रुमाल हैं। पूरी टीम, रंग-बिरंगे कपड़ों में हैं। ऐसा लग रहा है–मानो भिन्न-भिन्न किस्म के फूल, बगिया में घूम रहे हों, मटक रहे हों।

हारमोनियम के सुरीले स्वर, तबले की थाप और बीच-बीच में बाँसुरी के मधुर सुर, गूँजने लगे...साथ में कलाकारों का अभिनय...

आओ-आओ कोशिश करते हैं, कुछ हल निकालने की कोशिश करते हैं...।

प्रदूषण-प्रदूषण-प्रदूषण...!

आखिर कोई तो हल होगा?

हम सिर्फ इशारा करेंगे, पर हल तो हम सबको मिलकर ही ढूँढ़ना होगा? फिर भला-इतनी बड़ी दुनिया का हल, हम छोटी सी जान कैसे दे सकती हैं? कोशिश करते हैं, उस दिशा में आगे बढ़ने की, जिधर प्रदूषण से मुक्ति मिल सकती है।

/(दर्शकों की उत्सुकता भरी आवाज़ें......)

बताइए-बताइए, हमारा मार्गदर्शन कीजिये।/

कलाकार कमला : तो सुनिए! सुनिए! सुनिए!

(कलाकारों के मधुर गीत-स्वर गूँजने लगे.....)

दुनिया का विस्तार कहें, संस्कृति या सम्मान।
मानव सोच से ही उपजे हैं, सभी देव शैतान॥

पहले भीतर में जन्में, फिर अंकुर निकले बाहर।
अन्दर से ही निकल रहा सब, बाहर का संसार॥

यदि हालात बुरे हुए, यदि दुखी आज संसार।
कई रूप है धरे प्रदूषण, कारण गिरे विचार॥

सिर्फ प्रदूषण ही जपने से, प्रदूषण बढ़ते जाएगा।
शैतानी बर्बादी का हल, मंथन विचार से आएगा।

जल-थल-नभ के सभी प्रदूषण, उपजाता है सोच।
जाएं जिधर भी राज इसी का, करें जिधर भी खोज॥

सभी सभ्यता कल्चर हो, या हो धन-दौलत मान।
कहीं प्यार पैदा करता है, और कहीं अभिमान॥

सोच करीब से दिखता है, बिदके घोड़े के जैसा।
कहीं उलट दे कहीं पलट दे, मुश्किल है अंदेशा।

सर्व प्रदूषण की जड़ है; 'सोच', 'सोच' है 'सोच'।
गर है कसा लगाम नहीं; फिर लेगा यह दबोच॥

(तीन कलाकार ऊँचे स्वर में...)

तो फिर क्या करें, कैसे निजात पायें ???

बालिकायें : तो फिर ध्यान से सुनो–

हर नर–नारी की तो है बस, केवल एक कहानी।
रहते ढूँढ़ते हैं जीवन भर, भिक्षुक हो या दानी।।
और–और के चक्कर में, जीवन भर उलझे रहते।
सही दिशा, सत्–राह छोड़, भटके–भटके से रहते।।

सिम्पल से सिम्पल हो जाओ, करो नीड कंट्रोल।
ढीला छोड़ो रूह को, करो न भाव न मोल।।
सिर्फ सोच रूखा होगा गर, बिना प्यार रसधार।
प्यार सोच को ही देता है, रंग भरा संसार।।

अब बाल कलाकारों को भी जोश आ गया, अब वे भी बालिकाओं के संग-संग, नृत्य करते हुए, बड़ी उमंग में गाने लगे–

सोच प्यार को रंगना होगा, इक दूजे के संग।
सही दिशा दे बढ़ना होगा, बिन स्वारथ के संग।।
करो लगाम निज सोच पर, कर सही दिशा की ओर।
दे चाबुक फिर घोड़े को, बढ़ जाएं मंजिल की ओर।।

(अब गीत धीमे, परन्तु मधुर स्वरों के साथ...)

'सोच', 'सोच' को सोच लें; सोचें 'सोच' की ओर...।
'सोच', 'सोच' पर सब निर्भर; चाहे शाम या भोर...।।

(पर्दा गिरता है...)

/(जनता के बीच से आवाज़ें...)

वाह! सोच पर दूसरा गीत...!

वास्तव में, कितनी सच्चाई भरी है, इस गीत में...!

वाह! क्या दिशा ज्ञान दिया है...!/

रतनराम : (*दिल्ली, वजीराबाद जल विभाग में पम्प ऑपरेटर*) क्या खूब! सारी प्रदूषण की जड़ सोच ही तो है। इसमें कोई शक नहीं, चाहे वर्कर हो या मैनेजर, डॉक्टर हो

या इंजीनियर; सभी, सबसे पहले दिमाग में सोचते हैं। सब कुछ पहले दिमाग में ही उपजता है, फिर पेपर में नक्शा बनता है, उसके बाद उच्च अधिकारी उसे पास करते है और आखिर में उस पर काम होता है।

"पहले भीतर है जन्मे, फिर अंकुर लेता बाहर।
अन्दर से ही निकल रहा, सब बाहर का संसार।।"

क्या खूब फरमाया! क्या दुरुस्त फरमाया! न जाने क्यों हम दूसरों पर दोष मढ़ते फिरते रहते हैं, जबकि हमारी अपनी ही सोच, दूषित कामों को अन्जाम दे रही है। हम खुद से ही पूछें—क्या दुनिया का बढ़ता प्रदूषण हमारी उपज नहीं है? क्या यह हमारी विकृत मानसिकता का परिणाम नहीं? क्या यह हमारी स्वार्थपरता का फल नहीं? नदियों में हम, कल-कारखानों का कचड़ा बेहिचक डाल देते हैं। एक तरफ हमारे वे भाई-बहन हैं, जिन्हें प्रदूषण नियंत्रण की जिम्मेदारी सौंपी गई है, दूसरी तरफ ऐसे भाई-बहन हैं जो अपनी सहूलियत व स्वार्थ देख, बड़ी आसानी से अपने कारखानों का कचड़ा नदियों में बहा देते हैं। क्या हमारे ऐसे भाई-बहनों को नहीं मालूम कि हम फिर उसी पानी को पीने के काम में लाएंगे? पर क्या करें सोच ही ऐसी है। सिर्फ ढोल बजता है—नदियों को प्रदूषण मुक्त करो! प्रदूषण मुक्त करो! पर सोच के अन्दर का प्रदूषण ज्यों का त्यों है। जब सोच के अन्दर ही प्रदूषण भरा पड़ा है, तब भला बाहर का प्रदूषण कैसे मिट सकता है?

(दिल्ली से छुट्टियों में घर आया मोन्टी, हाई स्कूल का छात्र है, अपने पापा से)

मोन्टी : हाँ पापा, आजकल सब्जियों को भी इंजेक्शन लगाकर रातों-रात बड़ा कर दिया जाता है। कैसी विषैली सोच है? खुले आम ऐसी सब्जियाँ मार्किट में आ जाती हैं। जब ऐसा काम होगा तो फिर क्या लोग बीमार नहीं

होगे? भैंस को भी इंजेक्शन लगाकर दूध निकाला जाता है, क्या दूध में इंजेक्शन का असर नहीं होता होगा? यूरिया से सिंथेटिक दूध बनाया जाता है।

पापा : हाँ बेटा, क्या करें, हम सबको मिलकर लड़ना होगा। सबसे अहम बात है कि सबसे पहले हमें खुद से ही लड़ना होगा। हमें खुद, अपनी ही सोच से लड़ना होगा।

सीधी सी बात है, अगर हम यूरिया के जरिए दूध बनाकर जल्दी सेठ बनने की सोचते हैं तो हमें यह जान लेना भी जरूरी होगा कि इस सेठ बनने के चक्कर में यही विषाक्त दूध कभी हमारे पेट में भी जा सकता है। चलो हमारे नहीं तो हमारे बच्चों के पेट में तो जा ही सकता है।

क्यों, क्या मैं गलत कह रहा हूँ? भई, हम सभी सामाजिक ताने-बाने से तो जुड़े हैं ही। जब हमें हमारे पहचान वाले दावत पर बुलाएंगे, फिर रबड़ी, दूध-जलेबी या रस-मलाई खिलायेंगे, तब क्या वही सिंथेटिक दूध हमारे पेट में नहीं जाएगा? मान भी लें कि हम होशियार बन, नहीं खायेंगे-पीयेंगे; क्या हमारे बच्चे मान जाएंगे? क्या हम अपने बच्चों को रोक पाएंगे?

यह काम किसी नेता या सरकार पर छोड़ देने से बात नहीं बन सकती क्योंकि वहाँ भी हम या हमारे लोग ही तो हैं, जो स्वयं, गिरी मानसिकता से ग्रस्त हैं। **इसके लिए हमें जन-जागरण करना होगा।**

मोन्टी : पापा, क्या हम सिर्फ नौकरी करने के लिए पढ़ते हैं कि हमें अच्छी नौकरी मिलेगी और हम अच्छा कमाएंगे?

पापा : नहीं बेटे, असल में पढ़कर हमें आत्मीय व सामाजिक सोच में परिवर्तन लाना चाहिए। खुद को जानना व समझना, समाज को जानना, उन चीजों को जानना जो मानव जीवन से जुड़ी हैं, अच्छे-बुरे का ज्ञान, सही दिशा में बढ़ना और फिर जिंदगी के मूल्यों को साकार

रूप देना; पढ़ने का मकसद होना चाहिए।

(तिलराम बड़े बिजनेसमैन हैं। चार बेटे हैं और खुद 55 साल के हैं। बच्चों में ज्यादातर झगड़ा होता रहता है)

तिलराम : (*प्रभावित होकर*) कितना सटीक कहा है इन कलाकारों ने। सब कुछ सोच पर ही तो निर्भर है। मैंने किन हालातों में पाई-पाई जोड़कर बिजनेस खड़ा किया। परन्तु मेरे बेटे हैं, बिजनेस बढ़ाने की बात तो दूर, उसे तोड़कर अपने हिस्से माँगने के सिवा और कोई बात करते ही नहीं। न कभी सुझाव देते हैं कि बिजनेस कैसे फलेगा-फूलेगा और न ही उनमें ऐसी कोई सोच कि बिजनेस आगे कैसे बढ़ेगा। आख़िर सब कुछ उनके लिए ही तो है। कितना अच्छा संदेश.....

''हर नर नारी की तो है बस, केवल एक कहानी।
रहते ढूँढ़ते हैं जीवन भर, भिक्षुक हो या दानी॥''

मेरे पास सब कुछ होने के बावजूद भी, मुझे तलाश ही तो है। मैं खुद भी सचमुच, कुछ न कुछ ढूँढ़ ही तो रहा हूँ...।

(रात के 1 बज चुके हैं, शेरूदा मंच पर आते हैं)

शेरूदा : सज्जनो, समय की रफ़्तार को कौन रोक पाया। हम भी अपने आज के कार्यक्रम के अन्तिम पड़ाव पर पहुँच चुके हैं। अब हमारा आज का अन्तिम कार्यक्रम होगा, फिर परमशक्ति की उपासना के साथ आज का 'मंच मंथन' सम्पन्न होगा।

देखें..., आज का आखिरी प्रोग्राम हमें क्या संदेश देता है।

***

दृश्य-11

(पर्दा धीरे-धीरे उठता है.......)

(पीली पगड़ी पहने, दाढ़ी मूँछ पर हाथ मलते हुए छोटे कद के बुजुर्ग आगे बढ़कर खाँसते हुए)

क्या कभी आपने संसार की रचना के बारे में सोचा है?

क्या आपने रचनाकार के बारे में कभी सोचा...?

(पब्लिक से किसी की आवाज़...) **नहीं तो!**

एक कलाकार गाल पर हाथ रखे हुए सोच में पड़ा सा नज़र आ रहा है।

अब एक गर्भवती महिला कलाकार, घूँघट ओढ़े हुए हैं, कहती हैं–

क्या आपने कभी जन्मदायिनी के बारे में सोचा?

2 साल का नन्हा शिशु कलाकार जिसके बाल बिखरे हैं, मुँह भी नहीं धोया है, तोतली भाषा में कहता है–**त्या तुमने तभी थिशु (शिशु) के बारे में सोचा है?**

(नन्हे बच्चे की आवाज़ सुन व एक्टिंग देखकर पब्लिक में बच्चे बड़े खुश हैं। कई बच्चे तो ताली बजाकर किलकारी भी मारने लगे)

मंच पर गर्भवती महिला के साथ, 2 महिलाएं और हैं। साथ में छोटे-छोटे बच्चे हैं, बुजुर्ग हैं और तीन अन्य कलाकार 10 से 15 साल के हैं। सभी हाव-भाव के साथ मंच पर हिलते-डुलते गा रहे हैं–

बुजुर्ग कलाकार : (*सबसे आगे हैं, गाते हुए*)

मानव लीला में जन्मदायिनी, ध्यान करें फिर जननी पर।
जीवन लीला हो रही जहाँ, ध्यान करें पर रचना पर।।

सारे कलाकार : (*एक साथ गाते हुए*)

किस हाल में जन्मदायिनी, बीत रही कैसी उस पर?
संस्कार पड़ रहे हैं सारे, नव शिशु की पूरी रचना पर।।
क्या खाती, क्या करती सोती; क्या पढ़ती, क्या लिखती?
कैसे रहती, कैसे विचार, सब कुछ शिशु को देती।।

बुजुर्ग कलाकार :

शनैः-शनैः विकसित होता, शिशु का देह-शरीर।
संग खुशमिजाज या, हो जाता गम्भीर।।

सभी कलाकार :

नव शिशु बन संसारी आता, इस जग में मेहमान।
संस्कारों के संग-संग लाता, धर्म कर्म ईमान।।
वह समाज अब देश का, सिटिजन है बन जाता।
रंग दिखाता ढंग दिखाता, जहाँ जिधर भी जाता।

बुजुर्ग कलाकार :

रचना से सिटिजन तक करना, होगा गहन विचार।
राज छुपा इसके भीतर है, नफरत-प्यार का सारा सार।।

किशोर कलाकार :

दुबले-पतले मोटा-मोटी, हो सकते बीमार।
नव शिशु के संग जन्मदायिनी, भी होती लाचार।।

सभी कलाकार :

ऐसे शिशुओं ने किया, बीमारों की क्या भरमार!
आन पड़ी है बड़ी मुसीबत, दिखती निश्चित अब हार।।
हमको समाज जो दिखता है, दिखता है कारोबार।
रचना से ही बदल रहा है, यह सारा संसार।।

बुजुर्ग कलाकार :

मुश्किल समाज बदलना है, मुश्किल यह कारोबार।
गर हल चाहे फोकस कर लो, रचना पर बारम्बार।।
गवरमैंट को भी देते हैं, साफ-साफ संदेश।
जन्मदायिनी नीति बनाएं, दे प्यार भरा आदेश।।

(यह सुनते ही एस.डी.एम. साहब भी मुस्कराकर तारीफ करते हुए) *वाह! बहुत खूब!*

सारे कलाकार :

ओ संसारी धरती वासी, करना सोच विचार।
जन्मदायिनी पर फोकस हो, गर फूल खिलाना हो जग पर।।
केन्द्र बिन्दु है जन्मदायिनी, गाँठ बाँध लो सब नर-नार।
नत मस्तक हो सेवा करना, जननी से जग का उद्धार।।
जननी से सचमुच उद्धार.........
सचमुच होगा जग का उद्धार.........

(धीरे-धीरे पर्दा गिरता है। तालियों की गड़गड़ाहट.....)

एस.डी.एम. बी.डी.शर्मा जी उठ खड़े हुए। एस.डी.एम. साहब को खड़ा देख, सारे प्रशासन के लोग भी उठ खड़े हुए। उनको खड़े देख काफी लोग सम्मान में उठ खड़े हो गए और बाद में बैठ गए। कई महिलाओं की आँखें नम हो गयीं और कुछ आँसू पोंछतीं नज़र आ रही हैं। कई महिलाओं ने महसूस किया कि कितनी खूबसूरती से कलाकारों ने उनके दिलों में छुपी बातें बयाँ कर दी।

(बुद्धिजीवी लोगों ने तो इस प्रोग्राम को इतना सराहा कि तारीफ करते नहीं थक रहे थे) वाह! कितनी ऊँची सोच है।

कोई इतनी गहराई तक भी सोच सकता है, सपने में भी न सोचा!

इतनी विशाल सोच कि पूरे संसार को अपने आँचल में ले लें!

(शिक्षक वर्ग, इसे आमूलचूल परिवर्तन के प्रयास के रूप में देख रहा है)

डी.सी.पंत : (*ब्लॉक प्रमुख*) अगर हम अपना ध्यान रचनाकार की रचना पर केन्द्रित कर अपने भीतर सकारात्मक सोच विकसित कर लें, तो सारी समस्याओं के हल स्वतः निकलने लगेंगे। हम ज्यादातर उस काम पर अपना वक्त बर्बाद करते रहते हैं जो पहले ही हो चुका होता है। यानी हम अपना काम कुछ इस तरह करने की कोशिश करते हैं; जैसे—जब चावल पककर भात बन जाता है, तब हम भात को चावल में बदलने की कोशिश करते हैं। भला भात को चावल का स्वरूप कैसे दिया जा सकता है? क्यों न हम चावलों को उबालने से पहले ही चावलों को दिए जाने वाले स्वरूप के बारे में सोचें?

ऐसा करने से न तो इतनी मेहनत करनी पड़ेगी और परिणाम भी सकारात्मक आएंगे। हमें अपनी सोच व कार्य प्रणाली में मूल परिवर्तन लाना ही होगा। विचारों के मंथन पर यदि हम अपनी सोच को केन्द्रित कर दें, तो भविष्य को बेहतरीन बनाया जा सकता है।

बी.डी.शर्मा : (*एस.डी.एम., भारतीय प्रशासन की महत्वपूर्ण बैठकों*

में जाते रहते हैं, बड़े प्रेरित होकर) मैं जन्मदायिनी नीति की सिफ़ारिश करूँगा; ऐसी नीति जो मानव समाज में मूल परिवर्तन ला दे और जिसकी बदौलत, मानव मूल्यों को, फूलों सा महकाया जा सके।

(किसी की आवाज़ सुनाई पड़ रही है...)

'यत्र नारियस्तु पूज्यन्ते रमन्ते तत्र देवता'

(शेरूदा मंच पर आते हैं)

शेरूदा : आपके अपार स्नेह और सहयोग से हम गद्‌गद हैं। वक़्त की डोर से हम बंधे हैं। हमारा आज का कार्यक्रम अब सम्पन्न होने को है। हमेशा की तरह, हम अपना कार्यक्रम, अपने परवरदिगार को याद करते हुए सम्पन्न करेंगे। आखिर, सम्पूर्ण जग को जगमग करने वाले परम शक्तिमान से ही तो हमारी सांसें चल रही हैं...।

(आहिस्ते-आहिस्ते पूरा पर्दा उठ रहा है)

धीरे-धीरे संगीत के मधुर स्वर गूंजने लगे। संगीत के मधुर स्वरों में रात्रि का शान्त वातावरण संगीतमय हो उठा। भक्ति गीत के मीठे, प्यारे व धीमे स्वर पूरी पब्लिक को आनन्द-गंगा-स्नान कराते हुए ब्रहमांड में समाने लगे–

ओ मालिक ओ अन्तर्यामी,
ओ परब्रह्म अपारा।
कोटि नमन तेरे चरनों में
बहा अमृत रस धारा॥

....

(कार्यक्रम के समापन के बाद, लोग मीठा अहसास लिए; शान्ति व प्यार के साथ-साथ, अपने-अपने घरों को प्रस्थान कर रहे हैं)

परन्तु जो लोग मर्चीबगोड़ में रहना चाहते हैं, उनके लिए पूरी व्यवस्था पहले से है ही। न बिछाने की कमी और न ही ओढ़ने की। महिलाओं व पुरुषों के लिए विश्राम की अलग-अलग व्यवस्था की गई है। साथ-साथ सुरक्षा का भी पुख़्ता इन्तजाम किया गया है।

(एस.डी.एम. साहब व उनकी टीम ने लोगों से विदाई ली)

■■

पाँचवाँ अंक

दृश्य-1

मर्चीबगोड़ में आए सभी व्यक्ति, आज दुनिया को एक नए अन्दाज़ में महसूस कर रहे हैं। आज न जाने क्यों, पराए भी अपने से लगने लगे हैं। आज न जाने क्यों, इतना अच्छा महसूस हो रहा है। मालिक का दिया अनमोल जीवन भी अब कुछ-कुछ समझ में आने लगा है। मन की आँखें भी खुलने लगी हैं, संभवतः आज इसलिए इतना अच्छा महसूस हो रहा हो।

खाना-पीना, नहाना-धोना, मिलना-जुलना सब रोज ही होता है, परन्तु आज बात ही कुछ और है; ऐसा कई लोगों की जुबाँ से सुना गया।

(शेरूदा, मंद-मंद मुस्कुरा रहे हैं। सुखद अनुभूति कर रहे हैं कि उन्होंने आत्माओं को भोजन देने का प्रयास किया है, जो न जाने कब से थकी-हारी व भूखी-प्यासी थीं)

शायद धीरे-धीरे लोग भी स्वयं के विचार-मंथन से खुद-ब-खुद समझने लग जाएंगे। शेरूदा की टीम खुश है, कलाकार खुश हैं। बुजुर्ग तो फूले नहीं समा रहे हैं।

(रात के दो बज चुके थे, अब खुशियों के इज़हार का वक़्त न था। लोग धीरे-धीरे सोने लगे। शेरूदा ने सभी कलाकारों को दूसरे दिन 10 बजे एकत्र होने का संदेश देकर आराम करने को कहा और खुद भी आराम करने चले गए)

***

दृश्य-2

आज वसुन्धरा के साथ-साथ आसमान भी खुश है। आज पूर्णिमा की रात, चाँद की मुस्कुराहट देखते ही बन रही है। चाँद की तारीफ़ हर युग में होती आयी है, फिर चाँद तारों के बीच कितना सुन्दर-सलोना भी तो लगता है। परन्तु आज चाँद, सुन्दर प्रोग्राम देखकर इतना खुश है कि उसके गोरे चेहरे पर निखरी हल्की लालिमा की झलक, उसकी खुशी, खुद-ब-खुद बयाँ कर रही है। उससे ये राज छुपाए नहीं छुप पा रहा है। कहता है, मुझे आने वाले समय में कुछ अच्छा होने के आसार नज़र आ रहे हैं।

***

दृश्य-3

धीरे-धीरे रात कब गुजर गई, पता ही न लगा। छोटी-छोटी चिड़ियों की चहचहाहट, घुघुती व कोयल के सुरीले गीत अमुआ की डाली में शुरू हो चुके हैं। पेड़-पौधों में ताजगी भरकर गुजरती मधुर मलय पवन के संग, प्रात की ब्रह्म बेला कितनी आनन्दमय लग रही है।

कलाकार तो पौ फटने से पहले ही उठ गए हैं। ऐसा लगता है, मानो आज इन कलाकारों की बोर्ड-परीक्षा का रिजल्ट निकल रहा हो और पूरी रात, सुबह होने के इन्तजार में, आँखों ही आँखों में गुजार दी हो।

बस; अपनी धुन में गाते, गुनगुनाते, डायलॉग याद करते हुए दिख रहे हैं।

ओह! यह क्या,

आज तो कई बुजुर्ग भी मर्चीबगोड़ में गुनगुनाते हुए से दिख रहे हैं!

पास जाने पर सुनाई पड़ रहा है;

"सिम्पल से सिम्पल हो जाओ, करो नीड कंट्रोल....।
ढ़ीला छोड़ो रूह को, करो न भाव न मोल....॥"

वाह, कितना अच्छा संदेश है! हम तो बस मरे जा रहे थे। ऊपर जाने

के दिन आ गये हैं पर रट लगाए हैं; नाती की शादी हो जाती, नातिणी को अच्छा वर मिल जाता, बिजनेस और बढ़ जाता और न जाने क्या-क्या.....!

सिम्पल बनकर रूह को ढीला छोड़ देने पर तो वाकई बड़ा सुकून मिल रहा है।

हिमुली : (*माँ बनने वाली है, 7 माह का गर्भ धारण किए हुए है*) मेरी सास ने मेरी जरूरत को कभी महसूस न किया। खाने-पीने, आराम आदि की बिल्कुल भी परवाह नहीं की। पर आज ये गाना–

"किस हाल में जन्मदायिनी, बीत रही कैसी उस पर।
संस्कार पड़ रहे हैं सारे, नव शिशु की पूरी रचना पर॥"

मानो मेरे लिए ही बनाया गया हो। मेरी सास ने भी तो यह गाना सुना है। बड़ा अच्छा किया कलाकारों ने। जुग-जुग जियें, कितने अच्छे कलाकार हैं। अब मेरी सास में जरूर बदलाव आएगा, जरूर बदलेंगी। बुजुर्गो ने भी बहुत सराहा, इस गाने को। बड़े-बड़े साब लोग भी इस बात पर, बड़ा जोर दे रहे थे। जो हुआ अच्छा हुआ।

शरारती बंटी : (सुबह-सुबह इना के चोप यानी जेट्रोपा पेड़ की टहनी से निकलने वाला सफेद पदार्थ; पत्ते में रखकर, दूब घास का छल्ला बनाकर बुलबुले उड़ा रहा है और उछलते हुए)

बुलबुले हैं, बुलबुले।
ढ़ेर सारे बुलबुले, उड़ रहे हैं बुलबुले।

(रास्ते में शेरूदा आ रहे हैं; बंटी को देख मुस्कराते हुए)

कितना असर है, प्रोग्राम का! बच्चे से लेकर बूढ़े तक मानो सभी को नया अन्दाज मिल गया। *हम जो कुछ भी समाज में अच्छा या बुरा करते हैं, वह सब प्रसारित हो जाता है। उसका प्रत्यक्ष या परोक्ष असर, समाज पर जरूर होता है।*

***

दृश्य-4

सुबह 7 बजे से ही मर्चीबगोड़ मे पूरी चहल-पहल नज़र आने लगी है। *काम जिसे हम अकेले करते हैं, कुछ समय बाद ऊबने लगते हैं और बड़ा बोझ सा लगने लगता है। परन्तु वही काम, जब हम मिल-जुलकर करते हैं, तो पूरी रसधार सी बहती नज़र आती है, काम करने में बड़ा आनन्द आने लगता है और काम भी आसानी से पूरा होता चला जाता है।* ***परवरदिगार की यही तो चमत्कारिक शक्ति है; जो मेल-जोल से स्वतः पैदा होने लगती है।*** *आज, इसे मर्चीबगोड़ में साफ देखा व महसूस किया जा सकता है।*

सारा कार्य पूर्व निश्चित व वैज्ञानिक तरीके से चल रहा है। एक तरफ नहाना-धोना, कपड़े सुखाना आदि चल रहा है, दूसरी तरफ नाश्ते आदि की तैयारी, तो कहीं प्रोग्राम की रिहर्सल। 8:30 बजे तक सभी का नाश्ता हो गया है। लेट लतीफ लोगों ने भी 9 बजे तक नाश्ता कर लिया।

घड़ी में घंटे की सुई भी बिना रुके, चलते-चलते अब 10 पर आ पहुँची है। शेरूदा और इलाके के महानुभावों ने मिलकर सभी कलाकारों व बुजुर्ग वर्ग के साथ सलाह-मशविरा, वालन्टियरों का कार्य नियमन, कार्य भार व कई अन्य बातों पर चर्चा की। **चर्चा के दौरान**-कलाकारों को उनके प्रदर्शन के लिए सराहा गया, साथ-साथ यह भी कहा गया कि हमें बेहतर से बेहतरीन होते जाना है। लोगों की अपेक्षायें अब हमसे और बढ़ चुकी हैं। उनकी नज़रों में अब आप, आदर्श बन चुके हैं। आप जो दिखाएंगे, जो कहेंगे, पब्लिक उसे अपने जीवन में ढ़ालने का प्रयास करने लग जाएगी। **आपके द्वारा मंच पर प्रदर्शित भूमिका अब हजारों लोगों की कार्य शैली प्रभावित करने जा रही है।**

सुरक्षा, संचार, आतिथ्य सत्कार, मेडिकल, वालंटियरों की महत्वपूर्ण जिम्मेदारियाँ आदि की, दुरुस्त सेवा व व्यवस्था पर भी धन्यवाद किया गया। साथ-साथ, आज रात की व्यवस्था व कला प्रर्दशन में एक मिसाल कायम करने की अपेक्षा पर जोर दिया गया। सभी ने एक स्वर में बेहतरीन मिसाल कायम करने का संकल्प किया। सभी ने कार्यक्रम को पूरे तालमेल के साथ सफल बनाने की प्रतीज्ञा ली।

जब सकारात्मक दिशा में भाव से भाव जुड़ने लगते हैं, तो एक चुम्बकीय क्षेत्र पैदा हो जाता है। हालाँकि यह हमें नज़र नहीं आता, परन्तु इसकी सूक्ष्म ताक़त बड़ी ही कारगर होती है। यही तो है 'एकता की सकारात्मक ईश्वरीय ताकत।' इसका असर; प्रार्थना सभा, शिक्षा सदन, जन समारोह, श्रमदान शिविर, भंडारों आदि में प्रत्यक्ष या परोक्ष रूप से महसूस किया जा सकता है।

***

दृश्य-5

दिन के 12 बज चुके हैं। दिन, सायंकाल तथा रात्रि के सभी कार्यक्रम बीते कल की भाँति पूर्व निर्धारित हैं, अतः ज्यादा सोच विचार करने की जरूरत न थी। कितनी अच्छी बात है–यदि हम कुछ समय खर्च कर आने वाले समय के कार्यों के स्थान व उनको कार्यरूप देने की प्रक्रिया को पहले से ही निश्चित कर लें, तो हमारा कितना समय बच जाएगा और कार्य कितने सुचारू रूप से होने लगेगा। नीति विज्ञान (पॉलिसी साइंस) भी हमें यही सिखाता है।

समय कब किसके रोके रुकता है! सदैव एक दिशा में चलायमान *काल या समय को कौन रोक पाया।* इसका *काम तो बस है–चलते जाना। राजा, रंक, फ़कीर सब इसके गुलाम हैं।* सुबह हुई, दोपहर हुई और अब शाम भी होने लगी। *दिन किस तरह गुजरा, पता ही न लगा। कभी नाश्ता, तो फिर मीटिंग, फिर* दोपहर *का लंच और अब लोग शायंकाल में; चाय की* चुस्कियाँ *ले रहे हैं।*

मौसम *सुहावना है, पेड़ों की शीतल हवाएं और साथ में अपने* चाहने *वालों का* साथ! इससे ज्यादा और क्या चाहिए। ***यही तो सुकून के पल हैं, जो इंसान के जीवन को आनन्दमय कर, उसे मधुर रस का पान कराते हैं। वरना, इंसान पूरी जिंदगी भागता ही तो रहता है। कभी हालात उसे भगाते हैं तो कभी उसकी लालसाएं। कभी किसी के पीछे, तो कभी किसी के पीछे और कभी बेमतलब, भागता ही तो रहता है।***

कुछ पल के लिए ही सही, यदि थोड़ा ठहर कर खुद को प्रकृति के साथ जोड़कर देखने लगें, तो शायद जीने का अहसास हो। परन्तु अफ़सोस! जिस प्रकृति से उसका वजूद है, उसी को वह अलग-थलग करने में लगा रहता है। फिर, पूरी जिंदगी बस यूँ ही गुजार देता है और तब, जिंदगी के आखिरी पलों में चुपचाप आँसू बहाने के सिवा उसके पास, कुछ भी बचा नहीं रह जाता।

***

दृश्य–6

लोगों की संख्या और बढ़ने की संभावना को देखते हुए, वालंटियरों द्वारा बैठने की अतिरिक्त व्यवस्था कर ली गयी है।

आज लोगों में बड़ा उत्साह देखने को मिल रहा है। जोश इतना भर गया है कि बैठना अब किसी को मंजूर नहीं। कोई कर्म ही धर्म है का नारा जप रहा है तो कोई जय जवान और कोई जय अन्नदाता किसान! कहीं पर बच्चे लेफ्ट-राइट करते नज़र आ रहे हैं, तो कहीं अन्तरिक्ष विज्ञान पढ़ाया जा रहा है। जिसे जिस क्षेत्र का ज्ञान है, वह उस क्षेत्र का ज्ञान बाँटने में लगा है। कुछ बच्चे माथे पर मिट्टी लगाते हुए भी नज़र आ रहे हैं और साथ में गुनगुना भी रहे हैं–

"इस माटी ने सबको पाला, यही है पालनहार।
इसने सबको जनम दिया, इसका सब पर उपकार॥"

कुछ बच्चे नए-नए गीत भी बना रहे हैं। हालाँकि तुकबन्दी ठीक से नहीं हो पा रही है लेकिन पूरी कोशिश में लगे हैं।

कोई जय हिन्द के नारे लगा रहा है तो कोई हिन्द की किस्मत को आगे बढ़ाना..., गा रहा है और फिर सेल्यूट भी कर रहा है।

एक बच्चा : (*दूसरे बच्चे को चिढ़ाते* हुए) बेटे तू सोच! सारा सोच का कमाल है। लगा दे सोच का फार्मूला अपने इम्तिहान में और इस साल पास हो जा। सोच के जादू को अपनी जेब में रखकर ले जा, तेरी नइया पार हो जाएगी।

दूसरा बच्चा: (*मुस्कराकर*) तू बुद्धू है। सोच के जादू को पढ़ने में लगाना पड़ेगा तभी तो सब याद होगा, जेब में रखने से कुछ न होगा।

गर्भवती महिलाओं के साथ आज बुजुर्ग माताएं नज़र आ रही हैं, जो उनसे कह रही हैं–ठीक से बेटे! जरा सम्भल के! तुमने दिन में क्या खाया? अपना ख्याल रखना, तुम जन्मदायिनी माता हो। ***तुम्हारे भीतर रचनाकार की रचना हो रही है। तुम्हें हर बात का ख्याल रखना है; यहाँ तक कि अच्छे विचार, अच्छे भाव, खुशमिजाजी आदि-आदि। तुम्हारा*** **सारा असर आने वाले शिशु पर पड़ रहा है।** आज सासू माँओं का अपनी बहुओं के प्रति इतना उदार भाव देखकर, ससुरजी भी दंग हैं। **कहते हैं**–प्रोग्राम का इतना असर! मैं तो कहूँ, ऐसे प्रोग्राम होते रहें तो हमारे परिवार कितने सुखी बन जाएंगे।

(न जाने कहाँ-कहाँ और क्या-क्या क्रियायें-प्रतिक्रियाएं चल रही हैं, परन्तु इतना जरूर है कि जो भी हो रहा है, अच्छा ही हो रहा है)

इंसान के भीतर अगर स्व चेतना के बीज जागृत हो जाएं तो पहले उसे अच्छे-बुरे का बोध होने लगेगा और फिर सही दिशा भी नज़र आने लग जाएगी। तब इंसान अपनी मंजिल, अपनी राह, स्वयं ढूँढ़ने लगेगा। शेरूदा भी तो यही चाहते हैं कि इंसान मात्र समर्थक न रहकर विचारक बने और फिर सही राह पकड़कर अपनी मंजिल की ओर बढ़ने लगे।

इंसान जब व्यस्त होता है, तब उसका वक़्त बड़ी जल्दी गुजर जाता है। यह सब उसी तरह होता है–जैसे परीक्षा में सवाल आते हों, तब पूरे 3 घंटों का अहसास 3 मिनटों का सा होता है और समय कैसे निकल गया, महसूस ही नहीं हो पाता। आखिरी सवाल का थोड़ा लिखना शेष रह गया, सोचते रह गए; काश! एक मिनट का समय भी और मिल गया होता! कलाकारों का भी कुछ ऐसा ही हाल है, पूरा दिन निकल चुका, अब मंच-परीक्षा एकदम सामने है।

■■

छठा अंक

दृश्य–1

मंच अलग–अलग रंगों के प्रकाश में अपनी अलग ही छटा बिखेर रहा है। आज इसमें कभी गुलाबी तो कभी आसमानी, कभी हरा तो कभी पीला प्रकाश रंग डाला जा रहा है। कभी–कभी रंगों के परस्पर मेल के संग–संग संगीत की मधुर धुनों को भी घोला जा रहा है। रात्रि का खाना–पीना हो चुका है। पब्लिक की संख्या आज लगभग साढ़े छ: हजार तक पहुँच चुकी है। कई बिछड़े यार भी आज यहाँ मिल रहे हैं, जो कभी बचपन में साथ पढ़ा करते थे।

वालंटियर, बड़े प्यार से हाथ जोड़कर लोगों को यथास्थान बिठा रहे हैं। दूर गाँवों से आए लोगों को पानी व पेय पदार्थ पिलाया जा रहा है। बच्चों के लिए टॉफी भी रखी गयी है ताकि उनको खुश करते हुए चुप भी कराया जा सके। आज लोगों में भी नया उत्साह और एक नई उमंग नज़र आ रही है। कल के प्रोग्राम ने चारों तरफ इतनी खलबली मचा दी कि आज पहली बार आए लोग, कल का प्रोग्राम न देख पाने पर पछता रहे हैं।

(शेरूदा मंच पर आते हैं)

शेरूदा : सज्जनो, हमें बेहद खुशी है कि आज हम लगभग साढ़े छ: हजार लोगों के साथ इस प्रोग्राम से लाभान्वित होने की दिशा में बढ़ रहे हैं। मंच का प्रोग्राम सिर्फ नमूने के रूप में होता है। हमारे एक माह पूर्व हलचल पैदा करने

के प्रयास से जो कई प्रकार के प्रश्न उभरकर आए, उनके हल सुझाने की कोशिश हम अपने इन 2 दिनों के प्रोग्राम में कर रहे हैं। सारे प्रश्नों का जवाब हम नहीं दे पाएंगे। हम सिर्फ राह और दिशा की ओर इशारा करेंगे। क्योंकि प्रश्नों के हल इतने विशाल है कि पूरे साल भर भी हम प्रोग्राम करते रहें तो भी ये पूरे नहीं होंगे। हाँ, इतना जरूर कहेंगे कि हम उम्मीद करते हैं—आप हमारा, मार्गदर्शन करेंगे।

(यह सुनते ही लोग सोचने लगे, भला इतने बड़े थिंकर को हम क्या गाइड कर सकते हैं। शेरूदा तो नैसर्गिक नेता हैं। ये वोट वाले नहीं बल्कि जन-जागरण व चेतना पैदा कर देने वाले लीडर हैं)

शेरूदा : सज्जनो, आज भी हमारा कार्यक्रम परमशक्ति की वन्दना से प्रारम्भ होगा। आएं, मानवीय चेतना को 'मंच मंथन' से जागृत कर, सही मंजिल की ओर ले जाने का प्रयास करें।

***

दृश्य-2

(धीरे-धीरे पर्दा उठता है.......)

आज भी कल ही की भाँति विश्व रूपी ग्लोब को सजाया गया है। इस विश्व पर एक दिव्य प्रकाश पड़ रहा है, जिसकी शक्ति से धरती पर जीवन सम्भव हो पा रहा है। चारों ओर दीप मालाओं की जगमगाहट है। सुगन्धित धूप, अगरबत्ती, चंदन व फूलों की खुशबू से मंच ही नहीं, अपितु लोगों तक भी महक जा रही है। कलाकार, श्रद्धा भाव से भक्ति मुद्राओं में शीश नवाते हुए नज़र आ रहे हैं। संगीत के मधुर स्वरों की झंकार व शहनाई वादन से परवरदिगार का आह्वान किया जा रहा है। अब वीणा, बाँसुरी, हारमोनियम और धीरे-धीरे तबले की थाप के साथ पूरा माहौल संगीतमय व भक्तिमय होता जा रहा है। गूंगे के गुड की तरह

लोग आहिस्ता-आहिस्ता, मालिक का मधुर अहसास कर रहे हैं। अब गीत-संगीत के स्वर-तरंगों में लोग झूमने लगे–

ओ मालिक ओ अन्तर्यामी,
ओ परब्रह्म अपारा।
कोटि नमन तेरे चरनों में,
बहा अमृत रस धारा।।

....

पब्लिक, मानो परवरदिगार की धुनों में खो सी गई। एक शक्ति, परमशक्ति और सिर्फ एक ईश्वर का अहसास! ऐसा अहसास, जहाँ सारे ईश्वर एक-दूसरे में विलीन हो जाते हैं और रह जाता है सिर्फ एक ईश्वर।

कई लोग अपने आप से ही पूछने लगे कि क्या सचमुच दुनिया के सारे ईश्वर, इसी परम शक्ति से आते होंगे? कुछ लोगों ने तो अहसास भी किया कि सारे ईश्वर एक ही शक्ति से आते हैं।

अब तो बच्चे भी बड़े आश्चर्यचकित हो, चर्चा करने लगे–

हैं! एक महाशक्ति से आते-आते इतने ईश्वर हो जाते हैं?

(कल की ही भाँति आज भी, धरती रूपी ग्लोब को लोगों के बीच घुमाया गया। लोगों ने नत मस्तक हो शीश झुकाया और आरती ली)

कितने सुखद पल! कितना मधुर अहसास! लगता है, मन का मैल धुल रहा और मन निर्मल व स्वच्छ होता जा रहा है। अहसास हो रहा है, जैसे मन के भीतर कई दीप एक साथ जगमगा रहे हैं।

(शेरूदा मंच पर आते हैं)

शेरूदा : सज्जनो, हमारे आज का 'मंच मंथन' प्रोग्राम आपके समक्ष आने को बेताब है।

"अगर मिलालें कदम तो, दुनिया एक कर लें।
अगर मिलालें कदम तो, जमीं जन्नत बना लें।।"

(तालियों की गड़गड़ाहट)

आयें देखें उन कदमों की ताक़त.......।

दृश्य-3

(धीरे-धीरे पर्दा उठता है......)

बैंड के ड्रम की बीट। ड्रम बीट के साथ बीन की धुन।

(बच्चे उछलकर बोलते हैं, फौजियों का बैंड...)

(वालंटियर उन्हें शान्त कराते हैं)

नौजवानों की टोली, मार्च करते हुए, कदम मिलाते हुए–

सबसे आगे हैं **टीम लीडर।** सुन्दर सफेद ड्रेस पहने, क्या स्मार्ट लगते हैं।

लीडर : (परेड को आदेश देते हुए) थम। (सभी रुक जाते हैं) आओ, हम हर कदम से कदम मिलाते चलें।

टीम : (*दोहराते* हुए) आओ हम हर कदम से कदम मिलाते चलें।

लीडर : गुनगुनाते चलें! मुस्कुराते चलें!

टीम : गुनगुनाते चलें! मुस्कुराते चलें!

(बच्चों ने जोरदार तालियाँ बजाई, छोटे बच्चों ने किलकारी मारी तो किसी ने सीटी भी बजा दी। वालंटियर विनम्रतापूर्वक सभी को शान्त करा रहे हैं)

लीडर : गुनगुनाते, गीत गाते, मुस्कुराते, कदम मिलाते आगे बढ़ो। साथ-साथ पूरे हाव-भाव को दर्शाते आगे बढ़ो।

(पूरी टीम, टीम लीडर के आदेश का दिल से पालन करते हुए, आगे बढ़ती है। क्या मुस्कान बिखेरते हैं! क्या खिले चेहरे हैं कि देखते ही बनते हैं)

कदम से कदम मिलाकर चलते हुए टक-टक आवाज़ और साथ में कमर की क्या चलक है! ऐसा लगता, धान के खेत में बावरा पवन, अपने शरारती झोंकों से धान को बार-बार लहराकर, देखने वाले का दिल चुरा रहा हो।

(अब सामूहिक गीत के स्वर तेज होने लगे....)

हर कदम से कदम, मिलाते चलें।
गुनगुनाते चलें, मुस्कुराते चलें॥

जैसे ठंडा पवन, जैसे नीला गगन।
फूलों सी हो महक, पक्षियों सी चहक।
ताजगी जिंदगानी में, लाते चलें।
गुनगुनाते चलें, मुस्कुराते चलें।।
हर कदम से कदम, मिलाते चलें।
गुनगुनाते चलें, मुस्कुराते चलें।।

सूर्य के प्रात की, सुनहली सी किरन।
बन धरा से अंधेरा, मिटाएंगे हम।
ज्ञान की ज्योत ऐसी, जलाते चलें।
गुनगुनाते चलें, मुस्कुराते चलें।।
हर कदम से कदम, मिलाते चलें।
गुनगुनाते चलें, मुस्कुराते चलें।।

प्यार फैलता रहे, चाँदनी की तरह।
दिल खुशी चैन को, बस बटोरता रहे।
शान्ति को राह में, हम बिछाते चलें।
गुनगुनाते चलें, मुस्कुराते चलें।।
हर कदम से कदम, मिलाते चलें।
गुनगुनाते चलें, मुस्कुराते चलें।।

हम हर जान को, हम बेजान को।
इस धरा की अमानत, समझ लेंगे।
प्यार से प्यार को, हम जगाते चलें।
गुनगुनाते चलें, मुस्कुराते चलें।।
हर कदम से कदम, मिलाते चलें।
गुनगुनाते चलें, मुस्कुराते चलें।।

गुनगुनाते चलें................
मुस्कुराते चलें.............।

(धीरे-धीरे पर्दा गिरता है। तालियों की गड़गड़ाहट.....)

(पब्लिक भाव विभोर होकर)

वाह, क्या खूब! जितनी भी तारीफ की जाए कम है। ऐसा लगता है; गीत और हाव-भाव के साथ कलाकार, इंसानियत के फूलों की खुशबू बिखेर कर चले गये हों और अब इंसानियत की खुशबू धीरे-धीरे आत्मा में समा रही है।

कितने प्यारे पल! कितना मधुर अहसास!

किशोर वर्मा: (*संगीतज्ञ हैं, प्रभावित होकर*) **वाह!** फौजी अनुशासन की सोच और संग में संगीत का लोच!

क्या सुन्दर संगम!

मुझे खुद यकीन नहीं हो पा रहा था कि अनुशासन पर संगीत का नया रंग भी चढ़ाया जा सकता है, लाजवाब!

रमवन्ती देवी : (*समाजसेवी*) अरे यह तो रामी के गीत से पैदा प्रश्न का उत्तर है!! रामी ने अपने गीत में कहा था–

''मैं सागर में एक बूंद हूँ, लड़ पाऊँगा कैसे।
राग-द्वेष को अमन चैन में, बदल सकूँगा कैसे।।''

हमें उत्तर मिल गया। हम समाज कहें या घर परिवार या अपने ही घर की बात क्यों न कहें; अमूमन आपस में टकराव साफ-साफ देखा जा सकता है। भाई-भाई की नहीं बनती। गाँवों में एक-दूसरे के साथ मुकदमे चलते रहते हैं। अगर किसी के पास सकारात्मक सोच होती भी है और वह कुछ अच्छा करना भी चाहता है, तो लोग उसे सहयोग करने के बजाए उसकी टाँग खींचने में लग जाते हैं। ऊपर से यह भी कहने लगते हैं–बड़ा नाम कमाने की सोच रहा है, सयाणा बनने की कोशिश कर रहा है। परन्तु, अगर हम कदम से कदम मिला लें, यानी परस्पर तालमेल कर लें, तो न जाने कितनी समस्यायें खुद-ब-खुद सुलझ जाएंगी।

बी.डी.शर्मा: (*एस.डी.एम.*) हर डिपार्टमेंट के बीच, बड़ी खींचातानी

रहती है। चाहे लोकल गवरनेंस डिस्ट्रिक्ट लेवल में हो, चाहे स्टेट गवरनेंस हो या फिर सेन्टर गवरनेंस ही क्यों न हो; आपसी तालमेल की बड़ी कमी रहती है। जिनके कारण, कई महत्वपूर्ण निर्णय हो ही नहीं पाते। अगर हम, अपने इन प्यारे कलाकारों के फार्मूले को अपना लें, तो चमत्कारिक प्रगति निश्चित है। **'कदम से कदम मिलाते चलो', गवरनेंस के लिए बहुत बड़ा संदेश देता है। कलात्मक तरीके से दिए गए, इस प्यारे संदेश को मैं नमन करता हूँ।**

(लोगों के बीच चर्चाएं जारी...)

(इस बार भवानदा मंच पर आते हैं)

भवानदा : सज्जनो, शायद आपको आश्चर्य हो रहा होगा कि मैं शेरूदा की जगह पर अचानक कैसे आ गया। मैं भवान हूँ, मुझे लोग भवानदा कहते हैं, पर बुजुर्ग मुझे प्यार से भोनू पुकारते हैं।

हमारा अगला प्रोग्राम खुद शेरूदा दे रहे हैं।

प्रोग्राम है–**शेरूदा की अपनी ग़ज़ल!**

(लोगों की जोरदार तालियाँ...)

भवानदा : शेरूदा की ग़ज़ल में, जीवन दर्शन का अनभव करें। आएं, देखें और सुनें क्या कहते हैं शेरूदा और उनकी ग़ज़ल!

***

दृश्य–4

(धीरे-धीरे पर्दा उठता है.....)

हारमोनियम पर ग़ज़ल की मीठी-मीठी धुन, साथ में आहिस्ता-आहिस्ता तबले की थाप और बीच-बीच में बाँसुरी के मधुर स्वर।

(शेरूदा शेरवानी में, सिर पर चमचमाती टोपी और दुशाला लटकाए हुए)

लोगों की आवाज़ें.......

सुभान अल्लाह! माशा अल्लाह!

(हरकू काका तो उठ खड़े हो, दोनों हाथों की उँगलियों को भीतर की ओर मोड़कर अपने सिर से लगाते हुए मानो कह रहे हों)

ओ मेरे शेरू! तेरी बलइयाँ लेता हूँ! तुझे जमाने की नज़र ना लगे! पूरी दुनिया में तेरी फिलॉसफी फैल जाए।

शेरूदा ने बड़े ही अदब से सिर झुकाया, पूरी पब्लिक को प्रणाम करते हुए–

मैंने सोचा, एक ग़ज़ल मैं भी गा कर देखूँ, सुनें....

(मीठी आवाज़ व मधुर लय के साथ अब ग़ज़ल के बोल गूँजने लगे...)

इस जिंदगी को तू जान ले; ये मुस्कराता फूल है।
ये मुस्कराता फूल है..............।
न समझ सके तो ये जिंदगी; बस धूल है, बस धूल है
बस धूल है, बस धूल है........।

जिससे न तेरा वास्ता, तू खुशी है उसमें ढूँढ़ता।
भौतिक जगत में तू बिक रहा, क्यूँ हो रहा है लापता??
क्यूँ हो रहा है लापता......................
इस जिंदगी को तू जान ले..................

रूह है शरीर है, इसके सिवा क्या और है।
न दिन में तुझको चैन है, हर रात तू बेचैन है!!
हर रात तू बेचैन है...................
इस जिंदगी को तू जान ले...................

पुकारते–पुकारते, रूह थक गई पुकार के।
कहाँ–कहाँ भटक रहा, अपनी ही रूह को मार के!!
अपनी ही रूह को मार के....................
इस जिंदगी को तू जान ले..................

चैन ले खुशी बटोर, जिंदगी में मौज कर।
बेचैन हों गर लोग, ऐसी चाह ना विस्तार कर।।
ऐसी चाह ना विस्तार कर................

इस जिंदगी को तू जान ले; ये मुस्कराता फूल है।
ये मुस्कराता फूल है......................।
न समझ सके तो ये जिंदगी; बस धूल है, बस धूल है
बस धूल है बस धूल है.................।

(धीरे-धीरे पर्दा गिरता है। तालियों की गड़गड़ाहट.....)
क्या ग़ज़ल...! मन को झकझोरते हुए दिल में समा गई।

कई बुजुर्गः (*भाव विभोर होकर*) बहुत खूब !
क्या खूब कहा-
'रूह है शरीर है, इसके सिवा क्या और है।'
न जाने पूरी जिंदगी, हम कहाँ-कहाँ भटकते ही तो रहते हैं।

हरकू काका : बेचारी रूह! छटपटाती रह जाती है। यही रूहें तो शरीर त्यागने के बाद भी भटकती रहती हैं। दुनिया की सारी चमक-दमक का तामझाम हम अपने शरीर के लिए ही तो करते हैं, परन्तु बेचारी रूह की तरफ तो हमारा ध्यान जाता ही नहीं? बेचारी, बस यूँ ही भूखी-प्यासी और बिलबिलाती सी रह जाती है।

शान्ति, परोपकार, दया, प्यार, सहिष्णुता, भक्ति आदि ही तो इसके भोजन है। यही कारण है, रूह को भोजन न मिल पाने से आज हमारे समाज में बड़ी खुश्की आ गयी है।

हंसी देवी : रूह के कारण ही तो लोग भुतकई आ जाते हैं। हम जीते जी जिनकी कोई परवाह नहीं करते, उन्हें मरने के बाद अपने बचाव के लिये, हर साल पूजते रहते हैं।

उम्मेद सिंह : (*आर्मी में कैप्टन, प्रभावित होकर*)

भुतकई-अतृप्त आत्मा का किसी व्यक्ति-शरीर में प्रवेश

कितना बड़ा संदेश भरा है इन दो लाइनों में–

"चैन ले खुशी बटोर, जिंदगी में मौज कर।
बेचैन हों गर लोग, ऐसी चाह न विस्तार कर॥"

पूरी दुनिया में परेशानी की जड़ ही वह 'चाह' है, जो अपनी खुशी के लिए दूसरों को बेचैन कर देती है। अगर हम यह सोचने लगें कि ऐसा काम न करें, जिससे दूसरों को परेशानी हो, तब कितनी समस्यायें तो पैदा होने से पहले ही ख़त्म हो जाएंगी। हम फ़जूल की ऐसी चाहों का विस्तार करने में लग जाते हैं जो आम लोगों की जरूरी, जरूरत भरी राहों को अवरुद्ध कर देती हैं। न जाने क्यों हम ऐसे तरीकों को अपनाने से परहेज करते हैं, जिनसे दूसरों की परेशानियाँ न बढ़ें और सबका भला हो?

कई लोग ग़ज़ल को मथने में लगे हैं, कहते हैं–हालाँकि इसमें चन्द लाइन ही हैं, पर ग़ज़ल गागर में सागर जैसा लगता है।

दामोदर पांडे : इस लाइन में कितना कुछ कह दिया–

"जिससे न तेरा वास्ता, तू खुशी है उसमें ढूँढ़ता।"

हम गन्नों के उन छिलकों से रस निकालना चाहते हैं जो मशीन से पहले ही पूरी तरह निचुड़ चुके हैं। हम अपने भौतिक संसाधनों के माध्यम से ईश्वरीय सुख की उम्मीद करते हैं और जिंदगी रूपी भूमि को ऊसर बनाते चले जाते हैं। ऊपर से अच्छी फसल की उम्मीद भी करते हैं। **होता यह है कि रूह सूखती, छटपटाती जाती है और अन्त में बेचैन, अतृप्त रहकर देह त्याग देती है।**

(लोगों में चर्चा के चलते, शेरूदा पुनः मंच पर नज़र आ गए)

शेरूदा : सज्जनो! कई स्टेशनों से गुजरती अपनी ट्रेन, अब अगले स्टेशन पर पहुँचने वाली है। जीवन एक बहती धारा की तरह है, जिसे बहते जाना है। इसी धारा में हमें सब

कुछ करते जाना है। समय काफी कम है, और काम बहुत ज्यादा। जिंदगी के कई अरमान अधूरे रह जाते हैं और कई, जीवन लीला के साथ मौन होकर रह जाते हैं। कुछ अरमान हम भी लेकर आए हैं, जिन्हें अकेले पूरा कर पाना मुमकिन नहीं। परन्तु अगर आप सभी का साथ हो, तो नामुमकिन भी नहीं। हमें बस वह गीत गाना है, वह धुन बजानी है और सारे विश्व को उस नए रंग में रंग देना है।

वह धुन है– **मानवता धुन!**

हमारे अगले प्रोग्राम में उसी धुन की चर्चा है;

वह है– **मानवता की शान!** आएं देखें, सुनें, सोचें व उस दिशा की ओर बढ़ने का प्रयास करें...।

***

दृश्य–5

(धीरे-धीरे पर्दा उठता है.....)

वीणा, तानपुरा, हारमोनियम व बाँसुरी की मधुर धुन। साथ में तबले की हल्की-हल्की थाप........।

पब्लिक एकदम शान्त।

(अब रूह को कौन सा भोजन मिलेगा...!)

रंग-बिरंगी पोशाक में थिरकते कलाकार मंच पर–वाह! नृत्य देखते ही बनता है।

कलाकारों ने राग अलापना शुरू किया, फिर अचानक रुक गये।

अदाकारा मीना (आगे आकर)–

सुनिए! सोचिए...!

हर पल गुजरता जा रहा है.....!

हर दिन गुजरता जा रहा है......!

हफ्ते-माह-साल सब गुजरते जा रहे हैं..........!

परन्तु....................!

(मंच पर अन्य कलाकार पूछते हुए)

परन्तु क्या!!

वह मधुर धुन गूँज ही नहीं पाई, जिससे पूरी धरा, संगीतमय व आनन्दमय हो सके, जिससे ये दुनिया खुशहाल हो सके।

(मंच पर अन्य कलाकार बड़ी उत्सुकता से)

कौन सी धुन??

मीना–मानवता की शान! मानवता की धुन...!

(तालियों की गड़गड़ाहट.....)

(संगीत की मधुर धुनों में लोग खोने लगे.....)

पल-पल, दिन-दिन, बरस-बरस तो; बस यूँ सरके जाएँ।
गूँजगी धुन मधुर-मधुर कब; मानवता के शान की??

एक व्योम से रह-रह आना, वसुन्धरा में बना ठिकाना।
राग-द्वेष का ताना-बाना, माना हमने बुनते जाना।
उलझ-उलझ कर भटक गये फिर; राह सही इंसान की।
गूँजेगी धुन मधुर-मधुर कब; मानवता के शान की??

सर्व विदित है काल-चक्र में, सब आते फिर जाते इसमें।
चंद नाम ही स्वर्णिम होंगे, पर इतिहास के पन्नों में।
ठान सकेंगे इस जहान में; क्या कुछ ऐसा करने की?
गूँजेगी धुन मधुर-मधुर कब; मानवता के शान की??

समय-समय, युग-युग में कितने; महापुरूष पथ दर्शक जितने।
साफ-साफ संदेश थे जिनके; इंसानियत ही वचन थे उनके।
क्या कबीर का ढाई आखर; खुशियाँ देगा जीवन की?
गूँजेगी धुन मधुर-मधुर कब; मानवता के शान की??

लय-सुर-ताल नज़र ना आती, दिशाहीन जन-जन भरमाती।
है बुजुर्ग में बड़ी उदासी, भौतिकता की बनकर दासी।
सोच कभी आएगी ऐसी; आपस में मिल रहने की?
गूँजेगी धुन मधुर-मधुर कब; मानवता के शान की??

पल-पल, दिन-दिन, बरस-बरस तो; बस यूँ सरके जाएँ।
गूँजगी धुन मधुर-मधुर कब; मानवता के शान की??
मानवता के शान की...?
मानवता के शान की.......?

(धीरे-धीरे पर्दा गिरता है। तालियों की गड़गड़हाट.....)

पब्लिक में **असीम आनन्द!** असीम शान्ति! **असीम उल्लास!**

खिले चेहरों से लगता है—मानो दिल खिलने लगे, मुस्कुराने लगे, महकने लगे फूलों की तरह! जैसे—गुलशन में कई किस्म के फूल एक साथ खिलकर, महक रहे हों और मर्चीबगोड़ गुलिस्ताँ बन गया हो। लगता है, मर्चीबगोड़ में विश्व का इतिहास लिखा जा रहा है।

बुजुर्गों के चेहरों में अपार हर्ष झलक रहा है। जिन लोगों के दिलों में एक माह पूर्व हुए प्रोग्राम ने बड़ी हलचल पैदा कर दी थी और वे रात-रात भर सोचते रहते थे कि न जाने क्या होगा, कैसे होगा, दिन-प्रतिदिन हालात बिगड़ते जा रहे हैं; आज उन्हें यह प्रोग्राम देखकर बड़ा सुकून मिला है। उन्हें, अंधकार में प्रकाश की एक किरण मिलने से एक उम्मीद सी बँध गई है। लोगों के दिलों से नकारात्मक विचार कुछ कम होता दिखने लगा है।

कुछ भक्त लोग कहते हैं—दुनिया ऐसे सात्विक विचारों और भले मानुषों पर ही तो टिकी है, जो लोगों की भलाई में लगे रहते हैं।

बाबा रामनाथः (*प्रोग्राम देखने आए हैं, बड़ा आश्चर्य व्यक्त करते हुए*) हम तो बस अपनी धूनी रमाने व ईश्वर भक्ति में ही लीन रहते हैं। कोई भक्त हमारी धूनी में आ गया तो उसे भभूत लगाकर आशीर्वाद दे दिया। परन्तु मैं यहाँ इतना कुछ देखकर हैरान हूँ कि 'मंच मंथन' का प्रसाद अदृश्य रूप से लोगों में बँटता चला जा रहा है। **लोगों को खुद भी नहीं मालूम कि वे कितना प्रसाद बटोर चुके हैं। सारा काम चुपचाप हो रहा है।** यह प्रसाद शरीर का नहीं बल्कि मन, बुद्धि और आत्मा का भोजन है। मन, बुद्धि और आत्मा अगर सही दिशा व मार्ग पर आ जाएं, फिर काम तो सही होना ही है।

अन्य गाँवों से आए गणमान्य लोग भी, ऐसा ही प्रोग्राम अपने गाँव में करने की सोच रहे हैं। देश-विदेश से आए सज्जन भी ऐसा ही कुछ करने का विचार रहे हैं।

(शेरूदा मंच पर आते हैं)

शेरूदा : सज्जनो, आज हमारा प्रोग्राम कुछ लम्बा चल सकता है। रात्रि के लगभग 2 बज सकते हैं। हमारे इस प्रोग्राम के बाद विराम व जलपान होगा।

(पब्लिक ऐसा सुनकर बड़ी खुश है। कुछ लोगों ने खुशी में तालियाँ भी बजाईं। कुछ लोगों ने कहा, इससे बढ़कर हमारे लिए और क्या खुशी की बात हो सकती है। हम तो ज्ञान गंगा में नहा रहे हैं, भला ऐसा मौका कहाँ मिलेगा। लोगों की खुशी ने शेरूदा के चेहरे पर भी खुशी की लहर दौड़ा दी)

शेरूदा : आपको बताना जरूरी है कि हमारा यह प्रोग्राम काफी महत्वपूर्ण है। इसमें हमारे कलाकर, उस सच्चे गुरु का ध्यान कर, आत्मसात करेंगे जो हम सभी के भीतर मौजूद है। अगर हम अपने भीतर मौजूद सच्चे सत्‌गुरु को जागृत करने में कामयाब हो जाते हैं, तो हमारी नीरस जिंदगानी में सुख और शान्ति की रस-धार प्रवाहित होने लगेगी।

आएँ, अपने ही भीतर मौजूद 'सच्चे सत्‌गुरु' को पहचानें और साक्षात्कार करें...

***

दृश्य-6

(धीरे-धीरे पर्दा उठता है....)

संगीत की धीमी-धीमी धुन, हारमोनियम के मधुर स्वर, तबले की हल्की-हल्की थाप! बीच-बीच में बाँसुरी के मीठे मधुर स्वर...

कलाकार धोती-कुर्ते में हैं। सिर को ढ़ककर बांधा हुआ है। नीले, पीले, गेरुआ, सफेद व हरे रंग की धोतियाँ पहने हुए हैं, परन्तु कुर्ते सभी के सफेद रंग के ही हैं। कमर सफेद कपड़े से बांधे हुए हैं।

कलाकारों का लीडर : *(ऊँची आवाज़ में)*

दुनिया में हम शरीर लाए।

लाए कि नहीं?

अन्य कलाकार : *(सिर हिलाते हुए)* जरूर लाए।

लीडर : शरीर संग रूह भी आई।

अन्य कलाकार : बिल्कुल आई।

लीडर : शरीर नज़र आए, पर रूह नज़र न आए।

अन्य कलाकार : बिल्कुल दुरुस्त।

लीडर : तो सुनिए -

आगे-आगे लीडर बोल रहा है, पीछे-पीछे हाव भाव के साथ अन्य कलाकार..........।

नियम से खाना, नियम से सोना।
नियम से उठना जगना।
नियम से योग व्यायाम करना।
नियम से व्रत रखना।

लीडर : अब आगे सुनिए–

सोच प्रदूषण निदान का, जानें एक ही मंत्र।
चित्त एक कर ध्यान लगा हो, परम ब्रह्म में लीन।।
अजर-अमर-अभेद न जाने, कितने नाम अपारा।
सोच प्रदूषण मुक्त हो गर, सत्गुरु कृपा अपारा।।

सारे कलाकार अब पूरे हाव-भाव के साथ...। संगीतमय धुनों की मधुरता ने पूरा माहौल आनन्दमय बना दिया..., **गीत-संगीत जारी...**

सच्चा सत्गुरु देह बसा है, परम ब्रह्म का प्यारा।
जगा सको गर ओ संसारी, पाओ शक्ति अपारा।।
संसारी सत्गुरु तो केवल, राह दिखा सकते हैं।
असल गुरु जो हृदय बसा है, मंजिल पा सकते हैं।।

संसारी सत्गुरु से लेकर, परम ब्रह्म का ज्ञान।
देह बसे सत्गुरु का धरकर, एकाग्र चित्त में ध्यान।।
अगर जगा लें सच्चा सत्गुरु, पाकर सच्चा ज्ञान।
आतमा ब्रह्म से जुड़ जाएगी, धुल जाए अज्ञान।।
सोच प्रदूषण केन्द्र बिन्दु जो, पाप मैल भण्डार।
धुले ज्ञान गंगा स्नान संग, कर आत्म ज्ञान श्रृंगार ।।

(संगीत की मधुरता बढ़ती जा रही है...। संगीत अब भजन का रूप लेने लगा। पब्लिक तन्मय होने लगी। संगीत-भजन के साथ लोग, लयबद्ध हो, धीरे-धीरे तालियाँ बजाने लगे और झूमने लगे।)

(मंच पर कलाकार झूम-झूमकर भजन गाने लगे)
क्या माधुर्य...! क्या रस प्रवाह...!!

तेरो सत्गुरु नाम अपारा,
तेरो सत्गुरु नाम अपारा।
दयामयी ओ परमशक्ति,
तू बहा अमृत रसधारा।।

ना मैं जानू तेरी माया,
ना जग ना संसारा।
जपूं मैं हर दम ओ मेरे सत्गुरु!
प्यारो नाम तिहारा।।
तेरो सत्गुरु नाम अपारा..................

मन का मैल धरे चोले में,
दर-दर भटके जाता।
ज्ञान की धारा से मेरे सत्गुरु,
मैल का विष धुल जाता।।
तेरो सत्गुरु नाम अपारा.................

अँधकार ही अँधकार,
आता जग था अँधियारा।

ज्ञान पुँज की एक किरण से,
पाया जग उजियारा।।
तेरो सत्‌गुरु नाम अपारा...................

ना मैं माँगूं धन दौलत,
ना रतन धनों की खान।
मैं तो माँगूं ओ मेरे सत्‌गुरु!
प्यार का सच्चा ज्ञान।।
तेरो सत्‌गुरु नाम अपारा...................

नाना रूप ओ मालिक,
तेरी माया अपरम्पारा।
सत्‌गुरु रूप में हृदय बसा लूँ,
बहा अमृत रसधारा।।
तेरो सत्‌गुरु नाम अपारा...................

तेरो सत्‌गुरु नाम अपारा,
तेरो सत्‌गुरु नाम अपारा।
दयामयी ओ परमशक्ति,
तू बहा अमृत रसधारा।।

(धीरे-धीरे पर्दा गिरता है। तालियों की गड़गड़ाहट.......)

वाह! **सचमुच सच्चा ज्ञान!**

परम ज्ञान! **अलौकिक ज्ञान!!** परम ब्रह्म का ज्ञान!!!

(न जाने इस तरह कितने दिलों की सच्ची आवाज़ें, लोगों की जुबाँ से सुनाई दे रही हैं)

बाबा त्रिनाथ : (*चेहरे पर दिव्य चमक है, बड़े प्रभावित होकर*) इतनी माया में जकड़े होने के बावजूद भी–महाशक्ति, परम शक्ति का इतना गूढ ज्ञान! हम बाबा लोग तो संसारी लोगों को अज्ञानी, माया में जकड़े व अनमोल मानव जीवन को बस यूँ ही गुज़ारने वाले समझते थे। परन्तु, इनके इस प्रोग्राम ने तो हमारी भी आँखें खोल दी हैं। ***इनका ज्ञान-ध्यान, सोच-समझ तो हमसे भी कहीं***

ऊँचा है। हम सिर्फ अपने बारे में सोचते हैं, जबकि ये लोग, सम्पूर्ण मानव मात्र के लिए। इनके इस प्रोग्राम में; जन्म-जन्मांतर, जाति-धर्म, अज्ञानता आदि से उपजे मैल को धो देने की बड़ी ताक़त है।

(एक व्यक्ति गाता हुआ)

"तोरा मन दर्पण कहलाये.......
मन उजियारा जब-जब फैले, जग उजियारा होय......."

(शेरूदा मंच पर आते हैं)

शेरूदा : सज्जनो, हमने आज भी कल की तरह; पानी, शर्बत, चाय, मडुवे के बिस्कुट, तिल के लडडू आदि की व्यवस्था की है। आज फल आदि की व्यवस्था भी है।

(पानी, चाय, शर्बत आदि की सेवा वालंटियरों द्वारा की जा रही है...) सेवा भाव देखकर, लोग बड़े खुश हैं, कहते हैं- ऐसी सेवा तो होटल व रेस्टोरेन्ट में भी नहीं होती जहाँ जेब से खर्च करना पड़ता है, पर यहाँ तो खर्च किये बगैर ही इतनी सेवा मिल रही है। सेवा व प्रेम भाव की तो यहाँ मानो निर्मल धारा ही बह रही है, फिर भला असीम आनन्द की अनुभूति क्यों न हो। जो भी यहाँ मौजूद है, कहता—क्या तालमेल है! क्या प्रशासन है! क्या अनुशासन है!

बी.डी.शर्मा : (*एस.डी.एम.*) मुझे 12 साल प्रशासन में हो गए। हमारा पारम्परिक प्रशासन होता है। परन्तु यहाँ तो सेल्फ डिसीप्लिन है, आत्म चेतना है, आत्म जागृति है। यहाँ तो जिन पर प्रशासन करना है, वे स्वयं प्रशासित हैं। सब कुछ मानो ऑटो मोड में चल रहा है। मुझे स्वयं, यहाँ बहुत कुछ सीखने को मिल रहा है।

बाबा त्रिनाथ : मैं सिर्फ एक बार भोजन करता हूँ। आज प्रोग्राम देखकर मेरी भी बहुत कुछ कहने की इच्छा है। *वास्तव में, सोच प्रदूषण जिसे सारे प्रदूषणों का जन्मदाता कहा गया है, इसके निदान का मुख्य उपाय है-* ***परमशक्ति का ध्यान।*** परमशक्ति; *जो जातिगत, धर्मगत विषमताओं से परे है। उसे फूलों से भी प्यार है और काँटों से भी।*

वह परमशक्ति जिसे लोग अपनी-अपनी समझ के मुताबिक अलग-अलग रूपों में जानते हैं परन्तु उसका वास्तविक भेद कोई नहीं जान पाता। अगर कोई थोड़ा बहुत जान भी लेता है तो बस, 'गूंगे का गुड़' के स्वाद-सा; जिसका अहसास तो कर लेता है पर बता नहीं पाता। परन्तु इतना जरूर है, अनगिनत रूपों को धारण किए हुए वह सर्वशक्तिमान, मायावी संसार को संचालित कर रहा है। ***उसका सबसे निर्मल, सुन्दर व कल्याणकारी रूप है 'सत्‌गुरु'*** *यानी सत्यमार्ग या सच्चे मार्ग की ओर राह दिखाने वाला गुरु। वह गुरु साधू रूप में कुछ इस तरह है–*

"वृक्ष कबहु ना फल भखे, नदी न संचे नीर।
परमारथ के कारने, साधुन धरा शरीर॥"

उस गुरु की आपसे कोई भी अपेक्षा नहीं है, न ही उस पर भौतिक जगत का प्रभाव है। उस गुरु पर परम् शक्ति का तेज व निज धार का प्रवाह है, जिसे वह परमशक्ति से जोड़ सकता है। सोच प्रदूषण को मुक्त करने की ताकत उसमें है।

सत्‌गुरु की धार अल्पकालीन या क्षणिक भी हो सकती है। हो सकता है, वह खुद अपने लिए कुछ नहीं, परन्तु आपके लिए मालिक की धार; भले ही क्षणिक सही, आप तक पहुँचा देते हैं। पूजा-भक्ति वंदना यदि सच्ची श्रद्धा से हो, तो मालिक के निज धार का अहसास किया जा सकता है।

कार्यक्रम में बिल्कुल दुरुस्त फरमाया कि सच्चा सत्‌गुरु देह बसा है। संसार के सारे सत्‌गुरु–चाहे, माता-पिता, बन्धु-बान्धव, योगी, तपस्वी कोई भी क्यों न हों, सिर्फ राह बता सकते हैं। **परन्तु जब मार्ग में आगे बढ़ने की बात आती है तो हृदय में बसे सत्‌गुरु से ही हम आगे बढ़ सकते हैं।**

देखते ही देखते 20 मिनट भी गुजर गए। समय उतना ही, उसी समय के अन्तर्गत सब कुछ करना भी तो है। वालंटियरों के चुस्त-दुरुस्त सेवा, संगठन और अनुशासन ने, लोगों को प्रसन्न कर दिया। उन्होंने अपनी सेवा के जरिए लोगों के भीतर वे भाव जगा दिए जो शायद सोए हुए थे। जिनमें पहले से जगे हुए थे, उन्हें और उत्साहित कर, कुछ कर गुजरने की चाहत पैदा कर दी है।

(शेरूदा मंच पर आते है)

शेरूदा : सज्जनो, एक माह पूर्व रामी के बोल, आपके कानों में गूँज रहे होंगे।

"मैं सागर में एक बूँद हूँ, लड़ पाऊँगा कैसे।
राग द्वेष को अमन चैन में, बदल सकूँगा कैसे॥"

हमें उम्मीद है कि आप और हम अगर जुड़ जाएं तो सागर बन, इसे मुमकिन कर सकते हैं। इसी उम्मीद में हम अपने अगले प्रोग्राम की ओर बढ़ते हैं। हम इसमें, प्रकृति का एक बहुत बड़ा राज़ आप लोगों के सामने खोलने जा रहे हैं। और हाँ, इस राज़ का सही प्रयोग तभी हो पाएगा, जब हम इसका मंथन कर इसमें से मक्खन निकाल पाएंगे।

देखें, हमारे कलाकर अब कौन-सा राज़ खोलते हैं......

***

दृश्य-7

(धीरे-धीरे पर्दा उठता है...)

पर्दे पर कभी हिन्दी की वर्णमाला उभर रही है–क..इ..ब..स..द..त..थ... तो कभी अंग्रेजी के अल्फाबेट, कभी उर्दू, कभी अन्य भाषाओं की वर्णमालाएं तो कभी अजीब-अजीब से चिन्ह भी उभर रहे हैं जिन्हें पहचानना मुश्किल हो रहा है। हालाँकि कभी-कभी दर्शकों में कुछ

बच्चों की जुबाँ से–आल्फा, गामा, बीटा भी सुनने में आ रहा है।

(नेपथ्य से..) पहचानना यह सब क्या है?

/(*बच्चे खुशी से उछलते हुए*)

यहाँ बच्चों को ए बी सी डी पढ़ाई जाएगी।/

अब कई वर्णमालाओं को जोड़कर सरकाया जा रहा है।

(नेपथ्य से..) पहचाना अब क्या है?

/***(कुछ अध्यापक लोग एक साथ)*** शब्द बन रहे हैं और गुजर रहे हैं।/

(नेपथ्य से..) बिल्कुल ठीक!

यही शब्द हैं–जो इस संसार में विचर रहे हैं...।

यही शब्द हैं–जो पूरे ब्रह्मांड में विचर रहे हैं...।

यही शब्द हैं–जो पूरे आकाश में घूम रहे हैं...।

यही शब्द–हममें, आपमें और ब्रह्मांड के सम्पूर्ण पिण्डों में परिवर्तन ला रहे हैं।

अब कलाकारों का धीरे-धीरे मंच में प्रवेश, जो अपने-अपने हाथों में शब्द लिए घूम रहे हैं। **किस्म-किस्म के शब्द दिखा-दिखाकर** घूम रहे हैं। कोई मानव शब्द दिखा रहा, तो कोई हमजोली, कोई संगठन, कोई शान्ति शब्द दिखा रहा रहा है। कोई दाँत दिखाकर दानव व शैतान शब्द भी दिखा रहा है। सभी गाते और नाचते गुज़र रहे हैं.......।

साथ में दमू-नगाड़े की डम-डम-ढम-ढम भी हो रही है और रणसिंह की थौ-थौ भी। कोई उछल-उछलकर शब्द दिखा रहा है, तो कोई लड़खड़ाते; तो कोई प्यार शब्द को सहलाते हुए भी चल रहा है।

(शब्दों के मायावी खेल ने पब्लिक में बड़ा ही कौतूहल पैदा कर दिया है)

बीच में एक नाटा कलाकार अपने सिर पर गोल छल्ला पहने हुए है। जिस पर लिखा हुआ है... **'शब्दकोश'!**

शरीर पर बड़े शब्दों में लिखा है–**'आओ मंथन करें शब्दों का राज!'**

(*एक कलाकार का प्रवेश*) सर पर रखे हुए है– **शब्दों का पिटारा!**

(दूसरा कलाकार पिटारा नीचे रखने में मदद करता है)

अब, पिटारे से गठरियों को एक-एक निकालकर खोला जा रहा है।

गठरियों में से कई किस्म के रंग-बिरंगे शब्द निकल रहे हैं। दोनों कलाकार लोगों को उछाल-उछालकर इन शब्दों को दिखा रहे हैं। अन्य सारे कलाकार दाहिने हाथ को अपने गाल पर लगाये हुए, बड़े आश्चर्यचकित हैं.....

इतने सारे शब्द...!!!

नाटू कलाकार, जिसे सायद सब मालूम हो, बड़ी मस्ती में गाते हुए–

असल स्वरूप है जीवन का, शान्ति-शान्ति व प्यार।
प्यार शब्द में बैठे करता, यत्र-तत्र विहार।।
जल-थल-नभ-ब्रह्मांड में, शब्द-शब्द की गूँज।
शब्द-शब्द से धुन है, शब्द-शब्द का राज़।।

अब दो-दो कलाकार, बारी-बारी से बड़े हाव-भाव के साथ अलग-अलग मुद्राओं में गाते जा रहे हैं....

हर पुस्तक में शब्द हैं, जुबाँ पे शब्द का नाम।
शब्द बिना होता नहीं, जग में कोई काम।।
मंत्र-तंत्र षड्यंत्र हो, चाहे शासन की डोर।
शब्द-शब्द ही विचर रहे, देखें किसी भी ओर।।

पिक्चर-सीरियल में देख लें, शब्द का तुरत असर।
पाक शब्द है शान्ति बनाए, दूषित शब्द जहर।।
शब्द-शब्द से रिश्ते हैं, शब्द से नफ़रत मार।
शब्द-शब्द से प्यार उपजता, शब्द से हाहाकार।।

खुद की दुनिया अगर समझना, शब्दकोश लें छान।
शब्द हैं जैसे शब्दकोश में, वैसा होगा मान।।
दुनिया की माया नगरी में, विचर रहे सब शब्द।
कहीं प्यार बरसाता है यह, करता घायल भी शब्द।।

शब्द-शब्द ही देव बनाता, शब्द-शब्द ही दानव।
समझ सकें तो जान लें, बुद्धिमान ओ मानव!!
रंग-तरंग-उमंग सभी में, शब्द का भरा कमाल।
खुश मिजाज नेचर कल्चर सब, शब्द करे धमाल।।

कवि वैज्ञानिक लेखक हों या, गायक जग के प्यारे।
शब्दों के मंथन से बनते, हैं आँखों के तारे।।
आकाश में रचना बदल रहे, अंजान अनोखे शब्द।
सिद्ध पुरुष अवतारी सुनते, ज्ञान चक्षु से शब्द।।

शब्द-शब्द से सब जुड़े, शब्द से मायाजाल।
शब्द-शब्द से दुनिया है, शब्द से मालामाल।।
नव रस, नव रंग, रंगी दुनिया; शब्द बनाए मीत।
रंगी दुनिया, रंगी महफिल; शब्द से ही संगीत।।

शब्द-शब्द को जान लें, शब्द को लें पहचान।
भला-बुरा सब शब्द है, बड़ा शब्द का ज्ञान।।
शब्द को जिसने जान लिया, शब्द रूह पहचान लिया।
जानकार पंडित ज्ञानी है, गूढ़ ज्ञा-- को जान लिया।।

आख़िर में सभी कलाकार एक साथ–
"गर करना है जीवन जगमग, चाहें कंचन काया।
उजले शब्द हों शब्दकोश में, मैल शब्द सफाया।।"

(धीरे-धीरे पर्दा गिरता है। तालियों की गड़गड़हाट.....)
वाह, कितना गूढ़ रहस्य...!
कितना बड़ा राज़ आज इन कलाकारों ने खोला है...!
कोई कहता–शब्द का राज़!
कोई कहता–प्रकृति का गूढ़ ज्ञान!
(कई प्रकार की चर्चाएं–लोगों में जारी.....)

रमेश पाण्डे : (*बुजुर्ग हैं, भक्तिमय होकर*) हमारे जितने भी धार्मिक पूजा के स्थान हैं, वहाँ शब्द की ही तो गूँज है। कुछ हमें कानों से सुनाई पड़ता हैं लेकिन कुछ–दिल व अन्तरात्मा से महसूस कर पाते हैं।

ए.के.वर्गीस : हम जब मौन होकर प्रार्थना करते हैं, हमारे भीतर शब्द की गूँज पैदा होती है। वही गूँजते शब्द–हमारे भीतर, चैन व शान्ति पैदा कर देते हैं। 'मंच मंथन' के जरिए, शब्द का इतना नॉलेज, हमारे लिए बहुत बड़ा प्रसाद है।

डी.के.पांडे : (*इलेक्ट्रॉनिक व कम्यूनिकेशन में एम.एस.सी.*) आकाश तरंगों से भरा पड़ा है। आकाश में तरंगें घूमते व बदलाव लाते रहते हैं। इन तरंगों से निःसंदेह कई प्रकार के शब्द बनते रहते हैं। हमारे द्वारा बोले गये शब्द भी, तरंग ही तो हैं या उलट कर कहें–तो तरंगें शब्द बनाती हैं। हमारे कानों के सुनने की सीमा, ध्वनि की फ्रीक्वेंसी तक ही सीमित है, बाकी हमें सुनाई नहीं पड़ता। कई शब्द जिनकी फ्रिक्वेंसी हमारे कानों से कम या ज्यादा है, हमारे सामने से गुजर जाते हैं, परन्तु हमें पता तक नहीं चल पाता। भूचाल के समय चूहे, साँप आदि को पहले से ही खतरे का अहसास हो जाता है और वे हरकत में आ जाते हैं, जबकि हमें तब पता लगता है, जब हम खुद हिलने लगते हैं। 'मंच मंथन' ने साइंस और साइंस से जुड़े लोगों को भी बहुत बड़ा संदेश दिया है। **मैं इस बात को स्वयं महसूस कर रहा हूँ कि साहित्य, साइंस का कितना बड़ा प्रेरणा स्रोत हो सकता है। 'मंच मंथन' ने साइंस को सोचने का नया आयाम दिया है।**

दयाराम : (*बड़े भक्त पुरुष हैं, शब्द की महिमा से प्रभावित होकर*) मालिक के शब्द ही तो हैं, जो हर धर्मस्थल या पूजास्थल में गूँज रहे हैं। शब्दों का ही तो असर है, जिससे हम भक्तिमय हो जाते हैं। वही शब्द जब धुन के रंगों में रंग जाते हैं, तब हम भक्ति-संगीत में लवलीन हो जाते हैं।

कई प्रकार की चर्चाओं से लगता है कि सायद अब, कई प्रकार का ज्ञान लोगों में उभरने लगा है। ऐसा लगता है, बाहर से मिले ज्ञान-प्रकाश ने भीतर के ज्ञान को प्रकाशित कर दिया और अब जिसे जो ज्ञान दिखने लगा वह उसी ज्ञान की चर्चा करने लग गया है।

(शेरूदा मंच में आते हैं)

शेरूदा : सज्जनो, हम समय से मजबूर हैं। समय के साथ तालमेल बिठाना बहुत जरूरी है। जिंदगी में हर पल, हर क्षण भटकाव ही भटकाव है। मंजिल वही पहुँच पाता है, जो इन भटकावों की ओर भटकने के बजाए, अपनी मंजिल पर ध्यान केन्द्रित करते हुए–बढ़ता जाता है।

हमारे अगले प्रोग्राम में मालिक के उस **मूल मंत्र पर** चर्चा की गई है जिस पर आप, हम और हमारा संसार; यहाँ तक कि पूरा आकाश चल रहा है। इस **मंत्र में वह जादू है जिसके आगे दुनिया के सभी जादू बेअसर हो जाते हैं।** जिंदगी को मधुर, रसमय व आनन्दमय बनाने की क्षमता अगर किसी में है तो वह मालिक के इसी गूढ़–रहस्यमयी मंत्र में समायी हुई है। आएं, हम भी उस रहस्यमयी मंत्र को जान, अपने जीवन में मधुरस घोलकर, जीवन को आनन्दमय बनाने का प्रयास करें।

***

दृश्य–8

(धीरे–धीरे पर्दा उठता है......)

कई वाद्य यंत्रों की मधुर धुनों की गूँज...। सात कलाकार रंग–बिरंगे वेष–भूषाओं में थिरकते, प्रसन्न मुद्राओं में हाव–भाव के साथ मंच पर...।

वाह! आपस में गले मिल रहे हैं...। एक–दूसरे के पैर भी छू रहे हैं...। कभी बड़े प्यार से दूसरे को बिठा रहे हैं...। कोई बिठाकर पंखा कर रहा है...।

अब आवाज़ गूँजने लगी ..... सिर्फ ढाई आखर...!

याद करो, दिल में बिठा लो..., रूह को नहला दो...।

पहला कलाकार : बस सिर्फ ढाई आखर?

हम भी तो जानें, ऐसा क्या है, इतने से में?

दूसरा कलाकार : यह मूल मंत्र है परमात्मा का, जो न जाने कब और कितने युगों से चलता आ रहा है। बस इस मंत्र को याद कर लो, अपने में बसा लो; जिंदगी नूरानी हो जाएगी।

अन्य कलाकार : (*बड़े जोर से हँसते-हँसते...*) भला ऐसा कोई बटन है क्या, कि दबाते ही पूरा सिस्टम ऑन हो जाएगा?

पहला कलाकार : बिल्कुल ठीक, यह बटन ही है।

अन्य सभी : तो बताओ, क्या है वह आखिर!

दूसरा कलाकार : वह है प्रेम।

अन्य कलाकार : (*शर्माते हुए*) हाय राम, प्रेम!

तीसरी कलाकार : शर्म नहीं आती तुमको, ऐसी बातें करते हो?

दूसरा कलाकार : यह वह नहीं, जिससे हम सभी भ्रमित होते रहते हैं।

तीसरी कलाकार : तो फिर क्या है?

दूसरा कलाकार : आओ सुनो......

(धीरे-धीरे गीत के स्वर, मधुर संगीत में नहाने लगे...)

प्रेम-प्रेम है, प्रेम-प्रेम है; प्रेम-प्रेम ही प्रेम।
देखोगे जिस ओर कहीं भी; प्रेम-प्रेम ही प्रेम।।

प्रेम प्रभू का मूल मंत्र, बस ढाई आखर का मंत्र।
काबू है सर्वत्र किए, सारे मालिक के तंत्र।।
परमेश्वर के प्रेम से उपजा, यह सारा संसार।
जड़ चेतन जीवों में देखें, प्रेम का ही संचार।।
प्रेम-प्रेम है, प्रेम-प्रेम है.......

<u>आएं देखें यह कहाँ-कहाँ फैला है</u>–

पहनाया है कवच धरा को, कितनी गहरी बात!
प्रेम बाँसुरी मालिक की सुन, नाच रहा दिन रात!!
वसुन्धरा का प्रेम चाँद से, है सूरज से रिश्ता।
चाँद रात में मुस्काता है, सूरज भोर में आता।।
प्रेम-प्रेम है, प्रेम-प्रेम है.......

अपने सौर ग्रहों को देखें, सूरज पर मड़राते।
प्रेम सूर्य से कितना उनको, कभी कहीं न जाते।।
वृहद अकाश में भी गर डालें, पिंडों पे एक नज़र।
अनगिनत सौर परिवारों में है, प्यार का बड़ा असर।।
प्रेम-प्रेम है, प्रेम-प्रेम है.......

<u>आएं इसे बड़ी गहराई और सूक्ष्मता से देखें</u>–

हर अणु हर परमाणु में, गर डाले सूक्ष्म नज़र।
अद्‌भुत प्रेम बन्धन का देखें, अचरज भरा असर।।
परमाणु प्रेम से अणु बन जाता; अणु-अणु मौलीक्यूल।
मौली! ठोस, द्रव्य या गैस बनाता; ले प्रेम मंत्र का मूल।।
प्रेम-प्रेम है, प्रेम-प्रेम है.......

<u>अब जरा अपने बारे में भी सोच कर देखें</u>–

है मकान भी घर बन जाता, पलता जब है प्यार।
ध्यान लगाकर दिल से देखें, खुद अपना ही परिवार।।
प्रेम-प्रेम से घर बनता है, प्रेम से बने समाज।
प्रेम से देश का प्रेम उमड़ता, इंसानियत भी प्रेम का राज़।।
प्रेम-प्रेम है, प्रेम-प्रेम है.......

सोचो! सोचो! सोचो!

जब प्रकृति में प्रेम है, देह बसा जब प्रेम।
आकाश प्रेम से भरा हुआ, फिर भूल गये क्यों प्रेम??
कितनी छोटी दुनिया अपनी, कितने थोड़े लोग।
प्रेम छोड़, छीना झपटी का, लगा है कैसा रोग!!
प्रेम-प्रेम है, प्रेम-प्रेम है.......

कैसे पंडित जैसे ज्ञानी, कैसी अजब कहानी?
बिना पढ़े ही ढाई आखर, बीत गई जिंदगानी??

<u>आएं जरा इसे दिल से लगाकर देखते है</u>–

यह गंगा की निर्मल धारा, मधुर मलय पवन है।
चंदा की चाँदनी लिये यह, फूलों की खुशबू है।।

प्रात सूर्य की स्वर्णिम आभा, चिड़ियों की यह चहक है।
झूले सावन रस-रंग संग, मधुर गीत लिये है।।
प्रेम-प्रेम है, प्रेम-प्रेम है.......

अब इन बातों को गाँठ बांध लें–
प्रेम चक्र के पास कभी भी, वैर नहीं आ सकता।
भटका गलती से आ भी जाए, तुरत खत्म हो जाता।।

प्रेम कभी ना बूढ़ा होता, प्रेम कभी न मरता।
देह विलीन हो जाते जग में, प्रेम अमर ही रहता।।
आग प्रेम न जला सके, ना नीर इसे है बहा सके।
ना आँधी का असर पड़े, ना काल इसे है डरा सके।।
प्रेम-प्रेम है, प्रेम-प्रेम है.......

जरा ध्यान दें, कहीं भ्रम में न रहें–
देह प्रेम को प्रेम न समझें, यह तो बस इक भ्रम है।
असल प्रेम अंतरात्मा से होकर, परमात्मा जुड़ा है।।
इतनी ताकत इतनी शक्ति, इसीलिए अमर है।
यह मालिक का मूल मंत्र, इसमें ही सभी समा है।।
प्रेम-प्रेम है, प्रेम-प्रेम है.......

(सभी कलाकारों की एक साथ आवाज़ आती है)
हमारी प्यारी पब्लिक, अब और ध्यान से सुनिए–
जीवन बदले दुनिया बदले, अपना लें गर प्रेम।
शान्ति-शान्ति संग खुशियों की, रसधार बहाये प्रेम।।
भटक गई जलती दुनिया का, ठोस एक हल होगा।
असल प्रेम दिल में रखकर, सावन बरसाना होगा।।
सावन बरसाना होगा.......।
सावन बरसाना होगा.........।

प्रेम-प्रेम है, प्रेम-प्रेम है; प्रेम-प्रेम ही प्रेम।
देखोगे जिस ओर कहीं भी; प्रेम-प्रेम ही प्रेम।।

कलाकार अब आपस में; एक-दूसरे को गले लगा रहे है और

एक-दूसरे को ऊपर उठाकर, ढाई आखर का इज़हार कर रहे हैं। *ऊपर से रंग-बिरंगे फूलों की बरसात हो रही है।* कलाकारों पर रंगों की हल्की सी फुहार भी पड़ रही है। कलाकारों के खिलते चेहरों पर मधुर मुस्कान देखते ही बनती है।

(धीरे-धीरे पर्दा गिरता है। तालियों की गड़गड़ाहट....)

वाह, क्या खूब...!

ऐसा लग रहा है—मानो सचमुच प्रेम बरस रहा हो। आज मर्चीबगोड भी पूरी तरह प्रेममय हो गया। लोग न जाने आनन्द गंगा में डुबकी लगाते-लगाते कहाँ खो से गए। तालियाँ सिर्फ बच्चों ने बजाई थी। बच्चों की तालियाँ बजाने के बाद, फिर जोर से तालियाँ बजीं।

लोग, मालिक के मूल मंत्र से शायद मंत्रमुग्ध हो गए थे! ***रूह को मधुरस पान*** *करने का मौका जो मिल गया था!* ***रूह को ताज़गी*** *मिली थी। फिर ताज़गी मिले क्यों ना,* ***कलाकारों ने रूह को पसंदीदा भोजन जो कराया था।***

पब्लिक ने खुद इसका अहसास किया कि वास्तव में उनकी जिंदगानी में रूखेपन, परेशानियों व बेचैनियों का कारण—**बेचारी रूह का भूखा-प्यासा होना ही था, जो न जाने कब से बुरी तरह छटपटा रही थी...।**

सुबोध पैनोली :*(55 वर्षीय गाँधी विचारधारा के बड़े चर्चित समाज सेवी)* **वाह!** कलाकारों ने कितना बेमिसाल प्रदर्शन किया। हर युग, हर काल में प्रेम की चर्चा होती आयी। चाहे राम हो या रहीम, चाहे कबीर हो या गुरु नानक। चाहे मीरा की भक्ति हो या कन्हैया की बाँसुरी, सभी में प्रेम का मूल मंत्र समाया रहा। महान नाटककार शेक्सपियर ने भी **प्रेम की रूह को पहचान कर कहा कि दुनिया में हमने सिर्फ प्रेम की छाया को पकड़ने की कोशिश की है,** असल प्रेम का तो हमें ज्ञान ही नहीं है। उन्होंने साफ-साफ कहा कि **वास्तविक प्रेम तो आत्मीय होता है।** लोग गुजर गये, प्रेम ज्यों का त्यों बरक़रार है। **गाँधी जी ने तो दुश्मन तक से, प्रेम करने**

की बात कह डाली। लोग यह सुन बड़े हैरान हो गये; **दुश्मन से भला प्रेम!** बड़ी ही अटपटी बात, भला ऐसा कैसे हो सकता है? परन्तु उन्होंने जब अपनी बातों का खुलासा किया और बताया कि हमें पापी से नहीं बल्कि उसके **पाप कर्मों से घृणा करनी चाहिए** और उन दुष्कर्मों को दूर करना चाहिए जिनकी वजह से वह पापी बना है। हमें उस व्यक्ति के भीतर जो नफ़रत, द्वेष व बदले की भावना भर चुकी है, उसे ख़त्म करना है। **यह सब जानकर लोग बड़े हैरान थे कि क्या ऐसा भी हो सकता है।** गाँधी जी ने अपने विचारों को लोगों के सामने और विस्तृत किया और कहा कि अगर हम दुश्मन के भीतर वैर, नफ़रत, बदले और शैतानी सोच को बदलने में कामयाब हो जाते हैं, **तब वह हमारा दुश्मन नहीं बल्कि दोस्त बन जाएगा।**

मोती काका : भला दुश्मन दोस्त कैसे बन सकता है?

सुबोध पैनोली: अगर हम नफ़रत का जवाब नफ़रत और द्वेष का जवाब द्वेष से देते जाएंगे तो यह चिंगारी की तरह काम करेगा और **देखते ही देखते शोलों में तब्दील हो जाएगा।** यह ठीक उसी तरह होगा, जिस तरह **आग बुझाने का हल, आग लगाना कभी नहीं हो सकता है।** ऐसा करने से आग और बढ़ती जाएगी। दूसरी तरफ, दुश्मन की शैतानी सोच बदलने में अगर हम कामयाब हो जाते हैं तो दुश्मन, दुश्मन न रहेगा। फिर जब उसे हमारी सकारात्मक प्रयासों का अहसास होगा, तो वह हमारा दोस्त बन जाएगा। आज दुनिया में अशान्ति का मुख्य कारण है–**असल प्रेम स्रोत सूखते जा रहे हैं।**

हरकू काका: बच्चों ने एकदम दुरुस्त फरमाया। आज परिवार के अन्दर से ही प्रेम गायब है। माँ-बाप की सेवा तो दूर, उनको अपने साथ रखने तक में बड़ा बोझ समझते हैं, जो बड़ा दुर्भाग्यपूर्ण है।

सोबन सिंह : इसमें कोई शक नहीं कि प्रेम अब गायब होता जा रहा है। अधिकतर लोग अब निहित स्वार्थ से भरते चले जा रहे हैं। एक तरफ माँ–बाप अपने ही बच्चों को जल्दी से जल्दी प्ले या बोर्डिंग स्कूल में डालकर निश्चिन्त होना चाहते हैं तो दूसरी तरफ युवा दम्पति अपने माँ–बाप को कहीं वृद्धाश्रम में डाल आते हैं। बुजुर्गों की दशा दिन पर दिन बड़ी दयनीय होती जा रही है। **काश! प्रेम बरकरार होता, परिवार खुद-ब-खुद कितने सुखी व खुशहाल होते!**

दान सिंह : हर व्यक्ति, बस अपने ही फायदे के बारे में सोचता है; भले ही दूसरे को कितना ही नुकसान क्यों न हो जाए। कितनी कम्पनियाँ खुलती जा रही हैं, परन्तु उनका विषैला मलबा....बस बहा देते हैं नाले में, नदी में, बेहिचक...! अगर उनको–लोगों व समाज से सचमुच प्रेम होता तो क्या वे कभी ऐसा काम करते? वे पहले विषैले मलबे को साफ करने की सोचते। सोचते कि हमारी फैक्टरी का विषैला मलबा अगर नदी में मिल गया तो यह नदी के साफ पानी को जहरीला कर देगा। उसी पानी को जब हजारों–लाखों लोग इस्तेमाल करेंगे, साग–सब्जी उगायेंगे तो किस तरह विषैले तत्व घूम फिरकर हमारे ही पास आ जाएंगे। तब कितनी बीमारियाँ जन्म लेंगी और लोगों का स्वास्थ्य कितना बर्बाद हो जाएगा? लेकिन यह सब हो रहा है, **क्योंकि दूसरों के दर्द का अहसास गायब है, प्रेम गायब है।**

(*फिर शायरी गाने लगे*)

"ओ शख़्स! ज़माने को गम देने की कोशिश न कर।
कहीं ज़माने का गम, तुझ पर ही कहर न बरसा दे।।
गर देना ही है, तो नेकी कर, फिर देख असर।
प्यार से भरपूर होगा, जिंदगानी का सफ़र।।"

शिक्षक वर्ग ने इस प्रोग्राम को काफी सराहा। फिजिक्स के लेक्चरर

गोपाल बिष्ट को; गीत में अणु, परमाणु व मौलिक्यूल बड़े पसन्द आए।

गोपाल बिष्ट : हम तो सिर्फ पढ़ते और पढ़ाते हैं, परन्तु इस प्रोग्राम ने तो मालिक के **प्रेम का नज़ारा–ठोस, द्रव्य व गैस के भीतर दिखलाकर, साइंस को एक नया नजरिया दिया है।** इस नज़र से अगर हमारे स्टूडैन्ट्स पढ़ने लगेंगे तो पढ़ने में आनन्द आएगा। जब आनन्द आएगा तो फिर सब समझ में भी आ जाएगा। जब समझ में आ जाएगा तो जिज्ञासाएं बढ़ेंगी। जब जिज्ञासाएं बढ़ेंगी तो फिर **नये-नये आविष्कार भी होने लगेंगे।**

बिशन रमोली: (*प्रकृति प्रेमी हैं, बड़े खुश होकर*) भई मुझे तो धरती, चाँद, सूरज व ग्रहों के परस्पर प्रेम का प्रदर्शन बेहद पसन्द आया। कितनी ऊँची सोच है। हम तो एक छोटे गाँव, कलॉनी या अपार्टमेंट में एक-दूसरे पर दोष मढ़ते-मढ़ते जिंदगी गुजार देते हैं परन्तु इस प्रोग्राम की सोच का दिल तो देखें, कितना विशाल व महान है–जिसके प्रेम में न जाने क्या-क्या समा जाएगा, हम ही नहीं; पूरी धरती, चाँद-सितारे सब कुछ।

(शेरूदा मंच पर आते हैं–चर्चाएं थम जाती हैं)

शेरूदा : सज्जनो! हमें उम्मीद है, ढाई आखर का जादू असर कर रहा होगा।

/(**लोगों की आवाज़ें...**) बहुत असर कर रहा है, बहुत खूब.../

हम सभी वक्त से बंधे हैं। अगला प्रोग्राम, हमें आवाज़ दे रहा है। देखें, प्रोग्राम अपना कैसा असर दिखाता है।

***

दृश्य–9

(धीरे-धीरे पर्दा उठता है.....)

कई प्रकार की धुनें एक साथ बज रही हैं। अलग-अलग प्रकार के संगीत और अलग-अलग प्रकार के वाद्ययंत्र! परन्तु कुछ भी समझ में नहीं आ रहा है। धीरे-धीरे कलाकार मंच पर आ रहे हैं...।

ओह! यह क्या... गुजराती!

वाह! बंगाली...! ओ मलयालम! ओ! ये तो मराठी है।

हैं, ये आसामी...!

क्या बात है! ये तो सारे प्रदेशों के कलाकार एक साथ अपनी-अपनी वेशभूषा में! आखिर क्या दिखलाना चाह रहे हैं...?

(एक कलाकार आगे आकर)

सुनो-सुनो-सुनो!

हम दिखते अनेक हैं, पर हैं एक।

सिर्फ एक!

सारे कलाकार एक-दूसरे का हाथ पकड़, गोल घेरा बनाकर थिरकते हुए, कहते जाते है.....हम सब एक ही तो हैं...।

एक अदाकारा :(*सबसे आगे आकर*) हम संगीत के सभी धुनों को. .... मिला-मिलाकर एक धुन बना रहे हैं।

सुनो-सुनो-सुनो, कैसी धुन बनती है–

(कलाकार–कभी भरतनाट्यम करने लगते हैं, कभी कत्थक, तो कभी कुचीपुडी। कभी उत्तराँचली तो कभी भांगड़ा। कभी डांडिया तो कभी असमिया बिहु नृत्य)

(अब लय, ताल, सुर के साथ; गाने की झंकार गूंजने लगी...)

पूरब पश्चिम उत्तर दक्षिण, की छेड़ी है मुनमुन धुन।
किस प्रदेश के याद नहीं है, गाते हैं हम गुन गुन गुन॥

मत पूछो हम कौन कहाँ के, बस इंसां हैं वसुन्धरा के।
धुन संगीत में नहा रहे हैं, सभी धुनों को मिला मिला के॥
गीत नृत्य को चहूँ दिशा से, लाये हैं हम चुन चुन चुन।
सुर से सुर फिर ताल से ताल, मिलाकर गाते गुन गुन गुन॥

पूरब पश्चिम उत्तर दक्षिण........

/दर्शक गणों में, बच्चों को गाना व नृत्य दोनों खूब पसन्द आने लगे तो नाचने लगे, झूमने लगे, सीटी बजाने लगे और किलकारी मारने लगे। (वालंटियर बड़े प्यार से बच्चों को शान्त कराते हैं)/

गीत आगे बढ़ता है–

संगीत लहर में अब रूह अपनी, झूम रही है झुम झुम झुम।
नव रंगों के रंगों में हम, नाच रहे हैं छुम छुम छुम।।
पूरब पश्चिम उत्तर दक्षिण.........

धन मुद्रा से मत भटकाओ, हमें नहीं है बिकना।
सूक्ष्म शरीर बस प्रेम पुजारी, ना बन्धन में रहना।।
मस्त गीत गाते हम मिलकर, मिलकर हमको रहना।
आत्म शान्ति मधुरस में हमको, मुस्कान लिए है जीना।।
पूरब पश्चिम उत्तर दक्षिण.........

भाषा-कल्चर सभी अलग, पर बसा प्रेम है एक।
इक दूजे के बड़े दुलारे, एक एक हम एक।।
आपड़िया या भालोबासी, चाहे बल्ले बल्ले।
चहूँ दिशा में मानवता धुन, गूँजे हुल्ले हुल्ले।।
पूरब पश्चिम उत्तर दक्षिण.........

हाथ थाम लो गले लगा लो, अब क्या है शर्माना।
वक़्त बीतता भाग रहा है, मालूम ना कब है जाना।।
दुनिया तो बस रैन-बसेरा, सबको आना जाना।
पूरे जीवन भर अपना ही ना, सूक्ष्म रूह पहचाना।।
पूरब पश्चिम उत्तर दक्षिण.........

दुनिया की हड़बड़-भगदड़ में, सूखे ना रह जाएं।
पल भर ही सही, आओ मिलकर, रंगों में मिल जाएं।।
भोलू सा लाचारी जीवन, मिलकर हम बदलेंगे।
ज्ञान पुंज की नई किरन से, जगमग जीवन कर देंगे।।
पूरब पश्चिम उत्तर दक्षिण.........

अपनी धुन संग ताल लिए, संगीत लहर जाएगी।
जन-जन के दिल-दिल की प्यारी, मधुर गीत निकलेगी।।
भटकी रूहों को सुना-सुना धुन, मस्त-मस्त कर देंगे।
प्रेम ज्योत प्रज्वलित कर उनको, मालिक संग कर देंगे।।
पूरब पश्चिम उत्तर दक्षिण.........

सूखी रूहों में नई-नई अब, रसधार बहा करेंगी।
तोड़-फोड़ में लगीं रूह भी, गाने लग जाएंगी।।
होली के रंगों में रंगकर, मन सब हम रंग देंगे।
गीत मधुर गा-गाकर संग-संग, मौसम सावन कर देंगे।।
पूरब पश्चिम उत्तर दक्षिण.........

फूलों सी खुशबू महकेगी, संगीत मधुर की मुनमुन धुन।
धरती प्यार से भर जाएगी, सब गाएंगे गुन गुन गुन।।
पूरब पश्चिम उत्तर दक्षिण, की छेड़ी है मुनमुन धुन।
किस प्रदेश के याद नहीं है, गातें है हम गुन गुन गुन।।
गाते हैं हम गुन गुन गुन...........
गाते हैं हम गुन गुन गुन...........

(धीरे-धीरे पर्दा गिरता है। तालियों की गड़गड़ाहट...)

लोग उठकर नाचने लगे.....।
लोगों की जुबाँ के बोल भी गूँजने लगे.......
कैसी छेड़ी है मुनमुन धुन!
गाते हैं हम गुन गुन गुन!
लोग बड़े मस्त!
कई लोग एक-दूसरे को गले भी लगाने लगे।
(शेरूदा और कलाकार भी यह सब देख, हतप्रभ हैं)
भला इतना असर!

निःसंदेह, हम जो कुछ फिल्माते, दर्शाते या प्रदर्शित करते हैं वह प्रत्यक्ष या अप्रत्यक्ष रूप से पब्लिक के दिल और दिमाग में असर पैदा करता है। चाहे वह टी.वी. प्रोग्राम हो या भाषण; कलामंच का प्रोग्राम या वार्तालाप। आज दुनिया की मौजूदा हालत के बारे में स्वयं सोचा व महसूस

किया जा सकता है कि आखिर ऐसी हालत कैसे हो गई?

भगवत जोशी: (*दर्शन शास्त्र के प्रोफेसर, प्रभावित होकर*) बहुत खूब! मुझे प्रोग्राम बड़ा पसन्द आया। निःसंदेह, **अगर हम लोगों में प्यार दर्शाएंगे तो प्यार बढ़ेगा और अगर नफ़रत तो नफ़रत।** फिर, लोग तो अधिकतर **फोलोवर की ही जिंदगी** जीती है। जैसा देखा, सुना या पढ़ा; बस वैसा ही करने लग जाती है। किसी प्रकार का तर्क-वितर्क करना पसन्द ही नहीं करती। बेचारी यह भी भूल जाती है कि **यह सब किसी के विचार ही तो हैं।** थिंकर बनने की बात आती ही नहीं, उससे पहले ही चल बसते हैं। परन्तु **जो थिंकर हैं,** उनका फ़र्ज़ बनता है कि फ़ोलोवर को **सही दिशा में ले जाएं, गुमराह न करें।**

कुछ मारधाड़ में विश्वास रखने वाले लोग भी इस प्रोग्राम में आए हैं। प्रोग्राम देखकर, **मुस्कराते हुए कह रहे हैं–**

हमें तो प्रोग्राम बड़ा चंगा लगा। अक्सर हमें दुत्कारा जाता है, परन्तु इस प्रोग्राम में तो हमें भी मस्त करने की बात कही गई है।

वाह! मुन मुन धुन!
अरे सुन सुन सुन!
मुन मुन धुन!
(जोर-जोर से हँसते हैं और गले लिपट जाते हैं)

(फिर से मुस्कुराते हुए) अरे क्या बात है–असर तो होने भी लगा। फिर एक-दूसरे की हथेलियों से हथेलियाँ टकराते हैं। अरे! वास्तव में असर होने लगा। पहली बार हम गले तक मिल रहे हैं; अन्यथा हम तो, एक-दूसरे को बस अँगूठा ही दिखाते थे। फिर बड़ी जोर-जोर से ठहाका लगाकर हँसने लगते हैं–

अरे अब तो हमारी समझ में भी आने लगा......!!

इसमें कोई शक नहीं, प्यार में कितनी ताकत होती है–**यह भटकी रूहों को नई राह, नई खुशी व नई जिंदगी दे सकता है।**

भवान दा : (*अपने दिल की बात बताते हुए*) इंसान समाज से ही सब कुछ सीखता है या फिर प्रकृति से। यह तब और

भी महत्वपूर्ण हो जाता है, जब हमारे समाज में ऐसी गतिविधियाँ चल रही होती हैं, जिनसे हमें सीख मिल सके या जिन्हें लोग आदर्श रूप में ले सकें। यदि हम समाज में, एक-दूसरे पर– दोष मढ़ने, बर्बादी, ठगी, खून-खराबा, मारधाड़ जैसी बातें; अपने मंच पर, टी. वी. आदि पर दिखाते जाएं तो लोगों को सिर्फ शैतानी हरकतों के लिए प्रेरणा मिलेगी, जिसके फलस्वरूप बना समाज, एक शैतानी रूप ले लेगा। **अफ़सोस!** ऐसा माहौल स्वयं पैदा करने के बावजूद भी, हम खुद यह कहने में बिल्कुल नहीं हिचकते कि आजकल तो अच्छे लोगों का जमाना ही न रहा? भला इसमें जमाना क्या करेगा?

जमाने को पहले पैदा कर देना और फिर कोसना, भला कौन सी शराफ़त है...? जब हम खुद, कच्ची रोटियाँ पका रहे हैं तो फिर दोष किसे दें? बाबा, भूख मिटाने के लिए कच्ची रोटियाँ ही तो खानी पड़ेंगी।

सुबोध पैनोली: (*पुरानी यादें, याद करते हुए*) टी.वी. पर जब रामायण सीरियल आता था, तो लोग पहले से ही घर का सारा काम निबटाकर, टी.वी. के आगे बैठ जाते थे। सीरियल के समय, सारी रोड तक सुनसान हो जाया करती थी। यहाँ तक कि रामायण सीरियल के दर्मियान लोग, अपनी फ्लाइट तक बुक नहीं कराते थे। पूरे समाज में रामायण की ही चर्चा होती रहती थी और लोग अपने भीतर एक आदर्श लाने का प्रयास करते थे। परन्तु आज हमारे पास ऐसा क्या है, जिसकी बदौलत हम अपने बच्चों के भीतर आदर्श आने की उम्मीद करें? आने वाली पीढ़ी भला कहाँ और किधर से सुधर पाएगी, जब हम सामाजिक व सांस्कृतिक विकास पर ऐसा कोई काम कर ही नहीं रहे हैं??

हिर राम : (*शास्त्रीय गायन के पंडित हैं*) ***संगीत में–सारे धर्म,***

सारी भाषायें, सारे लोग समा जाते हैं। *संगीत पर किसी का बंधन नहीं; भाषा, धर्म, क्षेत्र, प्रदेश या किसी भी देश का संगीत ही क्यों न हो; जिसने भी इसे गले लगाया यह उसी का हो लिया। संगीत के भीतर परवरदिगार की वो ताक़त है, जो इंसान तो इंसान, सारे जीवों को तक एक कर सकती है।* ***यहाँ तक कि पेड़-पौधे तक मुस्कराने लग जाते हैं। निर्जीव भी सजीव से लगने लगते हैं।*** *कान्हा की बाँसुरी में वह संगीत ही तो था; जिससे गइयाँ चरना भूल जाती थीं, बछड़े दूध पीना और वृन्दावनवासी सब सुध-बुध। कलाकारों की मुन मुन धुन से मुझे ऐसा लग रहा था,* ***मानो मैं खुद वृंदावन में नाच रहा हूँ और पूरी दुनिया संगीतमय हो रही हो।***

(शेरूदा मंच पर आते हैं)

शेरूदा : सज्जनो! धीरे-धीरे हम कार्यक्रमों के समापन की ओर बढ़ रहे हैं। जीवन दर्शन के चंद मॉडल ही हम आपके सामने रख पाए। जिंदगी न जाने कितने मॉडलों से भरी पड़ी है।

हमारा अगला कार्यक्रम है–

"भूमंडल के भूले रिश्ते से रिश्तेदारी की ओर बढ़ते कदम।"

देखें, सुनें, गौर करें–क्या संदेश देते हैं हमारे कलाकार.....।

***

दृश्य-10

(धीरे-धीरे पर्दा उठता है......)

नेपथ्य से गूंजती हुई आवाज़.......

"धरती भूमंडल से अपना, कितना गहरा रिश्ता।
रिश्तेदारी निभा न पाए, क्यों भूले हम रिश्ता?"

(नेपथ्य से आती आवाज़ तेज होने लगी...)

क्या हम भूले रिश्तों को याद कर रिश्तेदारी निभा पाएंगे...?
क्या हम रिश्ते में रिश्तेदारी की धार बहा पाएंगे...?
अब मंच पर धीरे-धीरे तीन गोले नज़र आने लगे....

पहला गोला– बिल्कुल लाल, बाहर से लिखा हुआ है–**सूरज।**

दूसरा गोला– बिल्कुल दूध जैसा सफेद, बाहर लिखा हुआ है–**चंदा।**

तीसरा गोला– बहुत बड़ा, नीला सुन्दर सा–इसमें नदी, पहाड़, समुद्र, सब बने हुए हैं; बाहर से लिखा हुआ है–**वसुन्धरा।**

वसुन्धरा गोले से; धीरे-धीरे लोग बाहर निकल रहे हैं। अब तीन गोलों में से तीन सिर बाहर निकल रहे हैं।

(वसुन्धरा सुबक-सुबक कर रो रही है। अन्दर ही अन्दर घुट रही है)

चंदा : क्या हुआ वसुन्धरा, तुम फिर सुबकने लगी! तुम आख़िर इतनी दुखी क्यों हो?

वसुन्धरा : हजारों-लाखों साल गुजरे; कितनी पीढ़ियाँ गुजरती रहीं, बड़े-बड़े रथी-महारथी, सम्राट, चक्रवर्ती राजा-महाराजा आए फिर चले गए। पर अब ऐसे-ऐसे आणविक, परमाणविक, रासायनिक सामग्री से लैस खुराफ़ाती पीढ़ी आ गई, जिसे देख-देखकर मेरी समझ में कुछ भी नहीं आ रहा है। मैंने सोचा था कि मैं हजारों-लाखों पीढ़ियों के बच्चों को पालूँगी-पोसूंगी, अपना खजाना लुटा दूँगी। पर अब, मुझे खुराफ़ाती बच्चों की बेरहम हरकत देखकर ऐसा लगता है कि मेरी ही जीवन लीला एक-दो पीढ़ी के भीतर खत्म न हो जाए। इन बिगडैल बच्चों को न तो खुद की परवाह है, न **दूसरों की, न मेरी, न ही भूमंडल की**; कौन समझाए इन्हें...?

चन्दा : धरती वासियो! तुमको शर्म आनी चाहिए। क्या अक्ल घास चरने चली गई? अपनी ही जननी के साथ ऐसा

खिलवाड़? तुम्हारी हरकतों से बिल्कुल नहीं लगता कि तुम वसुन्धरा के बच्चे भी हो? लगता है, शनि और राहु के बच्चे पैदा होकर वसुन्धरा की गोद में आ गए।

सूरज : चंदा बिल्कुल ठीक कह रही है। मैं खुद भी हक्का-बक्का हूँ। कितनी मुस्कुराती व खिलखिलाती रहती थी वसुन्धरा! पर अब एकदम ख़ामोश व गुमसुम है। अन्दर ही अन्दर घुटती रहती है। कभी न सोचा था कि वसुन्धरा के ऐसे बच्चे भी हो सकते हैं, जो अपनी ही माँ को आग में झोंककर खुश हों और तालियाँ बजाकर अपनी ही शेखी बघार रहे हों कि वे यह सब करके कितने उन्नतशील व सभ्य हो गये हैं?

धरतीवासी

विनोद : हाय रे, यह कैसा डर बैठ गया है वसुन्धरा के दिल में! बेचारी कितना डर गई! कौन है वो पापी, जो हमारी वसुन्धरा को डरा रहा है?

रामी : बुद्धू, हम ही तो हैं वो पापी। आज हम शैतान बन चुके हैं।

विनोद : कमाल है! अपने आप को शैतान कहते हुए शर्म नहीं आती?

रामी : बाबा, हम आज इंसान के भेष में शैतान बन चुके हैं। नाम इंसान का, पर काम शैतान का।

विनोद : फिर क्या कोई हल है?

रामी : हाँ हल है, बस सुधर जाएं।

विनोद : कैसे सुधरें?

रामी : अपनी सोच को बदल लें। मौजूदा सोच की पटरी सीधे खाई में जाती है।

(रामी फिर गाने लगा)

मौजूदा सोच की पटरी; हाय, कैसी यह बनाई!
और कहीं ना ले जाकर; ले जाती सीधे खाई।।

विनोद : कोई हल भी तो बताओ।

रामी : विकास, आर्थिक विकास, मार्किट अर्थव्यवस्था,

उपभोक्तावाद, मजबूत आर्थिक व्यवस्था.......... इसके आगे जोड़ो–चिरस्थाई विकास, सामाजिक व सांस्कृतिक विकास, मानवीय विकास मानवता की ओर, हैवानियत छोड़–बढ़ें कदम शान्ति व प्रेम की ओर। जीवन का असल मकसद समझ में आ जाए। छींना-झपटी, ऊटपटांग काम, गड़बड़, कपटनीति; भले इंसान के काम कैसे हो सकते हैं? ये काम तो शैतान के सिवा और किसी के हो ही नहीं सकते।

विनोद : वाह-वाह। क्या दम है बातों में।

रामी : और बड़े ध्यान से सुनो–**संगीत, कला, साहित्य; रूह के भोजन हैं**, जो इस काम में बड़ी मदद कर सकते हैं।

विनोद : रूह का भोजन!

रामी : हाँ भई हाँ। लोगों के शरीर तो एकदम दुरुस्त दिखते हैं और कई प्रकार की अदाओं में नज़र आते हैं; **परन्तु उनकी सूक्ष्म रूहें, सूखी पड़ी हुई होती हैं।** ठीक उसी तरह जब सूखा पड़ जाता है तो मिट्टी की पर्त चिटक जाती है, जगह-जगह दरारें पड़ जाती हैं। ठीक वैसा ही हाल लोगों का भी होते जा रहा है। ऐसी खुश्की चढ़ गई है जो बाहरी भोजन से नहीं जा सकती। कला, साहित्य, संगीत, ध्यान, भक्ति आदि जैसी दवाओं की खुराक, भयंकर खुश्की-रोग-निदान के लिए देनी होंगी।

विनोद : यह सब सुन, बड़ा खुश होकर उछलता है।
वाह!

(फिर गाने लगता है)

"रूह की खुश्की दूर करो, रामी से दवा मिली है।
बुझे-बुझे जीवन को फिर इक, नई किरन मिली है॥"

(सुनते ही लोगों की भीड़ लग गयी; आपस में खुसुरफुसुर करने लगे...*आखिर ऐसी कौन सी दवा है.....?)*

वसुन्धरा : मेरे खुराफ़ाती बच्चे, न जाने किस-किस किस्म की

गंदगी कर देते हैं कि अब बार-बार नहाने पर भी गंदगी नहीं जाती। मेरी नाड़ियों (शिराओं-धमनियों) को इतना गन्दा कर दिया है कि कभी-कभी मुझे बुखार भी आने लग जाता है, तब बच्चे कहते हैं; कितनी गर्मी पड़ गई। मुझे ऐसी गंदगी की चिन्ता नहीं, जो धुल सके। पर इन बच्चों ने ऐसे रसायन बना लिए हैं जो एकदम चिपक जाते हैं, फिर धुलने और साफ होने का नाम ही नहीं लेते। नसें तो नसें, इन्होंने तो मेरा पेट तक न छोड़ा। मेरे अमाशय में इतनी ताक़त थी कि मैं सब कुछ पचा लेती थी। पर इनके ऊटपटांग कामों से अब अक्सर खट्टी डकारें आती रहती हैं और पेटदर्द भी रहने लगा है।

विनोद : रामी! मेरी तो वसुन्धरा की बातें बिल्कुल भी समझ में नहीं आ रही हैं।

रामी : तुम क्या समझोगे? जिस पर बीतती है उसी को पता होता है। वसुन्धरा की नाड़ियाँ; नदियाँ-नाले आदि हैं, जिसे हम कहते हैं—जल बह रहा है। उसकी बहती नाड़ियों में आज हम फैक्टरियों का तमाम विषाक्त पदार्थ डाल देते हैं। सातों समुद्र उसके पेट के हिस्से हैं, जहाँ सारा कचड़ा पहुँचकर, वह सब हजम कर जाया करती थी। वसुन्धरा की शारीरिक प्रक्रिया कुछ अलग प्रकार की है। वह बादलों से नहाती है। सारी गंदगी वह बहाकर अपने मजबूत पेट की ओर ले जाकर साफ करती है। परन्तु अब, जब समुद्रों में भी ऊटपटांग काम होने लगे, तब भला उसकी पाचन प्रणाली खराब होना और पेटदर्द होना स्वाभाविक है। जब दर्द होने लगता है तो बेचारी छटपटाने लगती है।

वह अपने शरीर में अनगिनत खजाने धारण कर, हमें बड़े लाड़-प्यार से पालती पोसती है। पर हम, उसके ऐसे शैतान बच्चे हैं कि खजाने को लूट-खसोट, खा-पीकर मौज भी करते हैं और उसके शरीर की बर्बादी भी। आखिर, उसका शरीर कब तक यह सब

सहन कर पाएगा? एक न एक दिन वह भी तो जवाब दे ही देगा।

//(**देखते ही देखते लोगों के बीच भी, चर्चाएं छिड़ गयी...**)

हिम्मत काका बताते हैं—रामी बिल्कुल ठीक कह रहा है। हम अपने जंगलों को आग लगा देते हैं। वुसन्धरा के फेफड़ों में धुआँ ही धुआँ भर देते हैं। सारे जानवरों को जला देते हैं। आग में कई पशु-पक्षी जलकर स्वाहा हो जाते हैं। कई बेचारी पक्षियों के तो वंश के वंश उजड़ गए। एक ही साल में 2-3 बार हम जंगलों में आग लगा देते हैं। पहले हम आग लगाते हैं, फिर जब वन्य प्राणी आग की तपन से पानी की तरफ भागते हैं, तो उनको नदी किनारे पकड़-पकड़कर मार डालते हैं। फिर रोना भी रोते हैं—हाय रे, हमारे तो जंगल ही जल गए! हम बर्बाद हो गए! सरकार इतना कम हरजाना दे रही है! जब फंड मिल जाता है तो बड़े खुश होकर, न जाने कहाँ-कहाँ, कौन-कौन चुपचाप डकार जाता है? न जाने कैसी घटिया सोच पैदा हो गई? जंगल की आग के साथ हमने अपने सारे जल स्रोतों को भी सुखा डाला। जंगल अब इतने गर्म हो गए हैं कि मानसूनी बादल, ऊपर ही ऊपर टा-टा कहते निकल जाते हैं। वजह साफ है—इंसान की शैतानी हरकत से मानसून का दिल, गुस्से से जलने लगा है; अब वे भी किसी प्रकार का तरस नहीं खाते। वे यह कहकर बड़बड़ाते चल गुजरते हैं कि मरो या बचो हमारी बला से; अब हमको तुम पर बिल्कुल रहम नहीं आता। तुम लोगों ने कौन सा ऐसा काम किया है कि तुम्हें माफ किया जा सके? तुम्हारे खेत सूखें या नदियाँ; भले ही पीने के पानी की किल्लत ही क्यों न हो जाय, अब कोई परवाह नहीं। मानसूनी बादलों का ऐसा ख़तरनाक रुख कभी न देखा गया...!!//

विनोद : तो क्या करें, कोई उपाय भी तो बताओ।

रामी : उपाय पहले ही बता चुके। सुबह से शाम तक अपने ही कारनामों को ध्यान से देखो। सोचो, विचारो और खुद से खुद को जाँचो कि आप कितना सही कर रहे हैं? पर अब तो चौबीसों घंटे जाँचना पड़ेगा, क्योंकि राउन्ड द क्लॉक का फैशन जो चल पड़ा है। वसुन्धरा को निर्जीव नहीं, सजीव रूप में देखने का प्रयास करें।

जरूरत के मुताबिक ही वस्तुओं का इस्तेमाल करें। अपनी फज़ूल की इच्छाओं का विस्तार न करें, जिनसे वसुन्धरा के ख़जाने का दोहन हो और हम खुद त्रासदी के शिकार होने लगें।

विनोद : बड़ी दिलचस्प जानकारियाँ हैं, कुछ और बताएं।

रामी : हम जो कुछ पैदा करते हैं, उसका नष्ट होना या दूसरे रूप में परिवर्तित होना भी जरूरी है। जैसे मिट्टी के बर्तन बनाते हैं तो यह मिट्टी में मिल जाता है। कागज बनाते हैं तो घुल जाता है। पर ऐसा न हो कि प्लास्टिक जैसी चीज बनाकर उसे अजर-अमर कर दिया और वह फिर हमारे लिए ही नासूर बन जाए। ऐसा न हो कि ऐसे जहरीले रसायन बना दिए, जो पहले पौधों के भोजन से पौधों में और फिर पौधों से हमारे भोजन के जरिये हमारे ही शरीर में घुस जाएं।

किशन : रामी सही कहते हैं। गाय-भैसों को इंजेक्शन लगाकर जबरन दूध तो निकाल लिया, पर यह भूल गए कि दूध के इंजेक्शन का जहरीला रसायन, अब दूध पीने वालों को रोगी बनाकर, **कितना बड़ा दंड देगा??** सब्जियों को इंजेक्शन लगा, ढेर सारी सब्जियाँ पैदा कर ज्यादा पैसा तो कमा लिया, परन्तु पूरा सब्जी-बाजार जहरीला भी तो बना दिया!! **अब बीमारों की तादाद दिन दूनी रात चौगुनी बढ़ती जाएगी???**

रामी : किशन ने सही कहा, आजकल ऐसा ही हो रहा है। ऐसे लोग न जाने क्यों, इंसानियत छोड़कर हैवानियत की ओर बढ़ने लगे हैं?? आपके ही भीतर आपका रहनुमा बसा है; जो बता देगा कि क्या गलत, क्या सही हो रहा है। अपने आप से पूछो, क्या सही कर रहे हैं? अगर फिर भी समझ में न आ पाए तो खुद पर ही आजमा कर देख लें, तुरंत समझ में आ जाएगा।

विनोद : रामी! एकदम समझ में आ गया। अपनी चमड़ी पर

गरम पानी डालकर देखें, कैसा लगता है। अपनी चमड़ी पर कूड़ा डालकर देखें, कैसा लगता है। अब मेरी समझ में आ गया है। कुछ भी करने से पहले अपने से पूछें, क्या सही है? रूह की आवाज़ आएगी गलत, अगर काम सही नहीं है तो।

रामी : अगर हमारी समझ में आ गया है तो हम अपने गुनाहों को क़बूलें और संकल्प करें–

अब मधुर धुन-संगीत गूँजने लगी...।

सभी धरतीवासी वसुन्धरा के आगे अपने गुनाहों को क़बूलने लगे...।

कोई कान पकड़ रहा है..., कोई सिर जमीन में रगड़ रहा है..., कोई सुबकते हुए नज़र आ रहा है..., तो कोई अपनी ही छाती पीट रहा है...। कोई अपने ही गाल पर थप्पड़ मारते हुए भी नज़र आ रहा है...।

धरतीवासी : *(सभी एक साथ–प्रायश्चित व प्रार्थना के साथ...)*

मत सुबको मत रोओ माते, हम विनती करते हैं।
अँधकार में पड़े हुए थे, अब प्रण हम करते हैं।।
काम कभी ऐसा न करेंगे, जिससे दुख होवेगा।
उपजाएंगे प्यार धरा पर, हर इक मुस्काएगा।।

जन जीवों का आदर होगा, माते तेरी पूजा।
पूरे ब्रह्मांड में तुझसे सुन्दर, कहीं नहीं है दूजा।।
हम सब तेरे बच्चे हैं, हैं तेरी ही संतान।
हे माँ! क्षमा हमें करना, कर समझ हमें नादान।।

अब आँखें भी तरस रहीं, आरजू है बारम्बार।
मुस्का दो बस एक बार, है दिल की यही पुकार।।

(सभी नतमस्तक हो शीश झुकाते हैं)

वसुन्धरा : *आख़िर माँ हूँ।* ***दिल तो माँ का ही है।*** (पहले मुस्कान, फिर खिलखिला उठती है) *खुश रहो मेरे बच्चो, माफ किया। बस,* ***अपना प्रण याद रखना।*** (वसुन्धरा की मुस्कान देख, सूरज खुशी से गुलाबी हो गया और चाँद का चेहरा एकदम नूरानी)

सूरज व चाँद: (*एक साथ*) वसुन्धरा! तेरे बच्चों को सद्बुद्धि आए,
यही दुआएँ हम करते हैं मालिक से।
(पर्दा गिरता है। तालियों की गड़गड़ाहट.....)

वाह! वाह! क्या नाटक दिखाया। कितने नाटक देखे पर ऐसा नाटक कभी न देखा...! लोगों की परस्पर ऐसी ही चर्चाएं...। लोग महसूस कर रहे हैं, मानो उनके सारे प्रश्नों के हल मिल गए। सारे प्रश्नों के ही नहीं, न जाने कितने अन्जाने सवालों के भी हल मिल गए। पर कौन से प्रश्न का जवाब क्या है—सब मिश्रित हो रहा है। ठीक उसी तरह—मानो पुराने घर का सारा सामान अब नए घर में एक साथ रख दिया गया हो, जिन्हें एक-एक करके ढूँढ़ना पड़ रहा है।

विनोद शास्त्री : (*भूगोल के लेक्चरर हैं*) एक शिक्षक के रूप में मैंने 20 साल गुजारे, परन्तु वसुन्धरा का सजीव दर्शन आज मुझे मंच के माध्यम से मिलकर, बहुत बड़ा संदेश मिला है। यह नाटक, 'नाटक' नहीं बल्कि संदेश से भरा हुआ पिटारा है। इसमें कोई शक नहीं कि हम दिन-प्रतिदिन स्वार्थी होते जा रहे हैं।

केवलानंद : सर अगर कोई उदाहरण हो, जिससे समझ में आ जाए?

विनोद शास्त्री : मान लीजिए मैं एक फैक्टरी लगाता हूँ और बड़े ही जोर-शोर से दिखाता हूँ कि कितने लोगों को रोजी-रोटी दे रहा हूँ, कितना राजस्व पैदा कर रहा हूँ। परन्तु दूसरी तरफ मैं अपनी फैक्टरी के मलबे को सीधे नदी-नालों में डालकर नदियों को जहरीला बना देता हूँ। मेरे दिल में तनिक भी दर्द नहीं होता कि मैं क्या कर रहा हूँ। सरकारी पेपरों में भी लीपापोती होती है। हालाँकि बड़ी-बड़ी रेगुलेटरी बॉडीज भी हैं, पर क्या वे अपना फ़र्ज़ निभा पाती हैं? बस स्वार्थ इस कदर चढ़ गया है कि **एक ही आवाज़ आती है**—मेरा क्या जाता है, जिसको मरना है मरे और जिसको बचना है बचे; अपनी मोटी इन्कम हो ही रही है, बढ़िया हो रहा है और क्या चाहिए...।

नरपतदा : कितनी दूषित मानसिकता है?

विनोद शास्त्री : अगर इसे गहराई से सोचें तो क्या हम घुमा-फिराकर, अपना ही नुकसान नहीं कर रहे? वही जहरीला नाला जब हमारे अपार्टमेंट या बंगले से होकर गुज़रेगा तो अगल-बगल के वायु को प्रदूषित नहीं कर देगा? इसके साथ-साथ अगर हम हैंड पम्प, जेट पम्प आदि लगाएंगे, तो क्या वही विषाक्त जल; इस्तेमाल करने पर हमारे शरीर में नहीं पहुँच जाएगा? इसी तरह के काम अगर सभी जगह होते रहें, तो धरती माँ के पास सुबकने के सिवा चारा ही क्या है? गंगाजी कहें या जमुनाजी, साफ करने की बात बड़े ही जोर-शोर से होती है। पब्लिक का पैसा भी काफी लगाया जाता है। परन्तु यह कैसी सोच– पहले गंगाजी को गंदा होने दो, फिर सफाई अभियान छेड़ो? जहाँ से गंदगी आ रही है–उधर की आँख बन्द ही रखो; **सिर्फ गंगाजी पर ध्यान दो, बस!!!**

क्या हम इतने बुद्धिमान हो गए हैं कि हमें अपनी बर्बादी के सिवा और कुछ सूझता ही नहीं? **क्या हम सुध-बुध खोए सोते इंसान बन चुके हैं?**

रमाकांत जोशी : (*समाज शास्त्री हैं*) हमें इस नाटक से सीख लेनी चाहिए। इस नाटक ने इंसान को सुधरने का बहुत बड़ा संदेश दिया है। वसुन्धरा का दर्द, जिसमें वह कहती है–**शायद, बस एक दो पीढ़ियों की मेहमान हूँ, कितना बड़ा संदेश है?** *हम लोग जिस तरह प्रकृति का विनाश करते चले जा रहे हैं; उन कारनामों से हम बेशक, वसुन्धरा के खुराफ़ाती बच्चे ही हैं। हम पेड़-पौधे, जीव-जन्तु, नदी, पर्वत, समुद्र, वायुमंडल आदि सब कुछ जल्दी से जल्दी ख़त्म करने पर आमादा है। सब गलत ही गलत करते जा रहे हैं। ऐसा लगता है–हम जल्दी से जल्दी अपनी पीढ़ी में*

ही सब काम तमाम कर दें, ताकि आने वाली पीढ़ी को किसी प्रकार का सुख भोगने का मौका ही न मिले और आने से पहले ही कंगाल कर डालें।

मोहन चन्द्र : (*प्राइमेरी शिक्षक*) अगर हम, अपने आपसे पूछकर, आत्म-मंथन शुरू कर दें कि जिंदगी भर ऐसा कौन सा काम किया है—जिससे लोगों का, जीवों का, प्रकृति का भला हो सके, तो शायद इंसान की शैतानी हरकत थोड़ी कम होने लगे। तब गाय-भैसों को इंजेक्शन लगाने की सोच, जंगलों में आग लगा देने की सोच, जल व वायु को प्रदूषित कर देने जैसी गिरी सोच में; शायद कुछ बदलाव आने लगे। हमारे पूर्वजों की तरह, नदियों को पूजने की पुण्य सोच, शायद लोगों में फिर आने लगे। खाने-पीने में मिलावट करने की आदत में शायद सुधार होने लगे। मात्र सकारात्मक सोच, इंसान को सही काम करने की दिशा देकर न जाने कितनों का भला कर सकती है। परन्तु हम सोचते हैं, मैं क्यों बोलूँ; यह काम तो सरकार का है, सरकार बोलेगी। सरकारी कर्मचारी भी ऐसा ही सोचते हैं। फिर आख़िर सरकार है कहाँ। चारों तरफ सिर्फ सरकार का नाम ही गूँजता है पर सरकार गायब है। हम सरकार को बदनाम करते-करते दुनिया से ही चल बसते हैं, पर सरकार गायब है। न जाने हम कब समझ पाएंगे कि हम स्वयं ही सरकार हैं? क्या मेरा फ़र्ज़ नहीं है कि मैं बोलूँ; अगर गलत हो रहा है तो गलत, और सही तो सही। पर वही बात है; मैं क्यों बोलूँ, मैं तो बस पीछे-पीछे बुराइयाँ करूँगा...। **न जाने कब सही सोच उपज पाएगी...?**

(विचारों के मंथन से नई-नई दिशाएं, उभरती जा रही हैं...)

(शेरूदा मंच पर आते हैं)

शेरूदा : सज्जनो, हम अपने 'मंच मंथन' के समापन की ओर बढ़ रहे हैं। हमारा आख़िरी प्रोग्राम हमें आवाज़ दे रहा है। हमारा यह प्रोग्राम संकल्प से भरा हुआ है। मालिक को इंसान से बड़ी उम्मीदें हैं...।

(फिर गाने लगे)

संकल्प अगर कर लें हम मिलकर, जग जगमग कर सकते हैं।
फूलों सा महका जीवन को, खुशियों से भर सकते हैं।।

आएं, संकल्प गीत में हम सभी, पूरे मन व दिलोजान से शामिल होवें।

***

दृश्य-11

(धीरे-धीरे पर्दा उठता है......)

बीन की आवाज़, साथ में बैंड और कई वाद्ययंत्रों के स्वर, एक साथ गूँजने लगे। 26 जनवरी की परेड सी गूँजती धुन से उत्पन्न–उत्साह, उमंग और कुछ कर गुजरने की चाह; पूरे शरीर में जोश भरने लगी...। धुन सुनकर खुद-ब-खुद महसूस किया जा सकता है कि इसमें संकल्प, प्रण और मजबूत इरादों को कामयाब करने की प्रतिज्ञा ही होगी।

मंच पर अब धीरे-धीरे, छोटे-बड़े, बुजुर्ग, बालक-बालिका, युवक-युवती सभी उभरते नज़र आने लगे। सभी के चेहरे चमक रहे हैं। वेशभूषा सबकी अलग-अलग है, परन्तु कदम एक साथ मिले हुए और साथ में चेहरों पर भाव एक; नज़र आ रहे हैं।

(लोगों की जोश व उत्साह भरी आवाज़.....)

अनेकता में एकता...!

(आवाज़ जोर पकड़ती है, वास्तव में यह अनेकता में एकता ही है)

कई प्रदेशों की पोशाक पहने हुए; बच्चे, बूढ़े, जवान सब एक साथ...।

सबके–विचार, सोच व संकल्प एक।

लोगों के बीच जोश उमड़ने से शोरगुल तेज होने लगा।

(वालंटियरों ने लोगों को हाथ जोड़कर शान्त कराया)

अब कलाकारों के जोशीले, संदेश व संकल्प भरे स्वर गूँजने लगे...

इंसान को इंसान से अब, हम मिलाएंगे।
इंसानियत की शान को, जग में बढ़ाएंगे।
राग-द्वेष दूर कर, खुशी बिछाएंगे।
दुनिया के जंग दूर कर, अमन दिलाएंगे।
आए अगर हैं जग में, तो कुछ कर के जाएंगे।
जहाँ पुनीत में नया, इतिहास रचाएंगे।।

कमल के फूल से खिलें, ये जिंदगी के दिन।
ताज़गी भरी-भरी, मानो मधुर पवन।।
मन पाक-स्वच्छ-साफ हो, गंगा का जैसा जल।
विशाल से विशाल हो, सागर समान दिल।।

सभी कलाकार, अपना दाहिना हाथ उठाकर संकल्प सा कर रहे हैं–

वसुन्धरा तो रैन बसेरा, यहाँ है आना जाना।
कार्यकाल में हमको बस है, सही दिशा में जाना।।
भूले-भटके हैं भटक रहे, न जाने कितने राहगीर।
सही राह दे सही दिशा, बदलेंगे उनकी तकदीर।।

नब्बे प्रतिशत नुकसान धरा पर, होता है भटकाव से।
दस गुना बढ़ा अब देंगे हम, जग को प्यार के जादू से।।
नफ़रत नहीं बस प्यार की भाषा, ही है हम मतवालों की।
संकल्प किया हम मतवालों ने, प्यार की ज्योत जलाने की।।

इंसानों में भेद न करते, सबको गले लगाते हैं।
इंसां संसार में सब हमको, मेहमाँ नज़र ही आते हैं।।
हम जाएंगे सही दिशा संग, गैरों को ले जाएंगे।
गैरों को भी यार बनाकर, संग-संग मुस्काएंगे।।

वसुन्धरा के अलबेले, करते पूजा इंसानों की।
फहराएंगे ध्वजा जगत में, मानवता के शान की।।
दीपक बन प्यारी दुनिया में, दीप से दीप जलाएंगे।
लुप्त-सुप्त सब दीप जलाकर, जग को जगमग कर देंगे।।
इंसान को इंसान से अब, हम मिलाएंगे।
इंसानियत की शान को, जग में बढ़ाएंगे।
राग-द्वेष दूर कर, खुशी बिछाएंगे।
दुनिया के जंग दूर कर, अमन दिलाएंगे।
आए अगर हैं जग में, तो कुछ कर के जाएंगे।
जहाँ पुनीत में नया, इतिहास रचाएंगे।।

(धीरे-धीरे पर्दा गिरता है)

यह क्या–देखते ही देखते पूरी पब्लिक उठ खड़ी हो गयी।

कहने लगे– निःसंदेह...मजबूत इरादे...! मजबूत संकल्प...! कुछ लोग अपने दोनों हाथों को चेहरे पर ले जाकर, मन ही मन कुछ याद करते नज़र आ रहे हैं। कुछ लोग, अपने दिल पर हाथ रखकर मानो कुछ प्रण करते हुए से लग रहे हैं। बच्चों में भी नया जोश उमड़ा हुआ सा नज़र आता है और वे मुट्ठी बन्द कर–**जय हो, जय हो** के नारे लगाते हुए दिख रहे हैं।

कुछ वन्देमातरम् का नारा लगा रहे हैं तो कुछ इंसानियत कायम हो, कहते सुनाई दे रहे हैं। कुछ दुआएं माँग रहे हैं–ओ परवरदिगार! हमें शक्ति दो कि हम इंसान बन सकें और साथ में औरों को भी इंसान बना सकें।

शेरूदा : सज्जनो, हम वक्त से बँधे हैं। समय इतना कम है कि न चाहते हुए भी आगे बढ़ने के लिए मजबूर हैं।

अब हम समापन की तरफ बढ़ रहे हैं। समापन से पहले हम सब मिलकर पुनः उस मालिक का ध्यान कर लें, जिसकी बदौलत हम दुनिया में खूबसूरती ला सकते हैं। यह उसी की शक्ति है कि हम मुस्कुराते नज़र आ रहे हैं। हम सभी का परस्पर मिलना और इस प्रोग्राम का साकार रूप में आना, सब उसी की कृपा का फल है।

अनेक रूपों में जाना जाने वाला वह सर्व शक्तिमान, अदृश्य रहकर, भौतिक जगत को अपनी ईश्वरीय शक्ति से जीवित किए हुए है। हमारी रूहें और हमारा भौतिक संसार सब उसी के अधीन है। **तब फिर क्यों न हम, उसे याद करें और भक्ति रस का पान करें...।**

(धीरे-धीरे पर्दा पूरा खुल गया, सभी कलाकार अब मंच पर मौजूद हैं। सभी वाद्य संगीतकार व अन्य सहयोगी लोग भी मंच पर हैं)

पब्लिक ने मंच पर मौजूद सभी कलाकारों व सहयोगियों का जोरदार तालियों से स्वागत किया।

अब सारे वाद्ययंत्र एक साथ बजने लगे।

क्या तालमेल!

पब्लिक मंत्रमुग्ध!

ऐसी धुन, जिसकी शायद कल्पना भी न की गई हो!

अनेक ईश्वर से...सर्वशक्तिमान, **एक ईश्वर**...की ओर ध्यान।

लोग स्वयं महसूस कर रहे हैं कि वे ईश्वर के वास्तविक ज्ञान से कितने अन्जान व कितनी दूर थे...!!!

परमशक्ति का थोड़ा सा वास्तविक ज्ञान महसूस कर-लोग बड़ा सुकून, कितना रस और कितने आनन्द की अनुभूति कर रहे हैं! 'गूँगे का गुड़' सा अहसास का मिठास, चुपचाप लेते जा रहे हैं।

सभी कलाकारों के बीच में बहुत बड़ा ग्लोब सुशोभित है। भाँति-भाँति के पुष्पों से कितना सुन्दर सजाया गया है। चारों तरफ, शुद्ध घी के दीप जगमगा रहे हैं। धूप, अगरबत्ती व फूलों की सुगन्ध, ठंडी हवाओं के झोंकों के साथ-लोगों में अपनी खुशबू बिखेर, आनन्दमग्न कर रही है। **पूरी पब्लिक अब नतमस्तक है। बैठे-बैठे परवरदिगार को याद कर, प्यारी वसुन्धरा पर ढाये जुल्मों को क़बूल रहे हैं।** अपनी सोच में आए भटकाव से दुनिया की सूरत बिगाड़ देने पर बड़ा अफ़सोस जता रहे हैं।

(अब भक्ति गीत के बोल चहुँ दिशाओं में गूँजने लगे...)

ओ मालिक ओ अन्तर्यामी,
ओ परब्रह्म अपारा।

कोटि नमन तेरे चरनों में,
बहा अमृत रस धारा।।

अनगिनत नाम से तुझे पुकारे
यह जग यह संसारा।
जान सकें ऐसी शक्ति दो,
परमशक्ति दुखहारा।।

अविनाशी तू परमशक्ति है,
भेद तेरा किसने जाना।
अपनी माया के सूक्ष्म पिंड पर,
कृपा दृष्टि सदा रखना।।

....

ओ मालिक ओ अन्तर्यामी,
ओ परब्रह्म अपारा।
कोटि नमन तेरे चरनों में,
बहा अमृत रस धारा।।

....

'मंच मंथन' का समापन हो गया, अपनी एक मिठास के साथ।

रूह ने ***गंगा स्नान किया।*** रूह ने अपना पसंदीदा भोजन किया। **आज रूहें प्रसन्न हैं।** अतृप्त आत्माएं आज मानो तृप्त हो गई।

कई आत्माएं आज बड़े-बड़े संकल्प लिये हुए हैं।

न जाने कितने दिल, आज कुछ अच्छा करने की चाहत लिए हुए हैं।

आज ऐसे बीज बो दिये गए हैं, जो विशालकाय वृक्ष बनेंगे और फिर नए-नए पौधों को जन्म देंगे।

मर्चीबगोड़ में ऐसे बीजों ने जन्म लिया है, जो अब प्रदेश या देश तक ही सीमित नहीं, अपितु पूरे संसार में खुशहाली की मधुर हवाओं से नई ताज़गी भर देंगे।